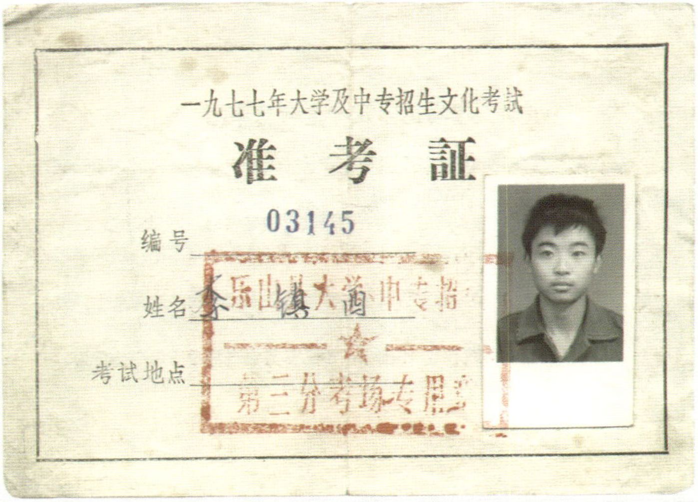

一九七七年大学及中专招生文化考試

准考証

03145

编号

姓名

考试地点

1977年12月，我的高考准考证

大学时代的我

1981年秋，大学实习期时

1984年春节，和学生在山坡上玩

1994年，备课

1998年，在课堂上

2004年，在成都上公开课

2004年，在合肥上课

2004年5月，在新疆讲学

2008年9月，和苏霍姆林斯基的女儿卡娅在帕夫雷什中学植树

2008年秋，在乌克兰演讲并获研究和实践苏霍姆林斯基教育思想突出贡献奖

2012年4月12日，在北京参加“从教三十周年研讨会”

2018年7月21日，上退休前“最后一课”

2014年，成为“中国教育三十人论坛”成员

做最好的老师

李镇西教育文集

李镇西◎著

漓江出版社
·桂林·

图书在版编目（CIP）数据

做最好的老师 / 李镇西著 . -- 桂林：漓江出版社，2021. 12
（李镇西教育文集）
ISBN 978-7-5407-9042-4

Ⅰ . ①做…　Ⅱ . ①李…　Ⅲ . ①中学教育—文集　Ⅳ . ① G63-53

中国版本图书馆 CIP 数据核字（2021）第 060046 号

做最好的老师

作　　者　李镇西

出 版 人　刘迪才
策划编辑　文龙玉
责任编辑　章勤璐
营销编辑　杜　渝
封面设计　周泽云
责任监印　黄菲菲

出版发行　漓江出版社有限公司
社　　址　广西桂林市南环路 22 号
邮　　编　541002
发行电话　010-65699511　0773-2583322
传　　真　010-85891290　0773-2582200
邮购热线　0773-2582200
电子信箱　ljcbs@163.com
网　　址　www.lijiangbooks.com
微信公众号　lijiangpress

印　　制　天津嘉恒印务有限公司
开　　本　710 mm × 1000 mm　1/16
印　　张　21
字　　数　340 千字
版　　次　2021 年 12 月第 1 版
印　　次　2021 年 12 月第 1 次印刷
书　　号　ISBN 978-7-5407-9042-4
定　　价　46.00 元

目录

序言

“没有最好，只有更好。”曾经风光一时的澳柯玛空调在做广告宣传时这样说。

“做最好的自己！”我多次这样对学生说。

“做最好的教师！”现在，我这样对自己说。

几个说法矛盾吗？我认为不矛盾。

“最好”是相对的，因为这是永远没有止境的追求——从这个意义上说，“最好”其实就是“更好”；但是，理直气壮地提出“做最好的自己”，则表明了一种更高的人生和事业的标杆。虽然这个“最好”永远达不到，但一个比一个的“更好”便汇成了一个人一生的“最好”！

我所谓的“做最好的自己”，强调的是自己和自己比——昨天的自己和今天的自己比，不断地超越自己。这里的“自己”不是抽象的人，而是具体的张三李四；而具体的张三李四都是有具体职业的，因此，“做最好的自己”便意味着要尽可能在自己的职业中做到自己力所能及的最好。

20年前，我在给一位高三学生的信中这样写道——

> 谁都渴望成为英雄豪杰、伟人巨匠，但受自身条件、社会环境等制约，真正成为艺术家、文学家、企业家的，只是少数。“人比人，气死人”，因为你比的人，处于人类文明的金字塔尖，当然越比越觉得自己无能。但是，请别忘了，虽然你也许永远成不了“家”，但通过努力，你完全可以成为最好的你。
>
> 有人说：“每个人都是一棵树。”的确，我们生活的世界像一片森林，其中有的人是乔木，有的人是灌木；有的人是参天的白杨，有的人是婆娑的杨柳。你即将毕业，可能升入大学，可能参加工作，但志愿与职业的选择现在还不能取决于你自己。你以前的理想都是很好的，但现实并非可以随心所欲。因此，问题不在于你做什么，而在于你要成为最好的——

你也许不是最美丽的，但你可以最可爱；你也许不是最聪明的，但你可以最勤奋；你也许不会最富有，但你可以最充实；你也许不会最顺利，但你可以最乐观……因此，你若是工人，就要当技术最出色的工人；你若是营业员，就要当服务质量最佳的营业员；你若是医生，就要当医术最高明的医生；你若是教师，就要当最负责的教师；甚至你哪怕只是一名个体户，也要当最受顾客称道的劳动者！你也许不能成名成家，不能名垂青史，但你可以成为同行业中千千万万普通人里最好的那一个！

这话是写给学生的，其实也是写给我自己的。

我小时候的梦想是当作家，但后来却当了教师。实话实说，参加工作最初几年我是想过离开学校去报社去电台电视台的，之所以没有走，学生的依恋当然是一个重要原因，但还有一个重要原因是我“没门路”，我才死了这条心。

既然只能当教师，那么悲悲戚戚是当，高高兴兴也是当，我当然选择后者。怎么才能高高兴兴呢？我就多想孩子们可爱的地方，尽量把课上好，尽量和他们一起玩儿，这样孩子们也越来越爱我了。每天生活在一个充满爱的环境中，能不高兴吗？也许有人会问：“难道就没有让你头疼的学生吗？”有呀！怎么可能没有呢？但我换一种眼光去看这些让人头疼的孩子，我便不再头疼了。换一种什么眼光呢？那就是“科研”的眼光。我把在教育中遇到的每一个难题（班集体建设呀，“后进生”转化呀，早恋呀，作弊呀，等等），都当作科研课题来对待，把每一个“难教儿童”（这是苏霍姆林斯基对“后进生”的称谓）都当作研究对象，心态就平和了，教育也从容了。每天都有新的发现，每天都有新的领悟，每天都有新的收获，因而每天都有新的快乐。

那时候，我真的没有想过会有今天这么多的“头衔”，不过就是想做一个“最好的教师”而已：踏踏实实上好每一堂课，仔仔细细批改每一本作业，认认真真对待每一次谈心，开开心心组织每一次活动，我高兴，学生也快乐。做这样的教师，多么有意思！不是没有过挫折，不是没有产生过烦恼，但有一个信念支撑着我：只要我的心和学生的心紧紧地贴在一起，只要我人格的丰碑深深地筑进学生的心灵，我就无往而不胜！也曾遭到非议和误解，因而也有过灰心丧气的时候，但每当这时，我就问自己，我是为谁而工作？为同事的好评吗？为校长的表扬吗？为奖金吗？为职称吗？这些对我来说，当然也重要（可见我也并未“脱俗”），但如果这些与学生的评价产生了冲突，我心灵的天平指针首先倾向于学生一边！在我看来，一个教师是否“最好”，第一应该看学生的评价。教师因学生而存在，我当然也是因我的学生而存在。

所谓“最好的老师”，不是与我敬仰的于漪、钱梦龙、魏书生等老师相比——他们的人格、学识、能力乃至天赋，我是永远无法企及的，比也白比；但我可以和自己比呀，也就是用今天的李镇西与昨天的李镇西相比——我今天备课是不是比昨天更认真？我今天上课是不是比昨天更精彩？我今天找学生谈心是不是比昨天更诚恳？我今天处理突发事件是不是比昨天更机智？我今天组织的班集体活动是不是比昨天更有趣？我今天帮助“后进生”是不是比昨天更细心？我今天所积累的教育智慧是不是比昨天更丰富？我今天所进行的教育反思是不是比昨天更深刻？今天我面对学生的教育教学建议或意见是不是比昨天更虚心？我今天听到各种“不理解”后是不是比昨天更冷静？……每天都不是最好，甚至每天都有遗憾，但每天都这样自己和自己比，坚持不懈，我便不断地向“最好的老师”的境界靠近。或者干脆“骄傲”一点说，同样是老师，今天的李镇西和25年前的李镇西相比，可以说是“最好的老师”了。当然，和明天相比，和未来相比，今天的李镇西又不能算是“最好的老师”，不过不要紧，我还会继续自己和自己比，反正“做最好的老师”是我永远的追求，直到我教育生涯的终点。

很多人问过我：“你参加工作之初，想过今天会成为教育名人吗？”我真不认为我今天就成了什么“教育名人”了，但一晃25年过去，在旁人眼里，我的确也算“硕果累累”了：“头衔”一大堆，著作十多本。但要问我25年前我想过这些没有，我还真说不清楚。仿佛是刻意追求（我一直把学生的满意当作我工作的目标），又仿佛是无意之间（的确没有想过要去争名夺利），也许是“有意栽花”，也许是“无心插柳”，总之，和参加工作的第一天相比，现在的我的确有一些当初想都不敢想的成绩。最近给学生讲庄子，谈到“无为”“超然”，我引用了一句我最喜欢的话：“用出世的精神，做入世的事情。”讲苏东坡的《赤壁赋》，我自然谈到如何对待人生的进退得失利害荣辱，给学生讲了苏东坡的禅心。我还引用刚逝世的张中行先生的话：“一切都无所谓，这是外貌；骨子里却是有着坚实的壁垒，因而任何外力才攻不破，这是心境的彻底安然，所以可以算作最高的禅悦。”我这些话是说给学生听的，其实也是说给自己的。我知道，真正超然于世俗的人，是不会把“淡于名利”之类的话挂在嘴边的，我不是那样的人，我知道我还是一个很世俗的人，但我愿意追求更高的人生境界，所以我需要经常不停地提醒自己：时时刻刻汲汲于名利，即使暂时得逞，终将被生活惩罚，这叫“多情总被无情恼”；而“只管攀登不问高”“埋头耕耘不问收获”，尽可能做好每一天自己能做好的事，哪怕暂时遭遇挫折乃至不幸，最后也必将赢得人生的快乐，这叫“道是无晴却有晴”！

坦率地说，我现在感到累，的确累。本学期我上两个班的语文课，连早读（每天早晨都有）和辅导课在内，周课时21节。此外，我还担任着学校的一些行政工作，还有教育科研课题，以及一些推卸不了的社会事务。上周的一天，我从教室出来往办公室匆匆走着，一边走一边下意识地拿着语文教材小声朗读着课文（这是我不自觉养成的习惯），结果被走在我后面的杨校长看见了，她笑着说：“李校长走路都在备课呀！”而这，就是我现在每天的生活常态。

不过，我为有现在这种状态而感到高兴，不，准确地说，应该是感到内心的宁静。因为这种状态能够让我感到踏实，感到我不浮躁，没有被所谓“专家”的名声所累。毕竟我一直是和学生在一起的。

我可以非常自豪地说，从教25年来，风华正茂也罢，人到中年也罢，默默无闻也罢，“暴得大名”也罢，普通教师也罢，“教育专家”也罢……这一切都没有改变我的生活状态，那就是——

我一直都在一线，一直都在讲台，一直都和学生零距离！

我时时提醒自己，我是一名教师，我的生活在讲台，我的生命在学生。

所以，我依然每天坚持完成好我的“五个一工程”——上好一堂语文课，找一位学生谈心或书面交流，思考一个教育问题或社会问题，读不少于一万字的书，写一篇教育日记。

“做最好的老师！”这是一种平和的心态，也是一种激情的行动；是对某种欲望的放弃，也是对某种理想的追求；是平凡的细节，也是辉煌的人生；是“竹杖芒鞋轻胜马”的闲适从容，也是“惊涛拍岸，卷起千堆雪”的荡气回肠。

生活在学生中，就是幸福，就是“最好”！

李镇西

2006年4月16日

第一章 爱是永恒的教育理念

一位真诚的教育者同时必定又是一位真诚的人道主义者。素质教育，首先是充满人情、人道、人性的教育。一位受孩子衷心爱戴的老师，一定是一位最富有人情味的人。只有童心能够唤醒爱心，只有爱心能够滋润童心。离开了情感，一切教育都无从谈起。

一本书点燃了我的理想之火

1977年恢复高考时，我在知青农场填报的志愿虽然全是师范学院中文系，但我看重的并非“师范”而是“中文”。填“师范”，是因为当时我一厢情愿地以为这两个字会让我这个小学教师子弟在录取时享受“加分”的照顾，能让我早日离开农村；而“中文”则的的确确是我由衷喜爱的。从小学起便在学校大批判专栏上“发表”过大量“东风万里红旗飘”之类“诗歌”的我，自以为是“文学爱好者”，理应进“中文系”深造。但是，当时我没有想到，那“动机不纯”的“师范”二字将决定我后来的人生走向。

20世纪70年代末80年代初的中国，刚刚从“十年浩劫”的噩梦中醒来，中国共产党第十一届三中全会给从灾难中重新站起来的中华民族注入了新的生命活力。那是一个风云激荡的年代：“真理标准问题”大讨论、“天安门事件”平反、张志新冤案的披露、伤痕文学的轰动、朦胧诗的崛起、陈景润与哥德巴赫猜想、科学的春天、中国女排扬威世界、中美建交……中国，拉开了改革的大幕，开始了新的长征。

那的确是“激情燃烧的岁月”，而激情的岁月必然产生激情的一代。作为“文革”后恢复高考的第一届大学生，我们满怀激情地在“新长征”的号角声中开始了学习。梦想也罢，理想也罢，让中国早日屹立于世界强盛民族之林，是我们发自内心的渴望。中国足球一次对科威特的胜利，就足以让我和我的同学高呼着“中国万岁”在校园彻夜狂欢！不知今天的大学生怎么看待我们当年的纯真、赤诚和“狂热”。但愿他们能够理解，在那民族复苏的新时期清晨，足球的胜利已经不仅仅是足球的胜利，它寄托着中国人民渴望腾飞于世界的梦想！

那时的我们，对祖国的未来真是充满了自信和希望，我们最爱说的话题是“四个现代化”，最爱唱的歌是《年轻的朋友来相会》：“再过20年，我们重相会……举杯赞英雄，光荣属于谁……光荣属于80年代的新一辈！”正是在这样一种对祖国美好未来的憧憬中，我也憧憬着我未来的职业。

正是在这样的背景和心境下，在大学毕业前夕，我偶然读到的一本书点燃了我的理想之火。这本书是王蒙的长篇小说《青春万岁》。

直到现在，我在外讲学时还常常谈到，我是怀揣着一本《青春万岁》走进中学校园踏上讲台的。《青春万岁》描绘的是50年代初期北京某女子中学一个班集体的生活。如果从文学的角度看，王蒙19岁时写的这部处女作显然还比较稚嫩，但书中洋溢的青春气息却深深地感染了我，特别是郑波、杨蔷云们的理想主义激情和英雄主义情怀，引起了我的强烈共鸣。我从书中感受到，在我们共和国的清晨，原来有过那么绚丽的霞光那么纯净的空气！虽然以今天的眼光看，书中的主人公们都显得很“傻气”，或者说过于天真烂漫，但他们心里都充满了一种希望，充满了一种喜悦，充满了一种高歌猛进的豪迈与自豪，在他们的灵魂深处都有一种最宝贵的东西，那就是对于年轻共和国的坚贞信念！

而这种信念当时的的确确打动了我。

我很自然地想到了我即将踏上的中学讲台，年轻的心房一下被理想的激情和创造的冲动所鼓胀——我以后是教师，我可以通过培养一批又一批优秀的学生为我们的社会注入越来越多的新生命，我可以通过教育为我所热爱的国家做我能够做到的一切！我一定要把我带的班也建设成为《青春万岁》所描绘的那样的班级！

我非常明确地意识到，我不能把自己将要从事的职业仅仅视为教书，而应该把我的社会理想倾注在教育之中。

也许有人会笑我当时的天真，但那份纯真，那份庄严，那份责任感，我一直保持到今天。这可能是我日后在教育上能够取得一点成绩的原因之一吧！

写到这里，我自己都禁不住为当年的纯真与庄严而感动！

那年——1982年春天，我离开四川师范大学前去四川乐山一中报到时，我的背包里真的有一本王蒙的《青春万岁》。我有的是对未来的憧憬和信心，我有足够的热情把我的学生都培养成“郑波”和“杨蔷云”。

愧在初为人师

然而，对于一项事业来说，仅仅凭激情是远远不够的，甚至仅仅有爱也是不够的。近年来，许多人都说我特别爱学生，甚至不止一个人对我说过："你这么爱学生，简直天生就是当老师的料！"但他们哪里知道，如果我的教育生涯从大学实习算起，那么恰恰在所谓"爱学生"这一点上，我的教育起点是羞于回忆的，因为大学毕业前夕我在成都郫县（即今郫都区，后文同）一中实习期间的一件事，令我至今想起来都很惭愧——

一天，我正在批阅学生交来的作文《人物肖像描写练习》，刚翻开第一本作文，没看几行就感到不对：这不是在写我吗？"语文实习老师，二十多岁，中等个子，戴着黑边眼镜……"文章虽然病句成堆、错字连篇，但作者却用上了许多调侃的词句、不伦不类的比喻和夸张，以嘲讽和挖苦的态度，对我进行丑化和侮辱——至少当时我是这么认为的。

我看作文本封面的名字：刘江。虽然我还叫不出所有学生的名字，但"刘江"这个名字却非常熟悉。这个男生成绩差不说，行为习惯也很差，上课时常常违反纪律，我批评过他几次。就在那天上午大家都在作文时，他居然哼起了流行歌！我毫不客气地狠狠批评了他，叫他认真写作文。当时，他很不服气，写作文时还气呼呼的。没想到，他当时正把对我的仇恨发泄到作文中。

我气愤地把本子一扔。看来这个刘江正是想以作文练习的方式来侮辱我。想让我难堪，哼，你小子还嫩了点儿！我决定把这篇作文在班上公开，让他知道我是谁！于是，在作文评讲课上，我对大家说："今天，我要念一篇奇文。这篇文章奇在何处呢，同学们听了就明白了。"

"'他戴着X光做成的镜片……'"我一边念，一边"评讲"，"哎呀，了不起！我原来只知道X光是一种穿透力很强的电磁波，可以用于照相技术、医疗透视等方面，可是想不到，这种光还可以被制成镜片。妙！想必是作者自己发明的吧。由此可见，作者还是一位业余科学家，他的这一最新科研成果，对人类贡献之大，绝不会亚于爱因斯坦！"

全班学生哈哈大笑起来。

这正是我要达到的效果。于是我更加亢奋了，不仅抓住文章的病句进行无情的嘲讽，还把文中的错字一个一个地写在黑板上。在学生们的哄笑声中，我说："你们笑什么？这些并不是错字，人家是在进行大胆的创新。在短短的文章中，作者便创造出这么多的新的汉字，为丰富祖国的文字，做出了不可磨灭的贡献！"

刘江开始还故作镇静，甚至还附和着大家的笑声皮笑肉不笑地咧咧嘴。慢慢地，他的脸色越来越难看，后来已经把头低下去了。我得意极了，立刻乘胜追击："如此美妙的文章，真应该拿去发表，那样既能得稿费，又能出名，可谓名利双收。然而作者却把它交给我，唉，真遗憾！我现在是身无半文，实在无稿费奉送，深表歉意。不过，利虽然没有，名倒可以让他出出，总要占到一头嘛！因此，让我在这里公布作者的大名。"我停了一下，朝刘江看去，他简直要哭了，正在用眼光哀求我口下留情。我装作没看见，一字一顿，极为庄严地说道："这位天才的业余科学家，未来的爱因斯坦，杰出的文字学家，优秀的杂文家，当代的鲁迅，就是我们高一一班学生刘、江！"

教室里再次响起暴风雨般的笑声……

"李老师，真痛快！""刘江太不像话了！就应该这样收拾他一下！""平时他总喜欢欺负我们，现在遇到李老师了，太让人开心了！"下课后，许多学生都对我这样说。学生们的话，极大地满足了我的虚荣心。但也有学生说："看不出来，李老师还有那么大的脾气。其实，李老师没必要和他计较的。"这话使我心里一惊：看来，并不是所有学生都认为我是对的。

这使我"胜利的喜悦"大打折扣，心里甚至有些隐隐不安。特别是自那堂作文评讲课以后，刘江看见我就躲，上课也无精打采，像霜打过的叶子，我感到一种虚脱般的疲惫。

那几天，我常坐在办公室发呆，手里捧着语文书却很久看不完一页。我心里特别难受：你以为你胜利了吗？一个堂堂的语文教师，对付一个小小的中学生，究竟为什么呢？在大庭广众之下，你以一种自以为巧妙的方式收拾了一个对你"大不敬"的人。可这个人是谁呢？仅仅是一个写文章"丑化"了你的学生，对他，你用得着这么煞费苦心地调动所有挖苦之语来冷嘲热讽吗？你还算是老师吗？还算是男子汉吗？从实习的第一天起，你就立志要做热爱学生的好老师，然而，对待有缺点的学生，你不是怀着教师的责任心去帮助他，而是出于个人的狭隘心胸去报复他，这岂不是太自私、太虚伪吗？

一鞭鞭无情的鞭子抽在我的身上……

指导老师冯老师——他的名字我忘记了，但我至今非常感谢他——显然看出了我的情绪变化，问我有什么心事，我便把“刘江事件”告诉了他。他严肃而真诚地对我说：“做老师一定要有博大的胸襟，对学生要有宽容心。你一定要主动找刘江谈谈，向他道歉！最好能在班上表示你的歉意！”我感到为难，他说：“向学生认错，只会赢得学生真正的尊敬。”

刘江不过是在作文中对我不够礼貌，而我却当着全班学生的面羞辱了他。按说我的确应该在班上向他道歉的，但当时我实在没有那个勇气。真的没有！

不过那个周末下午放学后，我主动找到刘江，向他表示歉意。整个谈心过程中，我一句批评他的话都没有说，只说我因为顾自己的面子而伤了他的面子……最后我说：“我不是一个好老师，请你原谅！”他开始很惊讶，后来表现出很感动的样子。那天我们谈了很久很久，直到天色渐渐黑下来，他才挂着泪水回家去了。

至今让我想起来还惭愧的是，尽管我在实习中犯了这样的错误，可在实习结束离开郫县一中时，纯朴的学生记住的全是我如何对他们好！我也承认，短短的一个月实习，无论是上课还是课余和学生一起活动，我都非常投入。因此，他们真诚地欢送我，当我坐在了回学校的汽车上时，窗外的学生还在下面久久不愿离开。车终于开动了，我回望窗外，看到一群学生正跟着汽车跑，一边跑一边哭喊：“李老师再见！”追逐汽车的学生中竟有刘江的身影！

这个我永远难忘的场面，让坐在车里的我一路想了很多很多。想得最多的，还不是学生如何挥泪送别我，而是觉得自己不配享受学生这样的送别。学生多么单纯而可爱，老师犯了这么大的错误，他们却依然尊敬老师；刘江作为一个“差生”，被我那样当众羞辱，可时间一长（其实并不长）他却忘得干干净净，记住老师的全是好。换了我，我做得到吗？肯定做不到——如果哪个校长当众让我难堪，我可能会记恨他一辈子！然而学生就是这么纯真！

在我的性格里是有喜欢孩子的天性，“喜欢孩子”和“爱学生”当然有联系，但不完全是一回事儿——前者更多的是一种天然的感情倾向，和品德没有多大关系；而后者虽然也属于一种情感，但更蕴含有一种教育者的责任，它与师德直接相关。还可以从另一个角度推敲这二者的区别："喜欢孩子"可能是凭个人的好恶只喜欢那些自己认为可爱的孩子，而"爱学生"则意味着怀着一种责任把欣赏与期待投向每一个学生，包括刘江那样的"差生"，包括包容这类学生的缺点，包括宽容他对教师的"大不敬"！如果这个分析站得住脚，那么回首"刘江事件"，我实在不敢说我是真正"爱学生"的！但因为有了这样真诚的心灵拷问，这个错误我没有白犯！我提醒自己，做教师，感情是很重要的，但不能仅仅凭感情，还要有责任和对每一位学生的尊重。尽管在后来从教的岁月里，我仍然不止一次犯同样的错误——人的自我改造绝不是靠一次教训就能彻底"重新做人"，所谓"战胜自己"是一个漫长的过程甚至伴随一生——但当时我开始意识到这一点了。

不管怎样，实习结束时学生追着汽车送我的场面，让我永远难忘，这个记忆成了我以后教育的情感动力，更让我对未来有了热切的希望。短短一个月的教育实习，让我把未来的职业同某种使命感联系在了一起——对于改造社会，我今后也是可以有所作为的。

好教师有童心和爱心

教育者是否拥有一颗童心，对教育至关重要。这可能是我后来能够真正走进学生的心灵，并且能够在教育上取得一定成绩的重要原因。乐于保持一颗童心，善于在某种意义上把自己变成一个儿童，这不但是教师最基本的素质之一，而且是教师对学生产生真诚情感的心理基础——也正是在这个意义上，我甚至把童心视为师爱之源。虽然随着岁月的流逝，我们不可避免地会在年龄上与学生拉开距离，但我们应努力使自己与学生的思想感情保持和谐一致，学会用儿童的眼睛去观察，用儿童的耳朵去倾听，用儿童的兴趣去探寻，用儿童的情感去热爱。

教师的童心意味着怀有儿童般的情感。裴斯泰洛齐在《与友人谈斯坦兹经验的信》中这样深情地写道："我决心使我的孩子们在一天中没有一分钟不从我的面部和我的嘴唇知道我的心是他们的，他们的幸福就是我的幸福，他们的欢乐就是我的欢乐。我们一同哭泣，一同欢笑。"能够自然地与学生“一同哭泣，一同欢笑”的教师无疑会被学生视为知心朋友。有些在成人看来是不可理解的感情，在儿童看来却是非常自然的。而变“不可理解”为“非常自然”，正是不少优秀教师赢得学生心灵的可贵之处。某校初中班有一位性格开朗、学习成绩很好的女孩子，有几天她在课堂上却神情忧郁、无精打采。班主任一了解，原来不久前这位女孩子家里的一只小花猫死了，她因此而非常难过。班主任没有批评她，而是买了一个精美的瓷器小猫送给她，并温和地对她说：“你有一颗善良的心！但在你的生活中，还有比死去的小花猫更重要的内容，那就是你的学习。振作起来吧！”这以后，小女孩逐渐恢复了开朗活泼的性格。如果说这位班主任对这位女生思想开导得很成功，那么，他的秘密就在于他首先是怀着儿童般的情感去理解儿童的心灵世界，否则，用成人的冷漠去对待孩子的真诚，一切“语重心长”的教育都无济于事。

教师的童心意味着拥有儿童般的兴趣。有的教师认为，教师在学生面前固然应平易近人，但切不可显出过分的“孩子气”，因为这样会使教育者丧失起码的尊严。但我认为，只要把握学生的情感，并注意环境、场合，教师任何“过分的孩子气”都不会是多余的。作为成人，教师当然不可能在任何方面都与学生有着共同的兴趣爱好，但教师的职业却要求我们应该保持一点儿童的兴趣。“只要人们没有做到以童年的欢乐吸引住孩子，只要在孩子的眼睛里尚未流露出真正的欢欣的激情，只要他没有沉醉于孩子气的顽皮活动之中，我们就没有权利谈论什么对孩子的教育影响。”（苏霍姆林斯基《教育的艺术》）也许你并不喜欢足球，但你的学生在课间谈起马拉多纳便眉飞色舞，那么你最好关心一下电视台的足球赛转播；也许你对港台流行歌曲并不太感兴趣，但你的学生对此如痴如狂，那么，你也不妨多少听听刘德华、张学友；也许你并不爱看武侠小说，但你的学生有时连上课时都在偷偷地读金庸、梁羽生，那么你也不妨硬着头皮读读《鹿鼎记》《倚天屠龙记》……这绝不是一味地迁就学生，而是教育的需要：多一种与学生共同的兴趣爱好，你便多了一条通往学生心灵深处的途径。当学生发现老师带他们去郊游并不仅仅是为了满足学生们的愿望，而更多的是出于老师自己的兴趣时，他们会不知不觉地把老师当作朋友。在与学生嬉笑游戏时，教师越是忘掉自己的“尊严”，学生越会对老师油然而生亲切之情——而这正是教育成功的起点。

教师的童心意味着具有儿童般的思维。我们常常说要多理解学生，但有时学生的言行，站在教师的角度看，是很难理解的。在这种情况下，只要我们站在学生的角度考虑一下，就很容易理解了。这当然不是说要把教师的思想降低到学生的水平，而是说如果我们学会点“儿童思维”，将更有助于我们真正理解学生，从而更有效地引导并教育学生。正是具备了“儿童般的思维”，全国优秀少先队辅导员韩凤珍同志才能在教育中努力发现孩子们身上缺点的可爱性。韩老师曾在《彻底解放那些被冤枉的孩子》一文中举例分析说：“一个低年级小学生家住三楼，家里水管坏了，她看到爸爸妈妈常到一楼提水，并很注意节约用水。有一天，她学习刷锅洗碗后，又坐在小板凳上，在锅里洗起脚来。爸爸妈妈一见，全都惊叫起来：‘你怎么能在锅里洗脚呢？’那小女孩却回答说：‘我洗完了碗，见锅里的水还很清，倒掉多可惜啊，就洗了脚嘛。’……此类事例举不胜举。孩子们总是怀着善良的美好的动机去做事，渴望得到周围人的赞扬、寻求心理满足。但是，他们生理心理发育还不成熟，考虑事情欠周到，常常把好事做成了坏事，这是很自然的。因此，我们把孩子们做的那些动机好效果坏的蠢事，称之为‘可爱的缺点’。”只有童心才能理解童心；只有学会“儿童思维”，教师才能够发现学生缺点中的可爱之处，甚至智慧之处。

教师的童心意味着有儿童般的纯真。童心，表现为纯朴、真诚、自然、率直，而这些也正是人民教师，特别是中小学教师应具备的品质。生活阅历赋予我们成熟，社会经验赋予我们练达，文化知识赋予我们修养，人生挫折赋予我们机智……但是，对真善美的执着追求，对假恶丑的毫不妥协，火热的激情，正直的情怀，永远是教育者的人格力量！当教师第一次与学生见面，他就开始置身于几十位学生的监督之中，教师哪怕表现出一点点矫饰、圆滑、世故、敷衍塞责、麻木不仁、玩世不恭……都逃不过学生那一双双明净无邪的眼睛，并会在学生纯洁的心灵中蒙上阴影。作为社会人，教师也许会有几副面孔，但面对学生，教育者只能有唯一的面孔：诚实！须知真诚只能用真诚来唤起，正直只能以正直来铸造。正因为如此，卢梭在《爱弥儿》中告诫教育者：“不要在教天真无邪的孩子分辨善恶的时候，自己就充当了引诱的魔鬼。”

无论经验还是教训都告诉我，童心于教育弥足珍贵。有人曾经对此表示质疑：“童心固然可贵，但童心怎能取代教育？”我的回答是：“童心当然不能取代全部教育，但教育者的童心是教育的必备条件之一。”我甚至认为，没有教育者的童心，就没有完美的教育。

童心在教育上的体现，便是爱心。

常常有人问我：“当一个好老师最基本的条件是什么？”我总是不假思

索地这样回答:“拥有一颗爱学生的心！”这当然早已不是什么“新潮观点”:从孔子的“爱之，能勿劳乎？忠焉，能勿诲乎”到夏丏尊的“没有爱就没有教育”，从罗素“凡是教师缺乏爱的地方，无论品格还是智慧都不能充分地或者自由地得到发展”到苏霍姆林斯基的“我把整个心灵献给孩子”……古今中外的教育家们教育思想有所不同，教育风格各有千秋，但有一点是共同的，那就是“爱的教育”。

我当然不是一开始就有爱心的，不然我就不会打学生也不会讽刺挖苦学生了，但我从这些教训中感到——

一位真诚的教育者同时必定又是一位真诚的人道主义者。

素质教育，首先是充满人情、人道、人性的教育。

一位受孩子衷心爱戴的老师，一定是一位最富有人情味的人。

只有童心能够唤醒爱心，只有爱心能够滋润童心。

离开了情感，一切教育都无从谈起。

这种情感，不是装模作样的“平易近人”，也不是教师对学生居高临下的“感情恩赐”，甚至不是为了达到某种教育目的而采取的“感情投资”（我对这种充满商业气息的说法向来十分反感），而是朋友般平等而真诚的感情。

教师的尊严是学生给的

爱学生，就必须善于走进学生的情感世界。要走进学生的情感世界，首先就必须把自己当作学生的朋友，去感受他们的喜怒哀乐。“每个孩子都引起我的兴趣，总想知道，他的主要精力倾注在什么上面，他最关心和最感兴趣的是什么，他有哪些快乐和痛苦等。我的小朋友圈子一天天扩大，并且像我以后才意识到的那样，连我不曾教过课的那些孩子也成了我的朋友和受我教育的了。”当我第一次读到苏霍姆林斯基这段真诚的话时，我竟感动得眼睛都湿润了：一个享誉全球的大教育家竟然有这样一颗爱孩子的童心！还是这位我敬重的教育家，曾在一个春天，和他的学生共同买了一条小木船，划到一个荒无人烟的小岛上去探险。教育家写道:“可能有人会想，作者想借这些事例来炫耀自己特别关心孩子。不对，买船是出于我想给孩子们带来快乐，而孩子们的快乐，对于我就是最大的幸福。”

教师对学生真挚的爱，这是我们感染学生的情感魅力。有些教师总喜欢在学生面前表现出“高深莫测”“凛然不可侵犯”的“派头”，从中体验着自己的“尊严”。其实，这不是尊严，只是威严。真正的尊严是敬重而非敬畏。师生在人格上应是绝对平等的，教师不应自视比学生“高人一等”。因此，我们对学生的爱，不应是居高临下的“平易近人”，而是发自肺腑的对朋友的爱。这种爱的表达既是无微不至，又是不由自主的：上课时，面对学生的问候，我们不是礼节性地点点头，而是充满真诚感激之情地深深鞠躬；气温骤降，我们感到寒冷时，也自然急切地提醒学生“多穿一件衣服”；学生生日到了，班主任笑眯眯地送上一张贺卡；节假日，我们邀约学生（或被学生邀约）去远足郊游、去登山探险；在课余，与学生一起评论甚至争论一下伊拉克战争的影响、中东和平的前景或贝克汉姆或周杰伦……当我们把爱心自然而然地献给学生时，学生会不只把我们当作老师。这时我们获得的尊严，就不仅仅是教师的尊严，更有朋友的尊严、同志的尊严、兄长的尊严、父亲的尊严。

教师真正的尊严，从某种意义上讲，并不是我们个人的主观感受，而是学生对我们的道德肯定、知识折服和感情依恋。当我们故作尊严，甚至以牺牲学生的尊严来换取自己的尊严时，学生根本不会买我们的账，只会向我们投来冷漠的眼光；当我们“无视”自己的尊严，而努力追求高尚的品德、出色的教育、真诚的感情，并随时注意维护、尊重学生的尊严时，学生会把他们全部的爱心和敬意奉献给我们。这样，我们便把自己尊严的丰碑建在了学生的心中！由此，我们可以得到一个朴素的真理——

教育者的尊严是学生给的！

本来，从某种角度看，我其实是很不适宜当老师的，因为我性子太急躁，常常忍不住就发火甚至对学生动粗；但是从另外一个角度看，我当老师又有着自己的可能是独特的优势，这就是我很爱孩子，或者说我的性格里面本身就有许多“孩子气”。就教育技巧或者说教育艺术而言，我有许多致命的弱点，因而在我的教育历程中，我有过至今想起来还令我脸红的失误。但是，有一点我可以毫无愧色地说：我有一颗童心！

这颗童心，使我深深地爱着我每一届学生、每一位学生；这颗童心，使我的学生原谅了我对他们有时抑制不住的暴怒；这颗童心，不止一次使我和学生一起欢笑，一起流泪；这颗童心，使我自然而然地走进了学生的情感世界，也让我的学生常常不知不觉地拨动了我的心弦……

爱心和童心，是我教育事业永不言败的前提和保证。

没有爱，便没有教育

大凡有事业心的年轻人在刚踏上工作岗位时，都热情有余而思考不足，自信“一分耕耘，一分收获”，因而干劲冲天，却很少想过其他——将遇到的挫折、教学规律、教育理论、前人经验等，只有等几年过去以后，才会冷静下来，就以前所满不在乎的东西进行思索、学习、研究。

我更是如此，三年来，我的工作热情虽然自以为丝毫未减，却一天天感到力不从心，越来越外行了。我在教育学生的同时，自己也在受教育——被教育实践教育、被教育对象（学生）教育。我越来越感到：包括我在内的一些教育工作者，在强调更新教育思想、改革教育方法、学习最新的现代教育科学理论的同时，往往轻视或忽视了一些传统的、正统的，古今中外全人类所共有的教育思想的学习和实践。

直到现在，我才初步真正体会到了“爱”与“教育”的相互关系以及它所提示的教育科学规律；也只有在这种情况下，我才不得不承认，我以前是把这种师爱不自觉地停留在口头上，并且把这种师爱抽象化了。而教育实践使我现在开始理解这种爱的含义和表现形式。

教育工作者所特有的师爱，首先应是理解学生的精神世界，学会用他们的思想感情投入生活，和学生一起忧伤、欣喜、激动、沉思。

一些教师认为，教师在学生面前固然应平易近人，但不可过分显得“孩子气”，以免丧失起码的尊严感。我却认为，只要注意环境、场合，只要把握准学生的情感，教师的任何“过分”的亲切、幽默、嬉戏都不会是多余的，这只会让学生感到：“这老师真有趣！他真是我们的好朋友！”

一段时间，初八四级一班的男同学酷爱斗鸡，无疑，这是很危险的游戏，于是我下令禁止：“首先是对你们正在发育的身体不利，其次在教室里、校园里一蹦一跳实在不雅……”在我看来，学生们应理解我的一片好心，况且我已晓之以理，但在学生看来，我是专横地剥夺了他们的自由。于是，斗鸡由公开转入地下，这意味着师生之间已产生了不信任。不久，我们班来到通江河滩郊游，我发现，在我宣布自由活动后，一些男同学互递眼色，像在商量什么，但又不好意思说。我看了一下四周柔软的沙滩，忽然明白了，便大声宣布："来，请男同学组织一个'敢死队'，与我斗鸡！"孩子们在惊喜中雀跃起来。男生们一蹦一跳地向我轮番进攻，最后把我击倒在沙滩上，我感到很舒畅：同学们已理解我了，因为我并未扼杀他们的童心。

是的，我认为教育不应违背儿童的天性。当然，"不违背"并非一味迁就，而是把童趣引导到正当的途径和允许的范围内发挥，这将会使学生的心和教师的心贴得更紧。如果教师本人甚至也保持或培养一点"儿童的天性"，那么，简直可以使师生的心灵融为一体。为了培养同学生的感情，我努力准确地记住每个学生的生日，并坚持在学生生日那天送去一个小小的礼物，假期也不例外。参加工作以后的每年正月初一，我都邀约学生带上香肠、小香槟、糕点，一起来到郊外，在欢声笑语、追逐打闹中共度新春佳节。跟孩子们一起捉迷藏、一起丢手绢、一起打水仗、一起包抄手……的确是一种享受。

教师与学生在不知不觉中形成的依恋感，有时会产生连教师本人也意想不到的效果。我永远也忘不了 1983 年 11 月 16 日上午第四节课，那天，我将要去医院病休一周，但班上的情况却使我气愤之极：课堂纪律差，教室卫生差，不少人对集体漠不关心，一个鸡毛掸子不知被谁弄断了，却无人过问……在上课开始时，我压住气愤，用悲哀的神态说道："同学们，我对你们绝望了……两年来，我呕心沥血，换来的却是……"出乎我的意料，全班同学都难过地低下了头，大部分同学竟伏在桌上哭起来，教室里一片抽泣声。我也流泪了。我并未批评哪一个同学，我甚至连一句发火的话也没说，可是每一位同学都感到，是自己让老师伤心了，于是他们也伤心地哭了。我不辞而别，一周之后回到班上，看到教室已被粉刷一新，三个鸡毛掸子插在讲桌上，科任老师反映学生纪律很好（外语老师还不知道这个班一周都没有班主任），每天读报课，文娱委员毛利便组织大家练歌，准备学校"一二·九"歌咏比赛……这令我欣喜的变化，与其说是靠教育，不如说是靠了爱的感化。

有了爱，不等于就有了教育

1997 年的暑假，我从成都玉林中学调到成都石室中学，在搬家的过程中，我无意中又看到了那一捆尘封的教育手记。翻开我 19 年来所写的一本本教育手记，我自己都禁不住被自己感动了：那一页页发黄的文字，化作一张张老照片在我眼前变得清晰起来，分别多年的学生们正跑着跳着向我拥来，他们调皮的笑声萦绕在我的耳畔……正是在那怦然心动的一刻，我做出了一个庄严的决定：我一定要把我和我学生的故事写出来，让更多的人和我一起分享这教育的幸福与美！

那年秋天的一个晚上，我打开电脑，拉出键盘，敲出了第一行字：爱心与教育——素质教育探索手记。我完全没有写书的感觉，只觉得十几年来教育在我心中积蓄的思想感情的潮水一下喷涌而出，在键盘上恣肆奔涌，敲键盘的手指禁不住也微微颤抖。

整整三个月，我的业余时间都是这样在阳台的电脑前度过的。也许在旁人看来，如此不停地敲击键盘是何等乏味而枯燥，但我却感到这是一件多么幸福的事啊！在深夜或凌晨，周围没有一丁点儿声音，只有我的键盘在“嗒嗒”地敲着——这是世界上最美的乐声，是来自教育、来自学生心灵的最美的乐章。眼前的电脑屏幕上是一页页纯洁动情的文字，而这些文字又很自然地幻化为一幅幅很美丽很鲜活的画面，那是宁玮善良而坚韧的面容，杨嵩纯真而调皮的微笑，岷江之滨的熊熊篝火，峨眉山雪地上的灿烂阳光……于是，我的整个身心又沉浸在和学生一起度过的被青春染绿的日子里！

《爱心与教育》出版后引起的强烈反响，超出了我的预料。我收到近千封读者来信和许多读者含泪打来的电话。1999 年《爱心与教育》同时获得中共中央宣传部“五个一工程”奖、冰心儿童图书奖和中国教育学会“东方杯”优秀科研成果一等奖。

这以后，教育与文学共进，思想与激情同飞。我又有《走进心灵——民主教育手记》《从批判走向建设——语文教育手记》《教育是心灵的艺术——李镇西教育论文随笔选》《花开的声音——我班的故事》《风中芦苇在思索——李镇西随笔选》等著作陆续出版。手捧散发着油墨芬芳的《李镇西教育文丛》，我有一种丰收的喜悦：教育和文学给了我双重的回报——文学为我的教育事业插上了翅膀，同时，教育正在圆我的文学梦。

然而，《爱心与教育》也给我带来了一些我不愿接受的东西，比如，我竟然从此被不少好心的人称作"爱心教育"的"专家"！应该说，我的教育实践的确充满了对学生的爱，但我并不认为我的教育能够用"爱心教育"来概括。当我们给某一种教育思想教育实践命名时，往往突出的是这种教育的特点，即这种教育与其他教育不同的地方——比如"成功教育""赏识教育"等。而爱心是所有教育的共性，换句话说，任何一种成功的教育，无一不包含着并体现出爱心——难道"成功教育"没有爱心吗？难道"赏识教育"没有爱心吗？因此，我认为用爱心来概括教育的特点是不太妥当的。当然，汉语有一词多义的特点，如果"爱心教育"指的是"对学生进行爱心的教育"（即"关于爱心的教育"），这个提法是站得住脚的。

我不接受甚至反对"爱心教育"的提法，就是不希望人们把爱心当成一种模式，一种手段，一种技巧。教育的爱，不是为了达到某种教育目的而做出来的一种姿态；它是一种思想，一种情感，一种氛围……它自然而然地贯穿于教育的每一个环节，也不声不响地体现在教育的每一个细节，更潜移默化地浸润着每一个学生的心灵。

更让我忧虑的是，"爱心"这个词的泛滥，使一些教师对爱心也产生了误解。比如有老师这样议论："讲爱心当然好，但是也不应该过分强调爱心，应该有限度。因为一味强调爱心，学生就不好管了！"

首先要说明的是，关于教育中的爱心，无论怎样强调都是不过分的。但关键是如何理解这个"爱心"。有读者在给我的信中说："我觉得我是一个有爱心的老师，但是工作中仍然力不从心；尤其让我伤心的是，我那么爱学生，可学生仍然不理解我，也不爱我。问题出在哪里呢？"还有老师当面与我探讨："爱心教育好是好，但有的学生实在太调皮，根本管不住呀！教育不能只有爱心，还得有严格要求和严肃的纪律呀！"

这显然是对我所说的"爱心"的误解，他们以为教育有了爱就有了一切，或者以为教育之爱就是迁就学生，就是放弃"严格要求和严肃的纪律"。我认为，教育中真正的爱，意味着对学生的成长以至未来一生的负责，因此这种爱必然包含着对学生的严格要求，乃至必要的合理惩罚。因为教育，不仅意味着提高人的道德水平和知识能力水平，同时意味着按文明社会与他人交往的准则规范人的行为，即通常所说的“养成教育”。这种“养成教育”，带有某种强制性——这种养成良好文明习惯的“强制性”与我们现在反对的思想专制不是一回事。作为社会人，不遵循起码的公共规则与秩序是很难与人交往的。同时，在一个集体中，一个人违纪必然妨碍其他更多的人学习。这样，为了尊重多数人学习的权利，有时不得不给违纪者以必要的惩罚。凡是离开了严格要求，迁就和纵容学生的“爱”，绝不是我们所提倡的真爱。

民主教育的内涵

先说“民主”，这首先是一种政治制度，通俗地说，是一种管理国家的方式；但是，民主也是一种生活方式。这个观点最早是杜威提出的。也许是受老师的影响，陶行知也曾指出：“民主的时代已经来到。民主是一种新的生活方式，我们对于民主的生活还不习惯。但春天已来，我们必须脱去棉衣，穿上春装。我们必须在民主的新生活中学习民主。”

正如“民主”可以在不同意义上做出不同的解释一样，“民主教育”同样可以从不同的角度做出多种解释。那么，我所理解的“民主教育”，其内涵是什么呢？

我所理解的“民主教育”，是用“民主”去更新“教育”的内涵，即把专制的、不民主的或者说不充分民主的教育，改造成为适合现代民主社会需求的民主的教育。在具体的教育过程中，它除了指教育者应该具备的民主思想以及在教育过程中应该体现出的民主精神外，更多的还是指教育者在教育过程中对学生所进行的一系列有关民主精神价值的教育——平等精神的教育、自由精神的教育、法治精神的教育、宽容精神的教育、妥协精神的教育以及权利与义务的教育、纪律与法制的教育等公民意识教育。

如果说“民主政治”意味着“尊重”——对公民权利的尊重的话，那么“民主教育”的核心，仍然意味着“尊重”——尊重学生的人格、尊重学生的情感、尊重学生的思想、尊重学生的个性、尊重学生的差异、尊重学生的人权、尊重学生的创造力……当然，与此同时，教会学生尊重他人。

民主教育是学生的主体性和教育的民主性二者的和谐统一：它把受教育权利还给每一个学生，同时把教育过程变成一种民主的生活方式，尊重学生的主体地位，使学生得以生动活泼、自由地发展，消除一切不平等地对待学生的现象，尊重学生的人格与权利，解放学生的主体性和创造性，为提高学生的民主意识和参与能力，发挥学生的主体作用创造最好的教育条件和教育环境；更重要的是，在教育内容上渗透民主意识，在教育过程中培养学生的民主思想、民主精神，以民主的教育造就富于主体性的一代新人。

陶行知曾对民主教育如此定义："民主教育一方面是教人争取民主，一方面是教人发展民主。在反民主的时代或是民主不够的时代，民主教育的任务是教人争取民主；到了政治走上民主之路，民主教育的任务是配合整个国家之创造计划，教人依着民主的原则，发挥个人及集体的创造力，以为全民造幸福。"

应该说，先生 1945 年为民主教育规定的任务，至今没有过时。我们今天的时代，算得上"到了政治走上民主之路"，那么，"民主教育的任务是配合整个国家之创造计划，教人依着民主的原则，发挥个人及集体的创造力，以为全民造幸福"。

简言之，"民主教育"即"关于民主"的教育，是充满民主气息的教育，是对学生进行民主精神的教育，是为民主社会培养公民的教育。

在平等中培养平等

课间休息，一女生来到办公室："李老师，我想借个杯子喝水服感冒药。"我坐在椅子上，用手指了指角落的书柜："喏，第二格抽屉里有，自己拿吧！"学生找到杯子，自己倒开水服了药，说："谢谢李老师！"然后走了。

上课了，是作文课。学生在下面写作文，我在讲台上批改作业。这时，手中的红色圆珠笔没油了。于是，我轻声地问前排学生："谁有红色圆珠笔，借来用用？"虽然是轻声，但许多学生都听见了。于是，坐在前几排的学生都争先恐后地从书包里拿出文具盒，然后以最快速度打开，找出圆珠笔，纷纷把握着笔的手伸向我:“李老师,用我的笔吧!”“李老师,用我的!用我的!”每一双眼睛都充满了真诚的渴望。还是那位课间向我借杯子的女生反应敏捷,坐在第三排的她几乎是小跑着上前,把笔递到我的手中——在递到我手中之前,她还细心地将笔芯旋转了一下,把原来的蓝色旋转成红色。

这是许多年前的一幕,当然是很普通的事,但至今历历在目。

尽管不一定每一个学生都向老师借过杯子,但我相信几乎所有老师都曾向学生借过笔,并享受过学生争先恐后递笔的热情。

我由这件小事往深处思考的是:为什么学生向我借杯子,我想都没有想过亲自把杯子递给她呢?而我向学生借笔时,为什么学生没有对我说:“喏,文具盒里有,自己拿吧!”

我当然不是说,我向学生借笔时学生叫我自己拿,才是正常的;不,我认为学生把笔递给我是对人起码的尊重。问题是,学生跟我借水杯时,我为什么没有亲自把水杯递给她呢?——说实话,当时我连想都没想过这样做!

因为在我的潜意识里,学生毕恭毕敬地把笔递给我,是理所应当的,因为他们是学生;而如果我把水杯毕恭毕敬地递给学生,则是有失体统的,因为我是老师。

可是,为什么会这样呢?以前我没有这样问过,现在我却要问我自己。

而且这样的“为什么”还可以问许多:为什么校园里师生相逢,往往是学生先招呼老师,而不是老师先招呼学生(而且有时学生招呼老师,老师还爱理不理的)?为什么上课前学生毕恭毕敬地向老师鞠躬:“老师好!”而老师往往只是敷衍地说声“同学们好”,甚至只是“嗯”一声?为什么学生到医院看望老师不过是“应有的礼貌”,而如果老师到医院看望病中的学生就成了难能可贵的“事迹”?为什么老师去家访时,学生总会为老师搬来椅子,而学生来到办公室很少享受“请坐”的“待遇”?为什么学生违反了校纪被处分是“理所当然”,而老师犯了错误接受班规惩罚就成了“品德高尚”……

一切都源于根深蒂固的潜意识:师生是不平等的。

师生平等与否,往往通过一些司空见惯的细节表现出来,而且这些细节都是不经意的,但也许恰恰通过许多“不经意”的“细节”,我们就正在为未来培养着公民或顺民。

既然民主同时也是一种生活态度,那么这种态度在日常生活中,更多的表现为人与人之间的平等。让学生从小在心灵深处确立平等观念并在日常生活中表现出这种平等，这是我们教育的分内之事。我们要让学生认识到，现代社会生活要求人与人之间拥有人格上的独立与平等。还要使学生了解社会主义公民之间权利与义务的平等性以及在法纪面前的一视同仁，懂得尊重、维护自身与他人权利的道理。努力使学生具备尊重自己，同时又尊重他人，善于交往，善于与人合作，重视各种横向联系的生活态度。

基础教育界近来流行一句话："蹲下来和孩子说话。"这对于过去教师伟岸地站在讲台上俯视学生无疑是一个进步。但我理解这句话中"蹲下来"的本意主要不是指"肢体的蹲下"而是"心灵的蹲下"，即教师要在心灵深处平视学生。这里需要说明的是，所谓"蹲下来和孩子说话"不应该被视为一种"更高境界的师德"——如果"蹲下来"纯粹成了一种姿态，那说明教师的心并没有"蹲下来"，所谓肢体的"蹲下来"不过是居高临下的"平易近人"而已，骨子里还是把自己看得比学生高。

我这样说，是想特别强调这样一个观点：师生之间的平等关系，不仅仅由教师的所谓"师德"决定，也是教师职业特点所蕴含的必然要求。教师在从事教育或教学时绝不可能是单向的，因为他面对的是同样有着思想感情精神世界的"人"，因此，教育的实施必然是师生双向互动。教师必须有赖于学生多方面合作——即使是一种被动合作，也可能完成其教育任务。如果学生不配合，教师的教育任务不可能完成。换句话说，教师的教育教学是一种授受一体的关系，是双向互利性的，而不是一种单向施与。

作为肩负教育使命和引领责任的教师，当然应该在思想上比学生更成熟、学识上比学生更渊博，但这不妨碍我们拥有一颗孩子般的童心，童心与童心的相遇，才是真正自然而然的平等。

对教育者来说，培养学生的平等观念，与其说是煞费苦心的"教育"，不如说是潜移默化的"感染"，即通过教师本人心灵深处平等意识的自然流露，给学生以"润物细无声"的影响：教师走进课堂，学生起立齐声说："老师好！"教师应该真诚地鞠躬回应："同学们好！"需要帮助的学生被叫到办公室，教师首先请他坐下；校园师生相逢，教师主动招呼学生，或者面对学生的问好，教师也真诚地问学生好；课余，教师和学生不妨一起嬉戏娱乐……这都自然而然地体现出师生尊严上的平等。

在营造班级人际平等氛围的过程中，教师还应注意唤起一些"后进生"内在的尊严感。往往有这种情况，对于自卑感很重的学生来说，无论同学们怎样对他友好，他都表现出一种孤傲和冷漠。在这种情况下，同学们的热情成了礼貌，而他的勉强应酬则成了客套。这不是真正的平等精神。因此，唤起部分“后进生”的尊严，是使他们具有平等意识的关键。尽管现在的学校教育大多只把学生的尊严体现在分数与名次上，但是，我们班主任应该善于帮助学生发现并发展他自己独特的禀赋与才能，使他们产生“我有着其他任何人都不可能有的智慧”的自信与自尊。我愿意再次重复苏霍姆林斯基的这段话：“共产主义教育的英明和真正的人道精神就在于：要在每一个人（毫无例外地是每一个人）的身上发现他那独一无二的创造性劳动的源泉，帮助每一个人打开眼界看到自己，使他看见、理解和感觉到自己身上的人类自豪感的火花，从而成为一个精神上坚强的人，成为维护自己尊严的不可战胜的战士。”而唯有使每个学生都成为这样的“战士”，平等意识才会真正深入他们的心灵，成为理性的认识，而不仅仅是一种礼貌甚至只是一种敷衍。

“平等”首先意味着人们在社会上处于同等的地位，在政治、经济、文化各方面享有同等权利。这个权利当然包括受教育的权利。所谓“受教育的权利”应体现在两个方面：入学的权利和在学校接受人格引导、知识传授和能力培养的权利。对前者，人们一般都比较关注（比如对“普九”的重视）；而对后者，人们却往往忽视。在不少人的心目中，只要学生进了学校，他受教育的权利就已经得到了保障和尊重。但事实上并非如此。

如果说，适龄儿童入学权利的保障，更多的是取决于当地的经济发展水平和政府对教育的重视程度的话，那么，在校学生是否真正享受平等的受教育权利，在很大程度上取决于教师是否真正平等地尊重每一个学生。然而，这方面的“侵权”现象经常不知不觉地发生着。

有一年我去某地讲学时，应某中学要求上一堂语文公开课。上课前走进教室我发现只有 40 个学生，我开始还以为他们当地的教学班就这么多学生。后来经了解才得知，因为怕“效果不好”，便把 20 来个成绩不好的学生“淘汰”了。我当即表示，把另外的学生全部叫齐，“一个都不能少”，否则我罢教。后来所有学生都坐在教室里了，我才开始上课。下课后，许多人都说我“很正直”，即使上公开课也不弄虚作假。我说：“不，这首先不是我是否弄虚作假的问题，而是我是否尊重这个班的每一个学生的问题。这样的公开课，哪怕缺一个学生，对这个学生来说，他的权利都受到了侵犯，他的尊严都受到了伤害！”

要让我们的学生意识到，同在蓝天下，都是“大写的人”！人与人之间的智力、才能、学习成绩、性格特点、家庭经济情况等存在着客观差别，但每个人的尊严和权利都是绝对相等的。平等只能在平等中培养——今天的教师如何对待学生，明天的学生就会如何去对待他人。

为学生的美丽人生定美好的基调

让学生阅读大自然，让班集体充满孩子们喜欢的活动，其意义绝不只是停留于“热爱大自然”和“不露痕迹的教育艺术”的层面，我希望达到的更深远的意义在于，让学生的童年富有诗意，让他们的人生充满情趣，让学生的生命更加丰满！

经常听周围的人说我的教育太“浪漫”，有人看了我与学生在田野在江边在雪地里在草坪上追逐奔跑的照片后说：“李老师在创造教育童话！”特别是那张我和学生躺在峨眉山雪地上摆成“一班”两个大字的照片，更是让许多老师羡慕不已。

我承认，我的许多教育做法的确比较符合“儿童的口味”。这里面蕴含着我的一个观点：教育，不能以任何神圣的理由剥夺孩子的童年。这话反过来说就是，教育，应该把童年还给童年。

刚好是在写这段文字的时候，我看了一部名叫《美丽人生》的意大利电影。电影的情节不太复杂——

一个犹太小男孩在他五岁生日的前一天，突然和父亲一起被德国纳粹抓进了集中营。小男孩并不知道他刚刚开始的人生正面临着极度的危险，甚至他幼小的生命也可能随时中断，他以为这一切都不过是一场惊险而有趣的游戏。而这游戏般的幻觉，正是小男孩父亲的精心设计。为了不让孩子晶莹而脆弱的心灵受到伤害，在被迫排队等候去集中营的火车的时候，父亲就告诉孩子：“我们正在参加一个漫长而刺激的游戏。如果我们积满了1000分，我们就会获得第一名，奖品是一辆真正的坦克。”

可以想象，在充满恐怖的纳粹集中营，要让孩子长时间维持这“游戏”的感觉，对这位父亲来讲，是多么困难！不，简直是难以置信的！然而这位父亲做到了——当孩子问那些德国人为什么那么凶狠时，父亲回答：“他们是那一方的，他们怕我们赢呀！”当孩子想看关押在女室的妈妈时，父亲回答:“这是规则，不能去看妈妈，否则我们就要扣分的。”等等。其间的惊险曲折甚至不乏喜剧色彩的情节和细节，我不打算一一赘述，我只是想叙述一下让我感到震撼的影片结尾——

感觉到濒临溃败的德国人决定大屠杀，父亲悄悄地把孩子藏在一个柜子里，告诉他:“我们现在已经积满 940 分了，只差 60 分我们就是最后的赢家了！现在，你必须藏在这里面，不许说话不许动，不许让任何人发现你。否则，我们积攒的 940 分就白攒了！记住:不管待多久，你都要忍着，一直到外面没有任何人了，才能出去！”父亲不放心，又叫孩子把他最后一句话重复了一遍:“一直到外面没有任何人了，才能出去！”父亲离开孩子后，在逃亡过程中不幸被德国兵逮住。当德国人押着他走向刑场经过藏着小男孩的柜子时，透过柜子的缝隙，孩子看到被德国人押着的父亲正悄悄地向他眨眼睛扮鬼脸，并且做着滑稽的动作——一切都像是游戏。只是孩子不知道，父亲正在向他做最后的告别——几分钟后他的父亲就在纳粹的枪声中离开了这个世界！

不知过了多久，一切归于寂静。小男孩从柜子里爬了出来，正当他茫然对着空旷的集中营不知所措时，身后响起了春雷般滚动的声音。他回头一看，阳光下，一辆坦克正隆隆地冲破集中营的高墙向他缓缓驶来。“真的！是真坦克！”小男孩惊喜地叫了起来，脸上露出了天真的笑容。年轻的盟军士兵将小男孩抱上了坦克，在欢呼胜利的人群中穿行。突然，小男孩发现了人群中还穿着囚服的妈妈，他跳下坦克向妈妈跑去，一边跑一边高喊着:“妈妈，我们赢了！ 1000 分，坦克！我们赢了！”

——影片到此戛然而止……

这部获得奥斯卡奖的电影《美丽人生》，也许可以被称作是一部充满喜剧色彩的悲剧，或者说是充满悲剧色彩的喜剧。荒诞而不可思议的情节，父亲的诙谐与乐观，小男孩的天真无邪，当然还有纳粹的残暴……这一切使不同的观众从这部电影中有不同的发现。但作为教育者，我很自然地从电影中发现了一种真正的人文关怀，不，是“人性”关怀，并由此想到了教育——虽然这部影片并非教育片。

如果以我们今天一些教育者“冷静”而“理智”的眼光看，影片中小男孩的父亲无疑是在对孩子进行欺骗。但在父亲看来，孩子晶莹的眼睛不应过早地蒙上邪恶的阴影，孩子幼小的心灵不应该过早地承受沉重的灾难。尽可能维持孩子无瑕的精神空间，让他对这个世界尽可能保持一份美好的期待，让他的蹒跚起步的人生多一些美丽的浪漫——这便是身陷绝境的父亲在告别世界之前献给孩子的礼物，这就是我从他最后向孩子扮出的那张滑稽鬼脸上读到的人情、人道和人性！

电影情节可能是虚构的，不过几年前我曾经从报上看到过一则类似这部电影中情节的新闻。法国的一个幼儿园突然闯进几个蒙面持枪歹徒，正在做游戏的年轻女教师和她的孩子们几乎在瞬间便成了人质。面对猝不及防的事变，文弱温柔的女教师对孩子们说："欢迎这几个叔叔和我们一起做游戏！"于是，在歹徒的枪口下，天真的孩子们继续欢快地游戏着，直到最后警察赶到。事后记者采访这机智的女教师，问她当时为什么会如此镇定勇敢，她回答道："我完全谈不上勇敢，当时我只有一个想法，尽我所能不让孩子欢乐的心灵受到伤害。"

当然，中小学生已经远远不是幼儿，如果我们像影片中的父亲那样对待我们的学生，显然是不可能的。但是，把童年还给童年，则是我们的教育应该做到的。

把童年还给童年

也许是对假大空教育的厌恶，我们的教育越来越走向了另一个极端：一些教育者不但抛弃了教育应有的崇高与神圣，也抛弃了孩子精神世界不可缺少的理想主义和浪漫主义，有的只是社会阴暗面的"实况转播"，或者以"不能欺骗学生，要为他们的未来负责"为理由对学生进行直截了当的"社会化"教育——在严酷的升学竞争中训练孩子明天的"生存能力"，即使有所谓"理想教育"也是"吃得苦中苦，方为人上人"以及"读书就是为了挣大钱娶美女"之类的"切身利益"诱导，还有各种暴力凶杀电影电视卡通漫画的耳濡目染……

于是，在儿童精神的天空中没有了追逐鸟儿的云彩，在少年心灵的原野上没有了随风起舞的花朵；于是，在孩子们的意识中，没有了纯真没有了纯正，没有了童话没有了梦想，没有了对善的一往情深的爱怜与呵护以及对美的一往情深的憧憬与向往；于是，有的小学生向同学的心脏捅出了尖刀；于是，有的中学生向母亲的头颅举起了榔头！

持刀杀人的学生当然是极少数，但小小年纪便“看透了世界”因而变得世故变得成人化起来，这样的孩子应该说在现在是相当普遍的。本来应该是做梦的年龄，为什么却时时睁着一双对周围世界充满警惕的早熟的眼睛？

因为他们没有童年没有少年，更没有他们这个年龄应该有的纯洁、温柔、天真、梦幻以及由此带来的情趣与浪漫！

我当然不是说教育应该回避现实，更不是把学校办成“乌托邦”；然而教育不仅要给学生以生活技能与生存智慧，还应该给学生以人之为人的精神世界，而人的所有“精神”都必须以人性为最基本的底线——学校教育最重要的工作就是保持孩子善良和富于幻想的天性，这对于一个人是否拥有终身幸福的精神生活是至关重要的。苏霍姆林斯基在其不朽名著《帕夫雷什中学》中这样写道：“为每一个人培养起善良、诚挚、同情心、助人精神以及对一切有生之物和美好事物的关切之情等品质，是学校教育的基本的起码的目标。学校教育就要由此入手。”

我们当然都不是生活在真空中。如何让孩子在灰暗甚至邪恶的环境中保持一份对真善美透明的信任？如何让孩子在追求真善美的历程中又能正视假恶丑的存在？这是我在近 20 年的教育历程中苦苦探索的难题。我现在的结论是：在学生从幼年、童年、少年到青年的成长过程中，我们应该给他们的心田依次播下三粒人生的种子：善良、正直和机智。善良是一切美德的根本，由此萌生出正直——憎恶一切毁灭善良的罪恶，而与罪恶抗争，则必须有一颗机智的心。注意，我这里说的是“依次播下”，就是说，对不同年龄不同学段学生的教育，必须有不同的重点主题。而任何一个主题的错位，都可能产生教育的遗憾进而给学生的人生带来遗憾。

一位优秀的教育者，应该知道他现在的学生的心灵最需要得到什么，或者说最需要保持什么。我之所以主张教育应该有些浪漫的气息，主张让孩子更多地接触大自然，这绝不仅仅是为了让教育富有情趣，而是力图让教育更能满足儿童的精神需要，让教育更符合人性——而孩子的心灵能够因为大自然的抚摸变得更加充盈而丰满。

第二章 提高教师的素养

我们承认教师不是完人，承认教师在许多方面不如我们的学生，这并不是降低了教育者对自己的人格要求，恰恰相反，只有教育者随时随地意识到自己的不足，才真正有利于教师的不断完善。同样，我们承认学生在许多方面——首先在道德方面在我们教师之上，这并不意味着教师就放弃了对学生的教育责任。学生童心的保持，个性的发展，思想的成熟，能力的培养……都离不开教育。但这种教育，不应该是教师的居高临下与学生的俯首帖耳，而应该是教师与学生的共同成长。再明确一点说，就是民主的教育，就是教师在向学生学习的过程中教育学生。

做有思想的教师

“做有思想的教师！”是我非常尊敬的钱理群先生给我的题词。

按理说，教师应该有思想是不言而喻的。但由于种种原因，有些教师不愿思考，久而久之也就没有了自己的思想。在他们看来，有党的教育方针，有上级领导的指示，哪还用得着我们的什么“思想”？恕我直言，这是一种很糊涂的认识。不错，无论是教育要“三个面向”，还是培养“四有”新人，都是我们教育者应该遵循的指南。但上级的任何高屋建瓴的英明决策，都不能取代千千万万第一线的教师富有创造性的实践，而创造性实践的前提是创造性思考。只有个性才能造就个性，只有思想才能点燃思想。让没有思想的教师去培养富有创造性素质的一代新人，无异于缘木求鱼。对于一个正在走向伟大复兴的民族来说，这是很可怕的。

思想源于激情——我没说胡话，思想的确来源于激情。表面上看，思想与激情是对立的：思想带上了激情便失去了理智，激情融入了思想便趋于冷漠。但我认为，正是因为我们对自己所从事的教育事业倾注了全部的激情，我们才能如此认真、执着而孤独地去思考我们的教育事业。不，还不仅仅是思考我们的教育事业，还包括我们的社会、我们的国家、我们的民族以及我们周围的一切。我是教语文的，但我认为不能就语文教语文，而应该站在教育的高度来教语文；而搞教育也不能就教育搞教育，而应该站在社会、国家、民族的高度来搞教育。我真诚地爱着我的国家和民族，我热切地盼望我的国家和民族早日繁荣昌盛，并愿意为此尽自己的绵薄之力。作为一名教师，我把自己的社会理想倾注在了教育事业中。因此，我的教育实践伴随着激情，便是很自然的了；同时，我的教育实践又伴随着不停的思考，更是理所当然的了。

有思想必然有个性，而有个性必然有争议。参加工作几十年来，争议一直伴随着我。我曾经为此苦恼，而现在，我为此而自豪。因为在争议中，我听到了许多对我教育探索的中肯批评，使我的思考与实践逐步走向成熟和稳健。应该说，在围绕我的争议中，纯粹出于恶意的“中伤”几乎是没有的。人们之所以对我的一些做法和想法提出不同意见，有的是因为我本身的不足和失误，有的是因为对一个问题的看法不同，有的是因为希望我做得更好……有这么多我认识和不认识的朋友在关注着我，我能不自豪吗？我愿随时听取不同的声音，并及时修正自己的认识，改进自己的工作，但我不会因此而停止自己富有个性的思考与实践。

“真教育是心心相印的活动”
——学习陶行知伟大的师爱精神

在重新学习陶行知教育思想时，先生有一段话特别震撼我的心灵：“要想完成乡村教育的使命，属于什么计划方法都是次要的，那超过一切的条件是同志们肯不肯把整个的心献给乡村人民和儿童。真教育是心心相印的活动。唯独从心里发出来的，才能打到心的深处。”

读着这段话，我很自然地想到了今天的素质教育。说到“素质教育”，不少教育者往往更多的是把眼光投向教学内容、教学方法、教学设备、考试制度等的改革，这些当然是必要的，但是我认为，素质教育绝不仅仅是教育技术层面的事，它首先是一种充满情感的教育，是充分体现教育者爱心与童心的教育，是“心心相印的活动”。

离开了情感，一切教育都无从谈起。当年陶行知所提倡的“乡村教育”是这样，今天我们所呼唤的“素质教育”也是如此。

正是在这个意义上看，陶行知教育思想与实践中体现出来的伟大的师爱，不但对今天的教育现实有着强烈的针对性，而且与目前党和国家所提倡的素质教育息息相通。也正因为如此，今天的每一位教育者重温一下陶行知有关师爱的论述，感受他那对孩子的一颗晶莹纯洁的爱心，不但应该而且很有必要。

一、奉献之心：“不要你的金，不要你的银，只要你的心”

爱就意味着奉献。从古到今，教师在人们眼中都是充满无私奉献精神的神圣职业。但令人遗憾的是，在社会主义市场经济大潮汹涌澎湃的今天，一些教育者自觉不自觉地习惯用商业化与功利化的眼光来衡量自己的职业，以致逐步丧失了最崇高的精神境界。麻木、冷漠或者虚伪、势利弥漫在一些教师、学生及其家长之间。教育者因此失去了陶行知先生所说的“人格的长城”，教育也因此失去了“心心相印”的情感魅力。

陶行知于 1928 年在纪念晓庄试验乡村师范建校一周年的演说中，这样真诚地大声疾呼：“乡村教育之能改造，最要紧的是要问我们肯不肯把整个的心献给乡村儿童。……倘使我们肯把整个的心捧出来献给乡村儿童，那末，无论如何困难，必有达到目的的一日。否则天天背诵教学做合一，也是空的。我今天要代表乡村及全国的小学教师和师范生投上一个总请愿：‘不要你的金，不要你的银，只要你的心。’”

“人生为一大事来，做一大事去。”陶行知不但是这样说的，而且他更是以自己身体力行的实践，向孩子们也向他所热爱的老百姓捧出了他的一颗心。作为曾师从杜威的留洋学生，他本来已是一位大学教授、教务主任，但为了要改造中国的教育，为了“要使全中国人民都受到教育”，他毅然脱下西装革履，抛弃大学教授的优裕生活，穿上布衣草履，奔赴乡村，面向中国最广泛的社会生活，为中国最下层的劳动人民从事着他最神圣的教育事业。他说：“只要是为老百姓造福，我们吃草也干。”他还鼓励他的儿子：“到最信仰民为贵的地方去做最有效的贡献。”这是何等崇高的人生观，又是何等彻底的奉献精神！

先生不仅自己有奉献之心，而且还反复强调教育学生要有奉献之心。他认为：“最重要的教育是‘给的教育’，教小孩拿出小小的力量来为社会服务。人生以服务为目的，不是毕业后才服务，在校时，就要在服务上学习服务。”正因为如此，他无情抨击中国旧教育是“走错了路”，因为这种教育不是教学生“给”而是教学生“拿”，他进而把这种教育抨击为“吃人的教育”：“传统教育，他教人劳心而不劳力，他不教劳力者劳心。他更说：‘劳心者治人，劳力者治于人。’说得更明白一点，他就是教人升官发财。发谁的财呢？就是发农人、工人的财，因为只有农人、工人才是最大多数的生产者。他们吃农人、工人的血汗，生产品使农人、工人自己不够吃，就叫作吃人的教育。”在《育才学校创办旨趣》中，先生明确地说：“有人误会以为我们要在这里造就一些人出来升官发财，跨在他人之上。这是不对的。我们的孩子都从老百姓中来，他们还是要回到老百姓中去，以他们所学得的东西贡献给老百姓。”

“捧着一颗心来，不带半根草去。”先生正是以他这一颗伟大的爱心滋润着无数颗童心，也培养出了无数的爱心。这样的爱心，不也正是我们今天一些教育者所缺乏的吗？

二、理解之心：“我们要懂得儿童”

对儿童来讲，师爱还有一个很重要的含义，那就是理解。

所谓对孩子的理解，用陶行知的话来说，就是“我们要懂得儿童”。我认为这句话至少有两个重要的含义：第一，懂得儿童特有的心理活动及思想感情；第二，善于发现并发挥儿童潜在的创造力。

陶行知多次告诫教育者：“我们必须会变小孩子，才配做小孩子的先生。”所谓“会变小孩子”，我的理解就是教师要尽量使自己具备“学生的心灵”——用“学生的大脑”去思考，用“学生的眼光”去看待，用“学生的情感”去体验，用“学生的兴趣”去爱好。对此，先生还有一段十分感人的话：“您不可轻视小孩子的情感！他给您一块糖吃，是有汽车大王捐助一万万元的慷慨。他做了一个纸鸢飞不上去，是有齐柏林飞船造不成功一样的踌躇。他失手打破了一个泥娃娃，是有一个寡妇死了独生子那么的悲哀。他没有打着他所讨厌的人，便好像是罗斯福讨不着机会带兵去打德国一般的怄气。他受了您盛怒之下的鞭挞，连在梦里也觉得有法国革命模样的恐怖。他写字想得双圈没得着，仿佛是候选总统落了选一样的失意。他想您抱他一忽儿而您偏去抱了别的孩子，好比是一个爱人被人夺了去一般的伤心。”

一个伟大的教育者，对儿童的心灵世界竟有如此细腻的感受和深刻的理解，我们只能说，陶行知先生的一颗真诚博大的爱心同时又是一颗纯洁无瑕的童心！教育者这样的童心，不正是我们今天的素质教育所必不可少的“精神软件”吗？

正因为陶行知先生真正把儿童看作儿童，深入他们的世界，理解他们特有的心理，所以，他同时又不仅仅把儿童看作儿童，因为他在和儿童心心相印的过程中发现了他们潜在的创造力。理解儿童不同于大人的思想感情，同时又尊重儿童不亚于大人的创造能力，这突出体现了陶行知先生充满辩证色彩的儿童观。

先生曾这样深情地告诫师范生：“未来的先生们！忘了你们的年纪，变个十足的小孩子，加入在小孩子的队伍里去吧！……您立刻会发现小孩子的能力大得很：他能做许多您不能做的事，也能做许多您以为他不能做的事。等到您重新生为一个小孩子，您会发现别的小孩子是和从前所想的小孩子不同了。”针对那些无视学生创造力甚至用粗暴手段压制学生创造力的教师，他还这样愤慨地抨击道：“你这糊涂的先生！你的教鞭下有瓦特，你的冷眼里有牛顿，你的讥笑中有爱迪生。你别忙着把他们赶跑。你可要等到坐火轮，点电灯，学微积分，才认他们是你当年的小学生？”

这些充满感情的话，仿佛就是针对今天我们的一些教育现实所说，因而今天听起来，我们还觉得是那么振聋发聩。这究竟是因为先生的教育思想具有深远的历史穿透力呢，还是中国教育改革的步履太缓慢也太沉重了些？

三、平等之心：“拜小孩为老师”

从某种意义上说，陶行知的伟大正在于他对学生真诚的平易亲切。他说：“我们希望今后办训育的人要打破侦探的技术，丢开判官的面具。他们应当与学生共生活、共甘苦，做他们的朋友，帮助学生在积极活动上行走。”他还说：“我们最注重师生接近。”“人格要互相感化，习惯要互相锻炼。人只晓得先生感化学生锻炼学生，而不知学生彼此感化锻炼和感化锻炼先生力量之大。先生与青年相处，不知不觉的，精神要年轻几岁，这是先生受学生的感化。学生质疑问难，先生学业片刻不能懈怠，是先生受学生的锻炼。”

正是这样真诚平等的态度，不但使先生赢得了他所有学生的由衷爱戴，也使他自然而然地走进了学生的心灵世界，更重要的，是使他心甘情愿拜学生为师；他也因此成为中国最伟大的教育家，而且也成为无数孩子及广大的平民百姓最真诚的朋友！

毋庸讳言，由于种种原因，封建文化的残余至今还阻碍着我们的教育走向民主与科学。在师生关系上，一些善良的教师往往不知不觉甚至是“好心”地损害着学生的尊严和感情。在某些学校，师生关系成了“我管你从”的君臣关系；在某些课堂上，不但没有师生平等交流，共同研讨的民主气氛，反而存在着唯师是从的专制色彩。如此专制的教育，焉能培养出未来中国的主人和21世纪所呼唤的新人？

爱学生，就必须善于走进学生的情感世界。而要走进学生的情感世界，首先就必须把自己当作学生的朋友，去感受他们的喜怒哀乐。“您若变成小孩子，便有惊人的奇迹出现：师生立刻成为朋友，学校立刻成为乐园；您立刻觉得是和小孩子一般儿大，一块儿玩，一处儿做工，谁也不觉得您是先生，您便成了真正的先生。”在先生那里，师爱的最高境界不是母爱，也不是父爱，而是朋友之爱、同志之爱，因为这种爱的基础是平等：以感情赢得感情，以心灵感受心灵。

四、责任之心：“创造出值得自己崇拜的学生”

对学生的热爱、理解、尊重，是使教育成功的必不可少的起码条件，但还不是教育的最终目的。对于一位有事业心的教育者来说，真诚地与学生交朋友，无疑能使他的教育充满更多的人情、人性和人道；但如果仅止于与学生交朋友，则无异于放弃了自己的神圣使命。因此，对学生的爱，最终还要体现在为学生的未来的人生负责，为民族的未来负责。

换句话说，作为一名真正的教育者，应该具备童心、爱心和责任心：童心使他能走进儿童的心灵，爱心使他能“把整个心灵献给孩子”，而责任心则能使他站在人生和时代的高度，着眼于儿童的未来与社会的未来，培养出“追求真理的真人”。陶行知先生正是这样的教育家。

我认为，最能体现先生人生观、价值观和责任心的，是他的一句非常朴素而又十分精辟的话：“教师的成功是创造出值得自己崇拜的人。先生之最大的快乐，是创造出值得自己崇拜的学生。”

那么，在先生看来，什么是“值得自己崇拜的学生”呢？

第一，要有改造中国的抱负。“我们要到民间去的学生，不要到天上去的学生。倘使因为环境不好即思迁，那么，城里不好搬到乡下，中国不好搬到外国，外国不好，再搬到什么地方去呢？学问之道无他，改造环境而已。不能把坏的环境变好，好的环境变得更好，即使读百万卷书有何益处？”第二，是“人中人”而不是“人上人”。他说：“做人中人的道理很多，最要紧的是要有‘富贵不能淫，贫贱不能移，威武不能屈’的精神。这种精神，必须有独立的意志，独立的思想，独立的生计和耐劳的筋骨，耐饿的体肤，耐困乏的身，去做那摇不动的基础。”第三，要有科学的精神。“我们要极力的锻炼学生，使他们得到观察，知疑，假设，试验，实证，推想，会通，分析，正确，种种能力和态度，去探求真理的泉源。”第四，要有创造力。“教育不能创造什么，但它能启发解放儿童创造力以从事于创造之工作。”……

我们现在的素质教育，不正是提倡教育学生“学会做人，学会求知，学会健体，学会创造”吗？对比一下先生当年的教育理想以及他对学生的培养目标，我们会深深地感受到，从某种意义上讲，今天的素质教育正是当年先生教育改革的继续。

早在1986年，江泽民同志就这样高度评价陶行知先生：“陶先生著作宏富，论述精当，与当前的社会主义教育学息息相通，堪称中国近代教育史上的‘一代巨人’。”李岚清同志也曾这样题词道：“以陶行知先生为楷模，为办好我国全民素质教育作贡献。”

师德和师爱，当然不是什么新潮的教育观点，但我们把半个多世纪之前的陶行知教育中的师爱思想同面向新世纪的素质教育相提并论，也并非牵强附会的联系。这不仅仅是因为现在还有不少教育者并未真正解决这个问题，更因为在实施素质教育的过程中人们越来越深切感到，培养学生高素质的前提，是教育者的高素质，而在教师素质的诸多因素中，对学生的奉献之心、理解之心、平等之心、责任之心等教师“非智力因素”是第一位的。还是那句老话，没有对学生发自内心的爱，就没有任何真正的教育。

写到这里，我不禁想冒昧地把本文开头所引用的先生的一段话做个小小的改动用以自勉，并献给今天每一位真诚拥护并勇敢实施素质教育的同志——

要想完成素质教育的使命，属于什么计划方法都是次要的，那超过一切的条件是同志们肯不肯把整个的心献给祖国人民和儿童。真教育是心心相印的活动。唯独从心里发出来的，才能达到心的深处。

追随苏霍姆林斯基

一、真诚的人道主义情怀

当我写下“苏霍姆林斯基”这个名字的时候，我心中首先生起的与其说是崇敬，不如说是亲切——在我的心目中，他从来都不仅仅是一位学识渊博、思想深刻的教育家，而更是一位和蔼慈祥的长者，一位充满童心和爱心的真诚朋友。

第一次听说苏霍姆林斯基，是我刚参加工作那一年。有一次，一位和我一起分到学校的同事兴致勃勃地给我介绍苏霍姆林斯基，并主动借给我看一本名叫《给教师的一百条建议》的书。我随便翻了一下，没引起多大的兴趣——那时的我，自以为自己的“素质”“能力”至少应付中学语文教学和班主任工作是绰绰有余的了，没必要也没兴趣还去读这些“闲书”，何况还是一个名字特别不好记的苏联人写的！

不久，我因打学生而被学校领导批评。在反思的那段日子里，我第一次认真读了苏霍姆林斯基的《要相信孩子》。可能是因为我几个月的教育实践使我有一些切身体会了，也可能是因为当时苦闷迷茫中的我在潜意识里有着寻求理论帮助的渴望，总之，这本定价 0.36 元的薄薄的小册子很快吸引了我，而且，现在想起来，当时这本书的意义远远不只是有助于我对自己所犯错误的反省，而是为我开启了一扇教育思想的大门。后来，我这本小册子在同事借阅过程中丢失了，但书中苏霍姆林斯基所反复强调的一个重要观点，至今还是我坚定不移的教育信念——

我们的教育对象的心灵绝不是一块不毛之地，而是一片已经生长着美好思想道德萌芽的肥沃的田地，因此，教师的责任首先在于发现并扶正学生心灵土壤中的每一株幼苗，让它不断壮大，最后排挤掉自己缺点的杂草。

随后，我不但重新借阅了《给教师的一百条建议》，而且还阅读了我所能买到或借到的所有苏霍姆林斯基的著作：《给教师的建议》（上下）、《帕夫雷什中学》《关于人的思考》《让少年一代健康成长》《怎样培养真正的人》《少年的教育和自我教育》《论劳动教育》《爱情的教育》《家长教育学》……我曾在我写的《爱心与教育》的引言中说过：“可以说，苏霍姆林斯基的思想，是在我教育生涯的早晨投下的第一缕金色的霞光。”

苏霍姆林斯基以他真诚的人文关怀和富有魅力的思想以及充满韵味的语言征服了我。可以毫不夸张地说，从 80 年代中期开始一直到现在，我真正成了苏霍姆林斯基的“追星族”的一员。

和一般的教育家不同，苏霍姆林斯基不是以“学者”或“研究家”的身份去冷峻、“客观”、孤立地研究教育，而是以充满真诚的人道主义情怀，把自己的一腔激情洒向他的每一位学生。他的深情的目光首先对准的是一个个人的心灵而不只是具体的教学环节或手段，他一生所关注的始终是每一个学生的个性的发展。这就使他的教育境界远远超过了一般侧重于研究教育技术的教育家，而使教育真正进入了人的心灵的宇宙。而且，苏霍姆林斯基在表达他那些充满人情味的教育观点时，所用的语言也是既充满坚定信念又亲切温馨甚至不乏诗意的语言："每个儿童就是一个完整的世界。""我们的工作对象是正在形成中的个性最细腻的精神生活领域，即智慧、情感、意志、信念、自我意识。这些领域也只能用同样的东西，即智慧、情感、意志、信念、自我意识去施加影响。""思想应该像高大的橡树一样坚强，像出弦的箭一样有力，像烈火一样鲜明。真理的坚定性、真相的鲜明性和思想的不可动摇性，是从同一个名叫困难的源泉中涌出的泉水。""亲爱的朋友，请记住，学生的自尊心是一种非常脆弱的东西。对待它要极为小心，要小心得像对待一朵玫瑰花上颤动欲坠的露珠，因为在要摘掉这朵花时，不可抖掉那闪耀着小太阳的透明露珠。"……

在读苏霍姆林斯基著作的同时，我也读了一些其他世界著名教育家的书。应该说，所有教育家的思想对我都有或多或少的启迪。但通过比较，我感到苏霍姆林斯基的思想最富有个性特色，而且最容易在中国这块土地上生根发芽。首先，苏霍姆林斯基的政治信仰、价值观念与我国的主流的意识形态是完全一致的，我们最根本的教育指导思想都是马克思列宁主义。培养具有集体主义思想、爱国主义情操、社会主义信念的共产主义新人，是苏霍姆林斯基也是我们最终的教育目标。其次，与中国长期占主导地位的教育传统观念有所不同的是，苏霍姆林斯基更注重教育在适应社会发展的同时还应有利于人个性的发展。他十分注重在教育中注入尽可能多的人情、人道和人性，而这恰恰是长期以来的中国教育所最缺乏的。所以，读苏霍姆林斯基的书，很容易感受到一种情感的力量，感到一种对心灵的抚慰。另外，苏霍姆林斯基的教育实践是一种始终面向基层、面向社会、面向普通学生的开放性教育实验，而不是在实验室里对少数学生的封闭式研究甚至经院式研究。对中国广大的中小学教育者来说，无疑更有着可资借鉴的操作性。最后，与其他经典教育著作相比，苏霍姆林斯基可以说开创了一种崭新的教育著作文体：将理论熔铸于一个个生动感人的教育故事之中，或者在夹叙夹议中娓娓诉说自己的教育个例，并自然而然地以极其精辟凝练的语言表达着自己的教育见解，既给读者以形象的感染，又给读者以思想的冲撞。比起许多充斥着晦涩生僻术语的理论著作，苏霍姆林斯基的书当然会拥有更多的中国读者。

他的感情真挚而充沛，他的思想朴素而深刻，他的语言平易而精彩。"要培养真正的人！"让每一个从他身边走出去的人都能幸福地度过自己的一生，这就是苏霍姆林斯基的教育追求。仅仅凭这一点，他教育胸襟的博大和教育理想的崇高就远远超出了同时代许多的教育家（虽然以今天的眼光看，他的思想理论可能有着这样那样的不足和一些不可避免的历史的局限）。而在中国，我认为只有一位教育家可以与苏霍姆林斯基相媲美，那就是陶行知。

二、素质教育的先行者

不少朋友善意地和我开玩笑，说我“言必称苏霍姆林斯基”，是“苏霍姆林斯基的狂热信徒”，而我从来都毫不讳言自己立志做苏霍姆林斯基在中国的忠实追随者。回想参加教育工作17年来的经历，他对我的影响的确是巨大的。正是苏霍姆林斯基，使我开始意识到应把自己的学生当作富有个性的“人”，而不是考试的机器、分数的符号，并且将发展学生的个性同自己工作的乐趣联系在一起：“如果你感觉到每个儿童都有个性，如果每个儿童的喜悦和苦恼都敲打着你的心，引起你的思考、关怀和担心，那你就勇敢地选择崇高的教师工作作为自己的职业吧，你在其中能找到创造的喜悦。”正是苏霍姆林斯基，让我意识到了自己身边的教育弊端：“不要让上课、评分成为人的精神生活的唯一的、吞没一切的活动领域。如果一个人只是在分数上表现自己，那么就可以毫不夸张地说，他等于根本没有表现自己，而我们的教育者，在人的这种片面性表现的情况下，就根本算不得是教育者——我们只看到一片花瓣，而没有看到整个花朵。”正是苏霍姆林斯基，向我指出了教师本人素质的重要性：“能力只能由能力来培养，志向只能由志向来培养，才干也只能由才干来培养。”正是苏霍姆林斯基，交给了我一个重要的教育工具，这就是“集体”：“教师的聪明才智在于，使孩子们把教师的意图当作自己的意图提出来并加以实行。一个真正的教育能手永远也不会使孩子感到自己是一个发号施令的人。”正是苏霍姆林斯基，告诉我应该怎样对待学习困难的儿童：“教学和教育的技巧和艺术就在于，要使每一个儿童的力量和可能性发挥出来，使他享受到脑力劳动中的成功的乐趣。……如果教师善于把学生引进一种力所能及的、向他们预示着并且使他们得到成功的脑力劳动中去，就连那些调皮捣蛋的学生也能多么勤奋、专心致志地学习啊！”……

在我国实施素质教育的呼声日渐高涨的今天，苏霍姆林斯基的思想再一次显示出真理的光芒：“所谓和谐的教育，就是如何把人的活动的两种职能配合起来，使两者得到平衡：一种职能就是认识和理解客观世界，另一种职能就是人的自我表现，自己的内在本质的表现，自己的世界观、观点、信念、意志力、性格在积极的劳动中和创造中，以及在集体成员的相互关系中的表现和显示。正是在这一点上，即在人的表现上，应当加以深刻的思考，并且朝着这个方向改革教育工作。”“共产主义教育的英明和真正的人道精神就在于：要在每一个人（毫无例外地是每一个人）的身上发现他那独一无二的创造性劳动的源泉，帮助每一个人打开眼界看到自己，使他看见、理解和感觉到自己身上的人类自豪感的火花，从而成为一个精神上坚强的人，成为维护自己尊严的不可战胜的战士。……人的充分的表现，这既是社会的幸福，也是个人的幸福。”甚至在我看来，半个世纪以前苏霍姆林斯基在他的家乡乌克兰所创办的帕夫雷什中学，堪称素质教育的典范！

阅读和写作，提高教师素质

从教 20 余年，我可以这样说，我一直在不停地阅读，这已经成了我的生存方式之一——或者干脆说，“阅读欲”就是我的“生存欲”！这种“阅读欲”源于自身的危机感。学问的功底，学识的功底，使我如饥似渴地阅读。在“文革”时期长大的我，除了读过几本所谓的禁书，我的心灵完全可以说是一片文化荒漠。我还记得大学一年级时的一个细节：我去图书馆借书，管理员问我书名，我实在不好意思说是借《家》，只是用手中的笔指点着借书卡上的书名登记。因为我旁边站着许多同学，我怕他们笑我：“哼！居然连巴金的《家》都没读过！”接下来的几年，是文学名著和其他人文著作的“暴饮暴食”。再后来，进入了 80 年代，一直持续到 80 年代末，我阅读的视野更加开阔。我曾在一篇文章中说过，我非常怀念 80 年代那“万类霜天竞自由”的人文学术氛围。正是在那样一个宽松的氛围中，我读了大量的人文学术著作。这些著作的观点我不一定都能理解，或者即使理解了也不一定都赞同，但这些著作不仅开拓了我的思想视野，更主要的是，它们让我越来越明确地意识到自己的身份：“我是一名知识分子！”从那时候，我就提醒自己，尽管我也许一辈子都只是一名普通的语文教师，但这不妨碍我在三尺讲台上通过语文教育传播人类文化精华，以行使一个知识分子推动社会进步的神圣使命。一个语文教师应该有远比“语文”更宽阔的人文视野。

这些阅读不但赋予我独立思考的信念，而且让我从历史和文化的角度俯瞰语文教育。我越来越不愿意把自己当作文章学、修辞学、语言学、考试学的分析家，甚至只是教材与教参的熟练操作者，而首先是文明的传播者、思想的启迪者、人生的导航者。这些阅读和语文教学并非没有关联，相反它能直接让语文课变得丰满而更有深度。

这里，我把我阅读过的部分书籍杂志做个介绍，与同行交流。

古典类：《论语》《孟子》《庄子》《老子》《孙子》《韩非子》《史记》《古文观止》《唐宋词鉴赏词典》《唐诗鉴赏词典》《宋诗鉴赏词典》《苏东坡诗文选》《陆游诗词选》《李清照诗词选》《刘禹锡诗文选》《李白诗选》《杜甫诗选》《红楼梦》《三国演义》《水浒》《西游记》《儒林外史》《聊斋志异》等。

人文类：《悲惨世界》《巴黎圣母院》《九三年》《笑面人》《人间喜剧》《爱之路》《莫泊桑中短篇小说选》《莎士比亚戏剧集》《约翰·克利斯朵夫》《静静的顿河》《复活》《爱的教育》《斯巴达克斯》《茨威格小说选》《百年孤独》《简·爱》《老舍作品选》《冰心选集》《朱自清散文全集》《鲁迅全集》《巴金作品选》《围城》《写在人生边上》《恋爱的季节》《踌躇的季节》《失态的季节》《青春万岁》《沉重的翅膀》《张洁作品集》《平凡的世界》《毕淑敏文集》《我是你爸爸》《风过耳》《京华闻见录》《文化苦旅》《文明的碎片》《山居笔记》《人间鲁迅》《忏悔录》《宽容》《马克思主义原理》《自我实现的人》《邓小平文选》《顾准文集》《中国古代思想史论》《中国近代思想史论》《中国现代思想史论》《文化的冲突与抉择》《历史深处的忧虑》《第三次浪潮》《当代著名批评家随笔丛书》《我的精神家园》《六大观念》《民主和专制的社会起源》《城市季风》《中国的危机》《尼采：在世纪的转折点上》《傅雷家书》《相约星期二》《六月雪》《原上草》《荆棘路》等。

教育类：《外国教育史》《教育心理学》《人格心理学导论》《和教师的谈话》《巴班斯基教育文选》《西方教育家文论选》《给教师的一百条建议》《把整个心灵献给孩子》《爱情的教育》《关于人的思考》《给儿子的信》《帕夫雷什中学》《陶行知全集》《叶圣陶语文教育文集》《中国著名特级教师教学思想录·语文卷》《控制论、信息论、系统论与教育科学》《当代中国语文教育改革名家评介》《西方主要心理学流派》《教育哲学》《教育诗》《马卡连柯教育文集》等。

杂志类:《中学语文教学》《语文学习》《读书》《随笔》《世界知识》《美育》《新华文摘》《文学自由谈》《文汇月刊》《名作欣赏》《教育研究》《诗刊》《人民文学》《十月》《当代》《收获》《中华文学选刊》《炎黄春秋》《老照片》等。

……

对我比较熟悉的人常常惊讶我为什么会有这么多时间来读书，其实，我不过是养成了“手不释卷”的习惯而已。每天晚上我都必须倚在床头至少看几十分钟的书，否则就会失眠。每次我外出开会、讲学或者旅游，我必须带上几本书，火车上、飞机上、宾馆里都是我读书的地方。

我读书总是伴随着思考，而思考总是让我情不自禁地把自己的思维火花记录下来。于是，一篇又一篇的读书随笔发表出来了:《沐浴余秋雨》《惋惜王蒙——读〈世纪之交的冲撞〉》《给中学生推荐〈孟子〉》《也在钱锺书边上写几句——读〈写在钱锺书边上〉》《若为自由故——〈陈寅恪的最后20年〉》《给思想以个性的天空——读〈殉道者〉》《用生命写诗——读〈黑牢诗篇〉》《不能忘却的纪念——读〈风雨中的雕像〉》等。

说到写作，这的确是我的一个爱好。比起我的口头表达，我自认为我的书面语言表达能力相对要强些。但这并不意味着我刚刚参加工作时，就能像现在一样写出像样的文章；相反，那时我写了许多文字并投稿，却常常被编辑部退回。其主要原因，是我写的东西大多没有思想也缺乏对生活的真情实感——为写而写的文字当然不会有读者。随着教育实践的深入，汹涌的激情和飞扬的思想使我真正不能自已地拿起笔——记得在1985年那个除夕，我在母亲家里写完《教育漫笔》最后一个字时，窗外响起了阵阵迎接牛年的爆竹声，那时，我不知道我第一次写的这篇有关教育的文章算不算“论文”（我甚至不好意思给同行说我在写“论文”），更不敢相信《班主任》杂志居然能连载；但是，当时我心中实在是充满了一种丰收的喜悦。现在，我已在《中国青年报》《中国教育报》《光明日报》《教育导报》《中学语文教学》《语文学习》《班主任》《班主任之友》《教师博览》《四川教育》《天津教育》《河南教育》《华西都市报》等全国几十家报刊发表了1000多篇文章，并有30余本专著出版。

在我的写作中，还有一类文章值得提及，那就是我和学生一起写的作文。叶圣陶先生很早就提倡写“下水作文”。其实，这个道理本来是不言而喻的——古代的教书先生要学生写字，哪个先生不会给学生示范？在1995年以前，我是断断续续跟学生一起写作文。1995年9月接了新生后，我就给自己规定：每次学生写作文，自己也一定要写。我的许多散文随笔就是这样写出来的，比如《李大爷》《蓉城的冬天》《绮霞园晨景》《竹林里的笑声》《春天的素描》《班级生活一页》《一双无法回避的眼睛》等。教师和学生一起作文，其意义不但是可以给学生做示范，更重要的是有助于我们了解学生的写作心理、理解学生的写作甘苦。这样，我们的作文教学会多一些心心相印，而少一些隔靴搔痒。

总结自己的写作实践，有这样几点体会：

一是要日积月累，不能急功近利。常常有老师平时不写文章，到了要评职称或其他急需文章的时候，才匆匆炮制。这显然是不好的。凡是为了评职称才“赶”出来的文章很难有真正的价值。对普通教师来说，最初的写作就是记录自己的教育足迹、思想历程，是自己和自己的对话，而不一定非要为发表才写作。我最初每天坚持写的教育手记、教育日记、教育随感等，都没想到要发表，只是觉得应该把自己每天丰富的生活、奔腾的思绪记录下来。但天长日久，十几年过去了，这些写给自己看的文字都成了我珍贵的财富。苏霍姆林斯基为学生写的1000多篇童话、故事、小说和他的许多教育札记，都是他逝世后发表的，而他生前写这些文章都不是为发表而写的。因此，我们一定要克服写作上的急功近利思想。即使是平时学校领导要求写的计划、总结等文字材料，也不能应付了事，因为这些文章很可能是以后你写某篇大文章的一个重要素材。所谓厚积薄发就是这个意思。

二是要独立思考，不能人云亦云。我常常看到有的青年教师也写了不少文章，但总是没有新意。这是因为他们没有真正拥有自己的思想，而是一味模仿别人的文章，转述别人的思想。文章重个性，这“个性”首先是思想的个性。跟时尚、赶时髦的文章，肯定不会受欢迎：一会儿“三论与教育”，一会儿“知识经济与教育”，一会儿又“创新能力与教育”……这样的文章，永远不可能有作者自己的思想。我至今记得十年前我写《青春期悄悄话——致中学生的100封信》时，曾顾虑与别人的东西雷同，当时乐山市教科所的语文教研员唐建新老师（现在深圳南山区教研室工作）鼓励我说：“只要你面对自己的实践，写出来的文章就不可能与别人雷同。因为虽然大家都在搞教育，但每个人面对的学生不同，面临的困难不同，采取的方法不同，进行的思考不同……一句话，每个人的生活不同，怎么可能写出雷同的文章呢？”他这话给了我勇气，所以每次我写文章都有一种自信：我一定要发出自己的声音！

三是要自然朴实，不能故作高深。我觉得长期以来，教育界有一种不好的文风，就是有些人总喜欢把简单的问题复杂化，把朴素的文字包装得很高深——好像不出现几个外国名字、新鲜术语，不弄个几“性”几“原则”的“理论框架”，文章就没有“学术性”、没有“档次”。我写文章喜欢自然朴实，没有那么高的理论认识，就不去“玩深沉”。陶行知、叶圣陶、苏霍姆林斯基的文章和著作，都寓真知灼见于朴实无华之中，但谁能否认他们是大教育家呢？我写《爱心与教育》时，也曾犹豫过是否会被人认为“层次太低”，但我想忠实于自己生活和心灵的作品才是真正的“高层次”。于是我让思想感情从心底自然而然地流淌出来，结果《爱心与教育》打动了许多读者。同样，在写这本语文专著之前，我也考虑过是否“构筑”个什么“框架”、“推出”个什么“模式”，“建立”个什么“体系”，但如果那样，我每写一个字都很痛苦，而读者可能也会看了几页就再也看不下去了。于是，再想想陶行知、叶圣陶、苏霍姆林斯基，我便再次心灵舒展地让真情实感流淌出来。

四是要读写结合，不要读写分离。读是吸收，写是表达，二者不能截然分开。语文教师要善于将二者自然地结合起来，这个结合就是思考。我们读书总会有所感动，有所共鸣，有所联想。于是，我们就可以拿起笔把这种感动、共鸣、联想写下来。特别是我们读教育名著时，往往会从教育家的论述中读到自己的生活，这往往会让我们感到一种心灵相通的喜悦甚至快感。而这时往往又是写作灵感喷涌的时刻。在写作的过程中，我们会查阅许多书籍资料，并且在查阅的过程中又有所思考、咀嚼、领悟，因此，往往一篇文章写完，我们又读了不少论著。比如，我为了写这本语文教育专著，就重新阅读了叶圣陶的书和其他有关的书。当然，我还得申明：读写结合不是简单的“依葫芦画瓢”，或者为“画瓢”而去“找葫芦”，否则又成了我前面批评的那种生吞活剥理论的不好文风了。关键是要有自己的思考并联系自己的实践。

我曾自豪地对许多朋友说：“读书、教书、写书，就是我现在生活的全部内容。”

从做学生的“灵魂工程师”到“向学生学习”

“人类灵魂工程师”据说原是斯大林对作家的称呼（参见陈桂生《“教育学视界”辨析》中《“教师是人类灵魂工程师”辨》），后来人们将其移用于教师身上，于是，至少在中国，“人类灵魂工程师”便成了教师特定的称谓。

在很长一段时间里，我为自己是“人类灵魂工程师”而自豪。我甚至觉得，“人类”“灵魂”“工程师”，由这三个词语组成的称呼是多么气势恢宏而富有诗意啊！青年时代的我，曾多次在写有关教育的文章时，使用这个短语：“无愧于人类灵魂工程师的崇高使命”“人类灵魂工程师不能没有自己的灵魂”等，那时候，只要一提起这个短语，一种真诚的庄严感便会油然而生。

然而现在，我对这个称呼产生了怀疑。

在我看来，“教师是人类灵魂工程师”这个命题至少包含三点谬误：第一，教师的灵魂肯定是比学生高尚（否则怎么可能当“灵魂工程师”呢？）。第二，学生的灵魂肯定不如教师（否则干吗还需要“灵魂工程师”呢？）。第三，学生的“灵魂”是可以被“工程师”随心所欲地“塑造”的。

教师的灵魂真的就比学生高尚？传统教育习惯于把教师奉为道德圣人，但教师又不可能是道德圣人，就知识、能力、阅历等而言，教师显然在学生之上；但就道德而言，却很难说学生不如教师。须知“人之初，性本善”，从某种意义上说，教育的过程并不是给学生外加“美好道德”，而是让学生尽可能保持童心的过程。儿童的心灵比成人纯洁，这是不争的事实，无论是《皇帝的新装》中的小男孩还是我们每天面对的学生（包括有缺点的学生），都已无可辩驳地证明了这一点。

至于学生的灵魂可不可以“塑造”，我想，在我们的教育越来越走向民主与科学的今天，什么都是可以塑造的，唯有人的灵魂——人的精神和个性是不能塑造的！“塑造”的前提是要有模式的，根据模式是否还属于学生自己的灵魂？这个灵魂是否还有真正的生命？那段并不遥远的“八亿人民只有一个脑袋”的历史，已经对此做出了回答。

我们承认教师不是完人，承认教师在许多方面不如我们的学生，这并不是降低了教育者对自己的人格要求，恰恰相反，只有教育者随时随地意识到自己的不足，才真正有利于教师的不断完善。同样，我们承认学生在许多方面——首先在道德方面在我们教师之上，这并不意味着教师就放弃了对学生的教育责任。学生童心的保持，个性的发展，思想的成熟，能力的培养……都离不开教育。但这种教育，不应该是教师的居高临下与学生的俯首帖耳，而应该是教师与学生的共同成长。再明确一点说，就是民主的教育，就是教师在向学生学习的过程中教育学生。

从做学生的“灵魂工程师”到“向学生学习”，毫不夸张地说，这是教育走向民主所不可缺少的思想革命。这场革命早在半个多世纪以前，就被陶行知先生呼唤过：“我们希望今后办训育的人要打破侦探的技术，丢开判官的面具。他们应当与学生共生活、共甘苦，做他们的朋友，帮助学生在积极活动上行走。”“人只晓得先生感化学生锻炼学生，而不知学生彼此感化锻炼和感化锻炼先生力量之大。”“谁也不觉得您是先生，您便成了真正的先生。”苏霍姆林斯基也曾这样告诫青年教师：“只有当教师在共同活动中做孩子们的朋友、志同道合者和同志时，才会产生真正的精神上的一致性。……不要去强制人的灵魂，要去细心关注每个孩子的自然发展规律，关注他们的特性、意向和需求。”

向学生学习，就是还教师以真实，还教育以诚实。当我们在学生面前不再是神而还原为质朴、真诚但不乏缺点的人时，学生更会把我们当作可以信任可以亲近的朋友，而朋友般平等的感情，无疑是教育成功的前提。所谓“还教育以诚实”，就是面对现实中弥漫的教育虚假，教育者以自身的诚实一方面消解着虚假教育的负面影响，同时又以诚实培养着诚实。言行一致，表里如一，自己不相信的绝不教给学生，勇于向学生承认自己的过失，这应当成为教育工作者起码的职业道德。向学生学习，即使从教育的角度看也是对学生最有效的教育。学生从教师身上，看到什么叫“人无完人”，什么叫“知错就改”，什么叫“见贤思齐焉”……教育者对自己错误的真诚追悔和对高尚人格的不懈追求，将感染着激励着学生在人生的路上不断战胜自我，一步步走向卓越。

我不同意“教师是人类灵魂工程师”的说法，并不意味着我反对教育者应有崇高的使命感，而是主张将我们的心灵融进学生的心灵。从某种意义上讲，教育是师生心灵和谐共振，互相感染、互相影响、互相欣赏的精神创造过程。它是心灵对心灵的感受，心灵对心灵的理解，心灵对心灵的耕耘，心灵对心灵的创造。

请尊重学生的选举权

三好生的产生究竟是由教师内定，还是由学生选举？我们的回答是：当然由学生选举确定！然而，在某校的一次班主任会上，笔者却听到了这样一段对话——

某班主任：“唉，我班的学生太不像话！选三好生时，净选些我不喜欢的娃儿；我喜欢的，一个都没有选上！”

某校长：“怎么能让学生选三好呢？注意：应是评三好生，而不是选三好生！”

某政教主任：“其实让学生选也是可以的，只是选了以后由班主任统计选票做内部调整，然后公布结果。反正学生又不晓得！”

听到这里，我惊愕不已：岂止是不尊重学生，简直就是对学生的欺骗！

当然，这几位教育者未必是存心欺骗学生，他们也许是想扶正压邪，让真正的三好生脱颖而出。但是，以剥夺学生选举权来纯正班风，其班风绝不可能因此而纯正起来。相反，这样做的结果，只会扭曲学生心目中业已形成的健康的道德观念，败坏我们神圣的教育！

以上几位教育者的话也许并不具有代表性，但类似的认识却不能说没有一定的普遍性。对于三好生（包括班干部）的确定，不少班主任总习惯于自己说了算。在他们看来，学生懂什么，难道老师看中的人不是好学生吗？不应该受到学生们的拥戴吗？

正因为如此，我们要大声疾呼——请尊重学生的选举权！

尊重学生的选举权，有利于培养学生的是非判断能力。在选举的时候，学生庄严地举起右手或交上选票之前，他不能不严肃地思考：什么是真正的“三好”？班上哪些同学才真正值得我敬佩？……教师为学生提供这样的思维过程，便是给了学生一次自我教育的机会，学生的是非观念、道德观念正是在这一次次实践（比较、辨别、判断）中逐步形成的。若一切都由教师内定，这些便都不存在了。学生会产生一种依赖思想：反正一切有老师，好与不好当然是老师才有发言权，我们学生总是幼稚的。试想，这样的学生怎么可能建立起高尚而坚定的社会主义道德信念?

尊重学生的选举权，有利于强化学生的集体主义主人翁责任感。集体主义情操的培养应是中学德育的核心。而班级集体主义教育不应仅仅是纯观念的教育，同时也应该是集体主义行为的训练。班级一切活动都是学生形成集体主义观念的良好途径。其中，让学生对班级建设发表自己的看法，让学生对同学做出自己的评价，便是使学生切身体验班级主人的责任感。对三好生、班干部的选举，绝不仅仅是让少数学生感到一种荣誉，而是让每一位投票者感到自己对集体的义不容辞的责任，感到作为集体主人翁的神圣与自豪。若剥夺了学生的选举权，则无疑是在无声地告诉学生：玩儿去！班里事儿与你有什么相干？这样，教育者平时“苦口婆心”“语重心长”的集体主义教育便被自己不知不觉地否定了。

尊重学生的选举权，有利于鼓励三好生、班干部们更好地为同学服务、为同学负责。既然三好生、班干部是由全班大多数同学确定的，那么，想当三好生、班干部就应该多为同学服务，接受同学监督。这样产生的三好生、班干部，才会真正受同学们拥戴，而当选者也才真正感到自豪。若学生对三好生、班干部的产生竟无影响力，那么班级舆论实际上是在鼓励虚荣心与投机者：反正只要在老师面前表现乖巧些，就能获得荣誉。这样，我们教育者所深恶痛绝的表里不一、两面三刀、投机取巧、双重人格等现象便很容易产生。

也许有人会问：“照这样看来，班主任就只有一切听命于学生了？教育者的主导作用又从何体现呢？”

教师的主导作用当然要体现，尊重学生的选举权也绝不是“一切听命于学生”。但“主导作用”重在“导”——开导、疏导、引导，而非“一手包办”地“领导”。教师对学生的引导主要在平时大量的、各方面的，或理直气壮或潜移默化的教育，这些教育集中到一点，就是要让学生懂得辨别美丑善恶是非的道理，并把这种道理转化为植根于心灵的道德信念。我不否认前面那位班主任所说的他班发生的不正常选举现象出现的可能性，但这恰恰暴露出这位教师平时的教育失误。面对是非颠倒的选举结果，他应做的不是剥夺学生的选举权（这样实际上是把自己的责任统统推给学生），而是设法造就一个良好的班风。在集体舆论健康的班级里，至少大多数学生的道德评价、是非判断与班主任是一致的。班主任也正因为如此而坦然自若地尊重学生们的选举权。表面上看，教师对学生的选举“放任自流”，而实际上教师已通过平时的教育引导不露痕迹地决定了学生们的正确选择——教育者的理智与艺术正在于此！

至于“让学生选了之后，班主任自己统计选票，做内部调整”的“妙计”，则属于典型的“虚伪的民主”，这不仅是每一位有良心的教育者所不能接受的，更是我们的社会主义民主教育所不能容忍的！

应回答学生最关心的问题

《北京青年报》一篇文章引述了某位中学生的一句话：“老师讲的，不是我们想的；我们需要回答的，恰恰没有人回答。”说实话，这句话让我想了很久很久。这一发自当代中学生内心的声音告诉我们每位班主任，新时期班主任工作的改革，当务之急是更新教育内容。

究竟中学生有哪些问题需要我们教育者回答？带着这个疑问，我在一些中学生中进行了一次调查。调查结果告诉我，当前我们的班主任工作最急需充实的内容主要在两个方面：一是加强对中学生的心理保健，二是应教给学生以正确处理好人际关系的社会生活知识。

正在走向成熟（生理的、心理的）而又还没有成熟的中学生，开始把眼光由书本投向现实，试着用自己的美好思想来衡量、分析社会。可是答案往往很令人失望，于是便产生了一连串的疑问、困惑与苦闷。而这，恰恰不为我们一些班主任所注意。调查中发现，学生的许多思考与苦闷有的是关于生与死的——“人为什么要活着？人死后是否就要到阴间？人要是不死该有多好。”有的是关于社会的——“我感到生活中处处是矛盾。为什么现在我国社会生产发展了，而人与人之间的关系却淡薄了，各种歪风邪气也更猖狂了？这到底是社会的进步，还是倒退？”有的是关于同父母感情的——“每次回到家里，就觉得气氛压抑，我真孤独。”有的是关于学习方面的——“我对学习越来越没劲，真不知为什么。可看到别人死钻书本，我又一阵恐慌。烦透了！”……这些问题，学生一般是不会对老师讲的。一个学生对我说：“讲的结果只会被老师看作‘心理灰暗’‘思想不健康’，或者得到几句‘要有远大理想’‘要有革命乐观主义精神’‘看问题要全面’等套话。”因此我想，深入中学生的心灵，了解他们的心理实际，平等地与他们一起探讨各种疑问，是我们班主任医治学生的心理疾病，加强学生心理保健的重要方法，也是我们义不容辞的责任。在中学生思考与烦恼的众多问题中，最突出的是如何满意地处理好人际关系。一位女生写道：“我们一天天长大、成熟，常常思考的重要问题是如何处理各种纷繁复杂的人际关系。同学之间的相处微妙而复杂，究竟怎么办？想不出结果，真憋死人。”其实，我们的教育从幼儿园、小学起就对学生进行过人际关系教育。在高一的政治课讲“共产主义人生观”时，就专门有一章是谈人际关系的，教学生在处理人际关系时要贯彻“平等的原则、团结的原则、互助的原则”……然而学生很反感这种脱离实际的空洞说教。请听一位学生课后的牢骚：“一听老师讲人际关系，我被吸引了。可是往下一听，什么‘人是社会关系的总和’‘人际关系是错综复杂的社会关系’，随即列出一长串种类——废话！什么‘阶级关系里人际关系主要表现为阶级关系’——乏味！什么‘社会主义的人际关系是新型的’——枯燥！唉，越听越失望，越听越没劲儿！到底该怎样处理好各种人际关系，我们还是一无所知。”

学生的言辞固然有所偏激，但这说明政治课讲的处理好“新型关系”的各种“原则”，学生拿到生活中去根本用不上。引人深思的是，与此同时，美国戴尔·卡耐基的《神奇的人性》《人性的弱点》等谈人际关系的小册子却在不少学生中悄悄流传。这些通俗、生动和实用的人际关系知识为什么不可以理直气壮地进入我们的课堂呢？前不久，乐山市一名高二女生自杀，原因之一就是因其过于纯洁、书生气十足而不能处理好社会上各种复杂的人际关系。可见，教会学生科学地处世、艺术地生活，是何等必要！

回答学生最关心的问题，成为学生最知心的朋友，在心灵交流、感情交融中达到思想教育的目标——这应当成为我们班主任努力追求的教育境界。

青年班主任怎样提高科研修养

有些青年教师不愿当班主任，觉得做班主任那些婆婆妈妈的事，没多大意思。这实在是一种偏颇的认识。人们常说，优秀的班主任就是一名教育专家。这绝不是溢美之词。因为班主任工作之“杂”，正说明需要班主任思考、研究、解决的教育问题之多，这恰恰是班主任从事教育科研极为丰富的宝藏，这也为每一位青年班主任成长为教育专家提供了可能。那么，青年班主任应怎样结合本职工作提高自己的教育科研修养呢？我的体会是：乐于请教，勇于思考，广于阅读，善于积累，勤于写作。

一、乐于请教

这似乎是老生常谈，但一些青年教师往往不以为意。向中老年班主任以及其他优秀班主任请教，并不是礼节性的谦虚，而是诚心拜师。特别要强调的是，这种“拜师”不应只是几次交谈或听课，而是长期观察、跟班见习；学习的重点还不在于其具体的做法，而是悉心领会其教育思想和带班艺术。乐于请教，还包括以书信方式向一些有影响的教育专家请教，从而开阔自己的视野，丰富自己的思想，使自己能从教育宏观的角度审视自己的工作，而且还能从专家们的指点中受到鼓励。向学生请教，也是很重要的。这主要是指多在学生中进行调查研究，及时了解他们对班主任工作的评价，听取他们的建议与批评。

二、勇于思考

思考活跃、思维敏捷，是青年教师的特点，也是青年班主任进行教育科研的优势之一。“勇于思考”的含义主要有二：一是不迷信权威。在尊重并继承古今中外一切优秀教育理论与传统的同时，敢于以追求科学、坚持真理的胆识，辨析其中可能存在的错误之处；即使是向当今公认的教育专家学习，也不应不加分析地盲目照搬，而应经过自己的头脑，结合自己的实际情况消化、吸收。二是要善于发现问题。发现问题是研究问题的前提。我们生活在学生中间，每天都会遇到并处理各种各样的教育问题，有的青年班主任对此感到心烦。其实，这正是一个又一个的研究课题向我们源源不断地涌来，班主任研究的切入口也正在于此，甚至对一些似乎已有定论的教育结论，我们也可以根据新的实际、新的理论重新进行认识与研究，或修正，或补充，或发展。

三、广于阅读

对于有志从事教育科研的班主任来说，广于阅读的意义在于既可以掌握科研的理论武器，又可以随时了解这一领域内的各种信息。因此，青年班主任无论多忙，都不可忽视广泛的阅读。一般说来，为教育科研而进行的阅读，其内容可侧重于四个方面：一是经典教育理论书籍，包括教育学、心理学、教育史等著作。这是青年班主任必不可少的理论素养。二是杰出教育家的专著。在有了一定的阅读基础之后，我们可根据自己的情况，选择某一位或某几位教育家的著作做系统阅读，重点研究。三是反映国内外教育研究最新观点、最新动态的教育报刊。阅读这些报刊，可以使我们从别人的研究中或者受到启发，或者避免课题“撞车”。四是反映青少年学生生活、心理的各类读物，包括学生写的和写学生的散文、小说、报告文学等。通过这些读物，我们可以从更广阔的范围了解、认识我们的教育研究对象。

四、善于积累

材料的积累对于教育科研的重要性是不言而喻的。积累的过程就是“采矿”的过程，积累越丰富成果就越丰硕。青年班主任可留心这四方面的材料积累：一是学生的作文、作业、日记、周记等书面材料。当然，不是所有的学生文字都收存，而是注意保存那些最能真实反映学生心灵世界的文字。二是建立“特殊学生档案”。对特优生、“双差生”、有明显特点的学生进行长期跟踪观察，记载他们的成长过程、变化情况、学习状况、社会交往、家庭环境等。三是班主任本人进行教育实践、实验的有关记录材料，包括班级重大活动，对学生的个别教育，对偶发事件的处理等。四是对学生进行调查的结果，包括各种数据统计等。还需说明的是，对这几方面的材料，班主任一定要给予分门别类的整理，以备查用。

五、勤于写作

文字表达也是科研的基本功。一提到写作，有些班主任往往以自己不是语文教师为理由而不愿提笔。其实，教育科研要求的写作能力，主要是内容实在，条理清楚，语言通顺，应该说，这些要求对于经常练笔的青年班主任来说，是不难达到的。“勤于写作”写什么？一是记录自己平时在教育教学方面的思想火花：一次联想、一回顿悟、一个念头、一缕思绪……都可以以随感、格言的形式记下来。二是教育笔记：在班级教育与管理中成功或失败的做法，对“特殊学生”的跟踪教育等。三是教改实验报告、学生心理调查报告、班主任工作总结等材料。四是根据自己的工作经验或体会写成的有一定理论高度的教育论文。在这四类文字中，前两类一般是写给自己看的，而不是为交流、发表而写，其主要目的既为练笔，也为积累；后两类文字则可以在校内外交流或试投报刊，这是使自己的科研成果被社会承认的一种形式。

增强教育科研修养，当然并不只是青年班主任的事，但无论是从青年教师个人发展的需要看，还是从我国教育者整体素质提高的要求看，应该说青年班主任尤为迫切。比起单纯的学科教学，目前我国对班主任工作的科学研究相对薄弱。然而，这恰恰为所有有事业心的青年教育者提供了一片大显身手、大展宏图的天地。实践已经证明，结合班主任工作进行教育科研，正是普通的青年教师通向教育专家之路的起点。

勇于承认自己的错误

1994 年 9 月开学不久，便迎来了又一个教师节，学校要求各班利用班会课举行庆祝活动。这天，我吩咐班干部在教室黑板上写了一行大字：“教师节——献给老师的礼物！”

班会开始时，我笑着对大家说：“今天是我的节日，所以，我想向同学们索取‘礼物’。”学生们顿时笑了起来，显然是不相信我的话。可我却认真地继续说：“在过去的高二学年里，由于李老师修养不好，再加上工作繁重，所以，我的工作越来越简单急躁，在各方面都存在许多问题。今天，我诚心诚意请同学们对我的工作提出意见。这对我来说，的确是最好不过的礼物啊！”

接着，我又拿出事先买好的钢笔、圆珠笔和铅笔：“为了鼓励和感谢同学们，今天我来个‘有奖征谏’——同学们可不要坐失良机啊！”

同学们又是一阵大笑，气氛开始活跃了。他们见我十分真诚，便也认真思考起来……

开头炮的是黄金涛：“李老师，我们都记得，高一时您和我们没有师生界限，我们甚至可以对您直呼大名；可是到了高二，您越来越爱对我们发脾气，师生之间有了明显的心理距离。希望李老师能恢复高一时亲切的笑容！”

我走下讲台，来到黄金涛的面前，双手递给他一支钢笔：“谢谢你的批评！”

班长吴冬妮站了起来：“李老师，上学期班上的运动会的会徽设计，您没有征求同学们的意见！”

我略略回忆了那件事的经过，说：“好吧，我接受班长的批评，今后班里的事儿多和大家商量。”说完，我送给她一支圆珠笔。

平时常挨我批评的郭坤仑也发言了：“李老师有时太爱冲动。那次林川用脚狠狠踢教室门当然该挨批评，但您当时拍着桌子厉声斥责他，让他写了检讨又请家长，林川事过很久还感到抬不起头。”

我同时拿起两支圆珠笔，一支递给郭坤仑：“谢谢你的直率！”一支递给林川：“请原谅李老师！”

提意见的学生越来越多了……

下课铃响了，我总结道：“永远感谢同学们！愿在新的一学年，我们高九三级一班的全体同学和我这个班主任精诚团结，同舟共济，以共同创造明年七月的辉煌！”

回答我的，是一阵雷鸣般的掌声！

一年后，学生们果然以出色的高考成绩为我班的历史画上了一个完美的叹号。离校之际，学生们来向我告别，他们送我一张同学们签名的尊师卡。我打开一看，里面有黄金涛代表全班写的一句话——

“镇西兄：血脉虽不相连，心灵永远沟通！”

第三章 育人之道

他们可以浑浑噩噩地过日子，我们不能；他们可以不学习而沉溺于电子游戏，我们不能；他们可以追逐庸俗，我们不能；他们可以没有理想，我们不能；他们可以放纵自己的懒惰，我们不能；我们这一辈子是要干一番大事业的！我们要在高中三年这流金岁月，充实自己的心灵世界，通过学习，通过书籍，与人类历史上的精神大师对话，因为我们和他们不一样！

“我们与他们不一样！”

本来，按学校统一要求，班主任给新生集体讲话是晚上七点。但我想在新生进校第一天就照一张合影，于是我告诉每一位来报名的同学：“请下午五点钟在教室集中！”并把这句话写在了黑板上。

我还想着没签完的《爱心与教育》，于是我利用午休时间，把所有书都签完了，然后将我给每一个学生写的信夹在书的扉页。趁教室里没有一个学生，我和王老师一起悄悄地把几十本《爱心与教育》抱进了教室，藏在了保管柜里面（我要给学生一个惊喜，不能让他们提前知道）。

下午五点整，同学们在教室里坐得端端正正，我开始了对学生的第一次集体谈话。

我先做了自我介绍，把“李镇西”三个字写在了黑板上。然后我说，我真是盼了一个暑假，盼望着和同学们今天的见面。我讲了我为什么要从教科所申请调回学校，讲了我为什么要求做班主任。同学们静静地听着，我感到他们开始理解我了。

我说：“第一天见面，李老师给大家准备了一份礼物！是什么呢？呵呵！一会儿就知道了。”说着，我走到教室角落打开柜子，和王老师一起把几十本书拿了出来，整整齐齐地放在讲台上。

“我给同学们的礼物是一封信和一本书。”我说，“下面，我念一个名字，便请这位同学上来领我送的礼物，好吗？注意，我的信就夹在书里面。”

我开始把书打开，按我写在扉页上的学生姓名，一一请同学们上来领书。每上来一位同学，我便双手把书送给他，几乎每一个同学都用双手接过，然后说“谢谢李老师”。

书发完了，教室里静静的，同学们在看着我写给他们的信。我的信是这样写的——

××同学：

你好！

从今天起，我们就是好朋友了！

仔细想来，我们能够相识纯属偶然，用个比较通俗的词，叫作缘分！你想想，这世上那么多的学生，我为什么就遇到了你呢？这世上那么多老师，你为什么就遇到了我呢？呵呵，这是不是缘分？

第一次见到新朋友，我把我早已准备好的礼物送给你——一句话和一本书。

“让人们因我的存在而感到幸福！”我把这句话作为礼物送给你！（请你在心里默念一遍：“让人们因我的存在而感到幸福！”）这既是一种伟大崇高的价值观念，同时也是一种平凡朴实的实践行为。用精神播撒精神，以真情赢得真情。亲爱的朋友，做一个“让人们因我的存在而感到幸福”的人，往往只需举手之劳：公共汽车上，你为一位老人让座，这位老人就会因为你而感到生活在这样一个社会中是一种幸福；在街头，你热情耐心地回答一位外地人的问路，他就会因你而感到能够得到一位素不相识的人的真诚帮助是一种幸福；在教室楼道，你主动上前帮老师抱作业本，老师会因为有你这样的学生感到幸福；有同学病了，你哪怕是送上一句亲切的问候，他也会感到有你这样的同学是一种幸福……今后在我们班，当某个同学遇到困难时，你如果第一时间出现在他的面前并伸出温暖的手臂：“别着急，有我呢！”那样，他会因为有你而感到班集体的无比温馨！我希望在我们的集体中，大家有共同的追求、共同的荣辱、共同的精神支柱、共同的心理依托；成员之间互相友爱，互相帮助，谁也离不开谁：每一个人为集体的挫折感到难过与忧虑，集体为每一个人的成绩感到欣喜与自豪。

你手中这本《爱心与教育》，也是我送给你的礼物，这是我好几年前出版的一本著作。这本书记录了我和我学生的故事，是我和我学生真情的结晶。你打开这本书，会走进我的精神世界，进而了解李老师是怎样一个人，李老师是怎样在从事教育。当然，我之所以要送这本书给你，更重要的目的是要你按书中的李老师监督你眼前的李老师，看李老师是不是真的爱学生。爱，不等于教育；但没有爱，肯定没有真正的教育。因为我爱你们，所以我会想方设法地做好自己每一天的工作。其实，李老师也有许多缺点，比如我脾气不好、做事急躁等，但我想只要有了同学们的监督和帮助，我会随时改正缺点，不断改进自己工作的。我从来认为，老师和学生是一起不断走向成熟和成功的伙伴；我在教育你们的同时也在接受你们的教育，让我们在今后三年里共同成长！我坚信，在未来的日子里，我们会用行动共同创作出一部新的《爱心与教育》！

最后我还想说一个愿望，我希望在三年后你离开我的时候，会这样说："我幸运，因为我在高中遇到了李老师！"请相信，我会为我这个愿望而不懈努力！

要说的话很多很多，反正来日方长，更多的话留着以后慢慢说吧！就让我们在未来的日子里风雨同舟，携手而行吧！

你真诚的朋友：李镇西

2004 年 8 月 30 日

我看同学们差不多都读完了我的信，便在黑板上写下一行大字："让人们因我的存在而感到幸福！"然后说："今天和同学们第一天见面，我已经从一些同学的行为中看到这句话的含义。比如，上午我看到一位母亲陪她儿子来报名，上楼的时候，那位男生非常自然地搀扶着他的妈妈。我很感动，便走上去对那位母亲说，你真幸福，有一个这么懂事的孩子！在我看来，这位母亲便因为自己儿子的存在而感到了幸福。还有我们班的路遥同学，他来得比较早，便主动承担了为后来的同学服务的接待任务，后来的同学们便因为路遥同学的存在而感到了新集体的温暖。我希望，以后我们每一个同学都用自己的行动来注释这句话。"

我看时间已经五点半，同学们还要吃晚饭，便对大家说："今天第一天见面，我们一起合张影吧！等三年后毕业时我们拿着毕业照，对比今天的照片，你们会看到自己成长的痕迹。"

我和学生来到教学楼前的小广场，照了我们新集体的第一张合影。

吃晚饭的时候，我和德育处徐主任坐在一起。聊起班上的学生，他特意给我介绍了一个叫"李运"的男生，说这个学生初中便在本校就读，虽然很聪明，但性格比较叛逆，思想比较偏激，常常跟老师顶撞。我想到来报名时，李运的确显得很"无所谓"，满不在乎的样子。我说我会注意引导的。

晚上七点整，我和学生们又聚集在教室里，按学校统一规定，给学生进行入学教育。

我继续解释“让人们因我的存在而感到幸福”这句话，但我仍然没有空谈大道理，而是和我的学生讲起了我以前教过的一个学生崔涛的故事：他如何帮助安超，如何给周围的同学送去温暖，到了高三还如何照顾一位受伤的同学，最后考进了中国科技大学……我又讲了我原来班上的优秀学生如何利用宝贵的时间给“后进生”补课，讲了“做人第一”的含义。

同学们认真地听着……

我又说：“李老师还有一句话要送给大家。这句话是——‘我们和他们不一样！’”然后我解释道：“这里的‘我们’就是有志向的你们！”我给他们算了一笔同龄人求学的账，让他们感到在全国同龄人中，“我们”的确是处于金字塔尖的上部。“这意味着什么？意味着‘我们’的确比其他同龄人承担着更多的使命！如果我们都没有理想没有志向没有追求，这个民族的确毫无希望可言！”我重重地说道。

“因此，我们和他们不一样！他们可以浑浑噩噩地过日子，我们不能，因为我们和他们不一样；他们可以不学习而沉溺于电子游戏，我们不能，因为我们和他们不一样；他们可以追逐庸俗，但我们不能，因为我们和他们不一样！他们可以没有理想，但我们不能，因为我们和他们不一样！他们可以放纵自己的懒惰，但我们不能，因为我们和他们不一样！我们这一辈子是要干一番大事业的！我们要在高中三年这流金岁月，充实自己的心灵世界，通过学习，通过书籍，与人类历史上的精神大师对话，因为我们和他们不一样！”

培养学生爱他人的良好品质

教师以爱来教育学生，其成效如何，主要是看其所教的学生是否也具备了爱他人的良好品质。

爱，既是教育的手段，又是教育的内容。我们对学生充满真挚的情感，这样会使学生乐意接受我们的教育，但如果仅仅限于这一点，那么，师爱的作用还远远未发挥尽。爱的教育的最终目的，是应使学生感受到老师无私的爱后，再把这种无私的爱自觉地传播给周围的一切。

我们现在的学校教育，不能说没有进行“爱的教育”，相反，这些教育还是相当轰轰烈烈的：“爱国主义”“五讲四美三热爱”的作文比赛、讲演比赛、壁报比赛搞得热火朝天，但是，我总感到（恕我斗胆直言）不少学生是在言不由衷地慷慨激昂，这不是孩子们的虚伪，而是对于十二三岁的初中生（高中生又何尝不是呢）来说，这些“热爱”未免太抽象太崇高，在他们眼里，祖国之所以可爱，就是因为有“四大发明”、有“九百六十万平方公里”，有“屈原、孙中山”。因此，我固执地认为，不管“热爱”什么，首先要热爱周围的人——爸爸、妈妈、哥哥、妹妹、邻居、老师、同学、旅途上偶然相识的伙伴、路上每一个普通的公民，热爱周围的环境——教室、校园、家乡的山水、所在的城市街道、自己的宿舍大楼。如果学生对这一切都没有感情，那么，爱国之心又从何而来呢？

因此，我认为，特别是对于初中生来说，德育的起码要求（同时也是最高要求）就是集体主义教育。学生不守纪律、学习松懈、劳动不认真，甚至撒谎，都可以原谅，而对别人漠不关心，则是最不能容忍的。我们很难想象，一个对别人的痛苦麻木不仁，甚至幸灾乐祸的学生，会真诚地忠于祖国、忠于人民、忠于我们的共产主义理想。

基于这种指导思想，从初八四级一班起，我就有意识地注意对学生进行关心他人、热爱周围一切的教育。我把意大利作家亚米契斯的《爱的教育》作为学生必读的德育教材。我在班上立下规矩：凡是学生病休三天以上，班里必须派人去慰问，病休一周以上，班主任再忙也要亲自去看望。对于那些由于特殊原因，不能经常享受家庭温暖的同学，更应关心。李志英的家在仁寿县，但每当五一节、国庆节和元旦节来临，她都不会孤独，因为自会有关心她的同学。在中秋节班里的团圆会上，不少同学还送给她月饼呢！

当然，要叫学生做一两件关心同学的好事，是极容易的，教师的任务是要努力教会学生自觉地关心每一个同学（而不仅仅是关心自己的好朋友）。在初八四级一班，我发现姜茹、王琦、彭霞、杨虹几个女同学神情、动作异常，许艳、文丽还在课堂上互递纸条，经我反复调查，原来她们是在“策划”怎样捐款援助伍建同学。伍建是班上极不显眼的一个男同学，既不是三好生，也不是班干部，学习成绩也不是很理想，因他父亲去世，家里困难，他便不想读书了，女生们听说后，不顾平时非常顾忌的严格的“男女界限”，积极设法发动全班筹款为他缴学费，她们在给班长马庆的纸条上写道:“这件事一定不要让李老师和伍建知道。”这使我看出学生们高度的自觉性和纯洁的心灵。一位同学在日记中写道:“《爱的教育》中，资本主义国家的儿童都知道关心同情别人。我们社会主义新中国的少年更应关心别人，富有同情心。”学生们所表现出来的极真挚的情感和关心他人的“本能”，是无法用什么分数来衡量的。

难道我们还担心学生们这种无私的感情不会升华为对祖国的爱吗？学生们初中快毕业了，有同学提出捐款抢救大熊猫，我当然赞成。但是用什么方式呢？叫学生们自愿把钱交到我这里吗？或者叫班干部负责登记捐款者以及数目吗？如果这样，多少会使一些学生碍于面子而不得不交，这也就减少了捐款的意义了。于是，我放了一个储钱罐在教室里，宣布:“愿捐就捐，多少不限，不记姓名。”结果学生们果真没让我失望。我感到无比欣慰，因为同学们捐款都是出于高度的自愿——为了祖国。

这使我想起苏联杰出的教育家苏霍姆林斯基关于爱国主义教育的一个观点，不应把爱国主义教育当作只是让学生进行“热爱祖国”的作文、讲演比赛，而应该引导学生通过自己的一言一行实实在在地爱祖国。

“让每一个孩子抬起头来！”

“让每一个孩子抬起头来！”这句话选自苏联杰出的教育家苏霍姆林斯基的著作《给教师的建议》。苏氏几十年前说出的这句朴素的教育名言，可以为今天我们所说的素质教育中“面向全体”的含义做出形象的注释。

应试教育着眼于选拔，它必然要通过一次又一次的考试淘汰大多数“差生”，以造就极少数“优生”。如此“教育”无疑让大多数学生还在人生的求知阶段便成了心灵自卑个性萎缩的“精神侏儒”。这实在是有悖于基础教育的全民性、普及性——孔夫子还讲“有教无类”呢！

恰恰是在这一点上，素质教育显示出其民主与公正。如果说应试教育追求的是高考升学率的话，那么，素质教育则追求的是学生成人的合格率。最大限度地追求受教育对象德智体美劳全面发展的合格率，教育者必然会向所有学生平等地实施教育——那种认为划分所谓重点学校、重点班，使孩子还在“人之初”便被分为三六九等的不正常现象便不会出现；而且教师必然会对每一位学生充满由衷的挚爱、真诚的信任和热切的期待！

“让每一位孩子抬起头来！”特别意味着教育者对“困难学生”（也就是让我们有的教师一提起就焦头烂额的所谓“瘟猪子”）倾注更多的爱心、耐心和信心。由于智力状况、学习基础、家庭教养、个性特征等因素的差异，学生发展很难绝对均衡同步，往往总有部分学生暂时滞后或掉队。这部分学生在应试教育的考场上，只能沦为屡战屡挫的失败者；而在素质教育的舞台上，他们却可以找到能够体现自己个性尊严的角色，从而尽情挥洒其独具魅力的创造色彩，并自由舒展其澄明自然的心灵空间。素质教育培养出来的学生当然并不一定都是种种杰出的“家”，但是无论今后赫赫有名还是默默无闻，他们都将是素质全面、个性鲜明、勇于进取、乐于奉献的“大写的人”！从这个意义上讲，素质教育即“希望教育”“个性教育”和“成功教育”，其字典上永远没有“差生”二字！

——在素质教育的原野上，每一粒种子都能破土发芽，每一株幼苗都能茁壮成长，每一朵鲜花都能自由开放，每一个果实都能散发芬芳！

怎样培养学生的平等意识

新生进校之初，为加强班集体管理，我与学生们共同制定了《高九〇级一班管理条例》。《条例》在学习、纪律、卫生、体育等方面对同学提出了明确的要求，而且经我提议，《条例》对我这个班主任也做了一些规定：“凡每月对学生发脾气超过一次，或错批评同学，或利用自习课讲语文，或下课压堂两分钟以上，罚扫教室一次。”于是，有同学感叹道：“李老师了不起，竟能把自己放在与我们学生一样的位置上！”我说：“犯了错误接受批评与惩罚，谁都应该如此。这没什么了不起。”《条例》实施不久，我便因错批评同学而“犯规”。当天放学后，我二话没说，一个人拿起了扫把，在教室里干得大汗淋漓。这下，在全班引起了“轰动”：“李老师太高尚了！”我却真诚而严肃地对学生讲：“纪律面前，人人平等。老师怎能例外呢？这跟‘高尚’丝毫沾不上边！如果你们老是认为李老师‘高尚’，就已经把李老师视为这个班集体中的特殊成员，这是一种缺乏起码的平等意识的表现！”两年过去了，学生们逐渐接受了我的观点，后来我又因各种“犯规”而五次罚扫地，大家都觉得这是很正常、很自然的事了。

由此我们可以看到，在学生心灵深处平等意识是相当淡漠的，而平等意识又无疑是随着改革开放、随着社会主义商品经济的发展而理应让学生具备的现代意识之一，这恰恰又是我们的学校教育长期以来所忽视的。

我们这里所说的培养学生的平等意识，主要是要让学生认识到，现代社会生活要求人与人之间拥有人格上的独立与平等。还要使学生了解社会主义公民之间权利与义务的平等性以及在法律面前的一视同仁，懂得尊重、维护自身与他人权利的道理。努力使学生具备尊重自己，同时又尊重他人，善于交往，善于与人合作，重视各种横向联系的生活态度。

为了培养学生的平等意识，几年来，我在以下四个方面进行了一些尝试。

一、努力创造一个平等和谐的班级人际关系气氛

我所在的学校是省重点中学，高中面向全市招生，同时我校还为一些厂矿代培学生，所以我班学生成分比较复杂：有城镇同学，也有农村同学；有统招生，也有代培生；有初中就在本校读的学生，也有外校考入的学生；还有转学生、留级生……我多次向学生宣传这样的观点：“人与人之间的智力、才能、学习成绩、性格特点、家庭经济情况等存在着客观差别，但每个人的尊严都是绝对相等的，而且是超越一切价值，无等价物可替换的，它不可衡量，无法估价。因为，同在蓝天下，都是“大写的人”！老师将对每位同学一视同仁，也希望同学之间能互相尊重、真诚友好、平等相处。”在周末，我安排每一位市区同学接一位外县农村同学到自己家做客；在假期，我多次邀约不同层次的学生一起外出旅游；平时，我组织学习好的同学为成绩差的同学补课……渐渐地，一个和谐的班级人际关系逐步形成，每个同学都为自己生活在这个集体感到温暖与自豪。一位转学生对我说：“到这个班便感到一种真诚的气氛，同学们在学习上互相交流，互相帮助，这在我原来的班是不可思议的！”一位留级生在作文中这样写道：“我以前老担心同学们瞧不起我，没想到同学们竟对我这样热情，我真感谢这个班集体！”

在提倡学生之间平等相处的同时，我还注意唤起一些“差生”内在的

尊严感。往往有这种情况，对于一位自卑感很重的学生，无论同学们怎样对他友好，他都表现出一种孤傲和冷漠。在这种情况下，同学们的热情成了礼貌，而他的勉强应酬则成了客套。这不是真正的平等精神。因此，唤起部分“差生”的尊严，是使他们具有平等意识的关键。尽管现在的学校教育大多是把学生的尊严只体现在分数与名次上，但是，我们班主任应该善于帮助学生发现并发展他自己独特的禀赋与才能，使他们产生“我有着其他任何人都不可能有的智慧”的自信与自尊。罗达雪成绩不好，但当她以甜美的领唱和出色的指挥使我班的大合唱闻名全市时，她是何等喜悦，而同学们又是多么敬佩她！赵凡学习较差，但当他把自编自演的喜剧小品展现在舞台上时，同学们都称他为“表演天才”！祝明剑的学习名次总是靠后，但每次班里外出活动同学们都忘不了他，因为他是同学们公认的“摄影家”——连他自己最近也在作文中这样写道：“别看妈妈总说我不务正业，哼，二十年后，中国的摄影权威说不定就是我！”……这使我想起苏霍姆林斯基的一段话：“共产主义教育的英明和真正的人道精神就在于：要在每一个人（毫无例外地每一个人）的身上发现他那独一无二的创造性劳动的源泉，帮助每一个人打开眼界看到自己，使他看见、理解和感觉到自己身上的人类自豪感的火花，从而成为一个精神上坚强的人，成为维护自己尊严的不可战胜的战士。”而唯有使每个学生都成为这样的“战士”，平等意识才会真正深入他们的心灵，成为理性的认识，而不仅仅是一种礼貌甚至只是一种敷衍。

因此，一个由懂得尊重与自尊的学生组成的充满友好和谐气氛的班集体，是使学生潜移默化产生平等意识的起码环境。

二、建立一种互相尊重、心灵相通的新型师生关系

最近，有同志在报上撰文提出应强化“师道尊严”，理由是“师生关系本身就是不平等的”。我绝不同意这个观点。的确，就社会角色而言，师生之间教育与被教育、传授知识与接受知识主客体关系是客观存在的，无所谓“平等”。但是，第一，我这里所说的师生平等，主要是指师生在尊严上不分贵贱，人格上互相尊重，思想上互相交流。第二，师生的主客体关系并非绝对的，在一定条件下也会发生变化。多年的教育实践使我切身感受到：教师与学生的关系是一种互相教育、互相影响、互相感染、互相“征服”的关系。区别仅仅在于，前者的教育、影响、感染、“征服”是主动的，有

意识的，有计划的；而后者则是被动的，无意识的，随机性的，因此，师生应该是互相尊重、心灵相通的同志与朋友。这种新型师生关系的建立，其意义已远远不仅仅是体现师爱精神和平易近人的教育方法，它的内涵是使我们的教育充满社会主义人道主义精神和社会主义民主精神。而平等意识则是它的最易被学生所感受并接受的外在表现。

乐于保持一颗童心，使自己整个身心都与学生融为一体，是师生平等的感情基础。每位学生生日那一天，我都送上一本小书、小笔记本或一张生日卡，以朋友的身份写上一段热情而风趣的话；每次假期，我都安排一次与学生的长途旅游，或是到深山老林里探险，或是到风景胜地游玩——当我与学生在风雨中饥寒交迫地经过八个小时的登攀进入人迹罕至的原始森林时，当我与学生冒着风雪手挽手登上白雪皑皑的峨眉之巅时……我与学生都油然产生了风雨同舟、相依为命的感情。平时在教室，在校园，在野外，我与学生嬉笑厮打在一起……不少家长、老师不理解我与学生的这些“出格行为”，但我却感到无比幸福，还有什么比真正生活在学生中间甚至不知不觉深入他们的心灵更幸福的呢？学生们也感到幸福，觉得李老师真正是我们中的一员！而这份幸福不只是我奉献给学生的，也不只是学生赋予我的，它是我们师生共同创造、平等分享的。

勤于与学生一起交流认识、探讨问题、争鸣观点，是师生平等的思想基础。平时我总是鼓励学生勇于提出与我不同的观点，提倡平等讨论，以理服人。有一位学生因不同意我给她的作文评语而在旁边写了一大段理由，的确言之有理，我在班上公开表扬她。我写的文章，常常给学生先看，征求他们的意见，即使已发表的教育论文、杂文、诗歌、小说等，我的学生也敢大胆地发表批评意见。当然，面对学生的模糊认识，特别是一些原则问题，我也会以诚恳严肃的态度和富有说服力的事实，引导学生接受正确的观点。有一段时间，班上一些学生不能正确认识评价毛泽东同志，甚至以嘲笑毛泽东为时髦。于是，我给学生谈我对毛泽东的认识发展过程，给他们分析毛泽东的功过，并读《红墙内外》等文章，不少学生从心底认识到了自己的幼稚与偏激。我之所以愿意与学生平等地交流思想，是因为我始终认为，教师与学生应该是探索真理道路上的志同道合者。

勇于向学生无情地解剖自己，甚至展示自己“不光彩”的一面，会不知不觉地使师生的思想感情真正平等地贴近。令学生“敬而远之”、感到“可敬不可亲”的老师在学生心目中无疑是一尊神像，而这神的形象很大程度上是教师自己塑造的。其实，教师也是人，也有喜怒哀乐，也有自己的个性特点，更不可避免地存在缺点与弱点。但我们在学生面前有时却“完美无瑕”。如果我们能够适当地、真诚地给学生展示一下自己丰满而多侧面的形象，那么我们便更容易被学生从心灵上接受。有一年的一堂语文课上，学生们在我毫无思想准备的情况下为我祝贺生日（其实那天并不是我的生日），在响亮而整齐的“祝李老师生日快乐”声中，鲜花、生日蛋糕、手绢、影集、笔记本等礼物魔术般地堆满了讲台。惊愕之中，我真诚而动情地对学生们说：“李老师不值得你们这样尊敬啊……”于是，我用一些时间谈自己的弱点、缺点和对不起同学们的地方。事后不少同学都说：“李老师敢说真话，真正把我们当朋友看待。”针对一些学生不能正确对待青春期出现的特殊心理现象，我为他们开设青春期讲座，在讲座中，我大胆坦率地讲我中学时代的一些心理与感情经历，以此告诫学生们正确对待“早恋”。为了让学生正确认识爱情，我还向学生讲述了我的恋爱经过，在轻松活泼的气氛中，学生不知不觉地受到了教育与启迪。

善于变“强迫学生迷信真理”为“引导学生追求”，是在更高层次上体现了师生在思想上的平等，这既是教师本人的教育自信和教育艺术，也是教师对学生的信任和尊重。教师无疑应让学生接受并掌握真理，但这一过程不应只是让学生被动地接受“灌输”，而应该是引导学生选择并追求真理。这样做绝不会削弱我们的教育效果，因为我们应该有这样两点自信：一是至少大多数学生是勇于追求真理，乐于接受真理的。二是教师本人的教育思想有真理的科学性，教师坚信自己真心信奉的马克思主义真理连同自己的赤诚情感，一定会潜移默化地征服学生。我现在所带的文科班，将来相当一部分学生自觉不自觉地会从事教育工作，但我现在很少公开动员学生报考师范院校，那样做会使不少学生感到“居高临下”的“强迫”意味。然而事实上我随时都在“动员”学生热爱教师职业：我以自己对教育的痴情去感染学生；我常常津津乐道地向学生谈我从教的乐趣与意义；我常常读一些文章，引导学生关心我国的教育事业；最近我还搞了个“模拟实验中学校长竞选”主题班会，让学生畅谈教育改革……这些不露痕迹的引导已初见成效，好些学生已对我表示立志当教师，甚至现在就有学生到我这儿来借苏霍姆林斯基的著作。

三、班级管理变“人治”为“法治”，纪律面前，人人平等

有人也许会问：“教师与学生如此不分彼此，教师的威信何在？教师又

怎样体现出对学生的严格管理呢？学生又会不会服老师管呢？”对此，我的回答是：师生之间深厚的感情纽带只会使教师的威信大大提高，而且这种感情纽带正是教师大胆管理的有利条件，但是教师的大胆管理不应是教师本人“一句顶一万句”的“人治”，而应该是“纪律面前，人人平等”的“法治”，也就是说，教师的权威应转化为集体意志（纪律）的权威。

如本文开头所述，我与学生共同制定的《高九〇级一班管理条例》便是我班的“法律”。这个《条例》之所以能够成为顺利执行的“法律”，是因为它具有三个特点：广泛性、可行性与互约性。所谓“广泛性”，就是《条例》几乎包罗了班级中经常出现的各种纪律问题，不管班里出现了什么违纪现象，都可以在《条例》中找到相应的处理措施。这避免了班主任个人或轻或重的主观批评。所谓“可行性”，就是《条例》中所有对违纪者的惩罚措施（轻则唱歌、做值日，重则扫地、跑步）都是大家经过反复讨论并一致接受的。这保证了大家能说到做到，不至于使《条例》成为一纸空文。所谓“互约性”，就是《条例》不但规定了违反什么纪律便受什么惩罚，还明确了“执法者”如“有法不依”而应受的惩罚；《条例》不但对每一位同学做出了纪律规定，也对班干部有明确的要求，而且对班主任也有所制约。这样环环相扣，互相监督，防止了“执法不严”的情况。

《条例》一旦正式实施，便显出其威力。全班同学、学生干部和我这个班主任都极力维护《条例》的权威性，保证《条例》的严格执行。所有违纪情况和处理办法一律由有关“执法者”公布在黑板上：某同学迟到了，学习委员会按《条例》有关规定罚其当一天值日生；某同学没去做课间操，体育委员会“依法”监督其长跑；如果有人违纪而未受到追究，我和同学们便会追究有关班干部，并按班规给予相应的惩罚。

尽管在课堂上我与学生可以坦率地争论问题，在课外我与学生可以纵情地疯打嬉闹，但在《条例》面前，大家都不含糊。我有了哪怕一点点失误，学生也不会原谅，而是毫不客气地“依法”办事，我当然也甘愿受罚。我如此认真，学生自然也不敢敷衍。有好几次班上自习课纪律太糟，于是我按《条例》有关规定罚全班同学放学后静坐半小时。对高二学生如此“收拾”可能一些人并不会赞成的，但我班至少大多数学生是心甘情愿的，因为我好几次一个人被学生罚扫地所洒下的汗水毕竟不会白流！

有了这样的《条例》，我便不需要因而也就主动放弃了班主任个人的“权威”，对于班级管理我所要做的只是两点：带头遵守《条例》中对我的规定，严格按《条例》要求大家。需要特别指出的是，《条例》所体现的无疑是现代社会的“法治”精神，而它之所以得以推行的思想基础，则是逐渐深入我班师生心灵的平等意识。

四、培养学生的主人翁精神，让学生尝试参与社会事务

与平等意识相联系的，是民主精神与参与行动。教师善于为学生创造一些班级以外的参与活动，不仅能使学生得到能力锻炼，而且会使学生把平等、民主这些抽象的概念化为实实在在的行动。我班新生进校时，我发动他们给校长写信，就学校建设、教育改革提出自己的意见、看法或建议，开始学生觉得好笑：“这关我们什么事？”于是我给学生讲“学生是学校主人”的道理，既然是学校主人，岂有不关心校务大事之理！学生的信受到了校长的赞扬，而且他们提出的改进伙食、为住校生创造洗澡条件等建议当即便被学校采纳。学生看到自己“不过随便写写”的意见居然变成了现实，主人翁的自豪感油然而生。

在一次班上组织的分小组社会调查活动中，有一个小组苦于找不到调查对象，来征求我的意见。我说：“到乐山市市长佘国华同志家调查，怎么样？”他们惊讶得直伸舌头。我说：“怎么？不敢吗？佘市长是乐山市的市长，是乐山市的仆人；你们是乐山市的市民，是乐山市的主人。主人到仆人那里了解情况居然还有什么顾虑吗？你们到市长家了解市政建设是很正常的事嘛，佘市长一定会欢迎你们的。当然，市长很忙，你们应事先约一约。”学生们在我的鼓励下果真走进了市长家，佘市长不但高兴地接待了他们，还兴致勃勃地接受了学生的采访，最后学生离开时，佘市长还高度评价了学生关心家乡的主人翁精神。最近，我校外边的街道破烂不堪，给周围的市民、学生带来了许多不便，我班学生又想到了佘市长。于是一封要求整修街道的建议信又送到了市长手中，佘市长读了我班学生的信，极为重视。不久，便当面答复我班同学：“乐山一中外面的烂街，一定在今年内开始动工整修！”

当学生通过一次次社会参与活动，亲身体验到主人翁的责任感与自豪感时，他们头脑中的平等意识便不仅仅是一种观念和认识，而逐步成为社会主义新人所应该具有的品质与能力了。

用人格魅力征服学生

中午吃饭时，我和一位教师聊到教师如何树立自己的形象和尊严这个话题。我说："我认为，班主任应该在精神上人格上让学生佩服，这与师生之间的尊严和思想的平等一点都不矛盾，更与我们所提倡的民主风范不悖。"

我是这样认为的，班主任应该在精神上征服学生。当然，这里的"征服"不是强制更不是精神控制，或者制造当年红卫兵对毛泽东的那种迷信般的个人崇拜，而是以善良正直真诚的人格魅力让学生佩服。人与人之间既保持互相尊敬，同时又互相尊重对方思想的权利，这完全是可以和谐统一的。民主同样需要一种对崇高的尊重，而尊重并不放弃对独立人格的追求。

很难设想，一个在学生眼中人格平庸的老师，会成为学生精神成长的引领者。

我认为，师生之间应该互相欣赏。这话当然不意味着不正视学生的不足，不批评学生，而是说哪怕是对很调皮的学生，我们也应该尽可能发现他们值得欣赏的地方，并及时鼓励和表扬他们。

如果说这几天有什么成功的地方，就是我总是以欣赏的眼光甚至感动的心态，看待并对待我的学生，同时，不停地表扬他们。凭着多年班主任工作的经历，我当然知道，现在学生们表现出的自觉和听话，很大程度上是由于刚到一个学校一个班，人生地不熟，有些老毛病和坏习惯还没有来得及表现出来，随着时间的推移，以后肯定会逐步暴露一些问题的。但尽管如此，我也要表扬他们现在的自觉。我不愿意把学生预想为"一表扬就会翘尾巴不知天高地厚的人"——遗憾的是，不少老师都是这样想的，而且和学生第一次见面想得更多的是来个"下马威"。我绝不吝惜我的表扬，因为我坚信——表扬的力量是无穷的！

另外，我觉得我有一个许多老师不具备的特点，就是我特别敏锐，特别细心。我经常对人说："班主任应该是一个非常敏锐和细心的人！"多年班主任工作的经验，让我往往能够从一些细小的地方找到教育的切入口，然后自然而然对学生进行心灵的引导。好多时候，我甚至能够信手拈来地对学生进行教育。对此，我很得意，呵呵！

今天，是第一个周末，我给学生口授了一封信，请学生记下来拿回家给他们爸爸妈妈看。信的全文如下——

尊敬的家长朋友：

你好！

我和你的孩子相处一周了，感觉好极了！感谢你把这么懂事而优秀的孩子送到我这里来学习，我相信，在未来的三年里，我和你的孩子一定能够生活得很愉快，并一起走向成功！

当然，从这几天和学生的接触中，我也有一些忧虑。主要是一些学生不善于或者说不愿意和他人交流，上课也很少主动发言；另外，有个别同学在纪律上稍微有点管不住自己。希望你能够帮助我引导孩子，谢谢！

我一直要求我的学生做人第一，包括在家里做一个懂事而孝顺的孩子。我对学生说："要让你们的爸爸妈妈因你们的存在而感到欣慰！"因此，我叫孩子周末回家一定要做家务事，比如，吃完饭后一定要洗全家的碗，自己的房间自己收拾，等等。请你一定配合我教育孩子，千万不要迁就孩子！

另外，由于今年我校的招生情况出乎我们预料地好，因此在学生住宿和伙食方面准备不足，给你们的孩子带来了些不便，作为学校的管理者之一，我向各位家长朋友表示真诚的歉意，并承诺：学校一定尽快改进有关服务工作！

最后，恳请各位家长朋友监督我的工作，并随时提出宝贵的建议！

谢谢！

李镇西

2004 年 9 月 4 日

（以上这封信是由我口授，由你孩子记录的。请你帮我检查一下，这封信是否符合书信规范？是否写有错别字？书写是否工整？）

离开学生时，我对大家说："星期一上午，李老师不能来学校。因为我已经接到通知，星期一上午去市委礼堂参加成都市教师节表彰大会。我希望，我在那里戴大红花的时候，同学们能够在学校非常自觉地遵守纪律，上好每一堂课！这将是对李老师最好的祝贺！好不好？"

同学们都说："好！"

最后我说："祝同学们周末愉快！"

同学们再次齐声说："谢谢李老师！"

那一刻，我真有点依依不舍的感觉。

不要伤害学生的自尊

师爱的一个重要内容，是教师应尽量（只能做到尽量）不要伤害学生心灵中最敏感的地方——人的自尊感。

在这一点上，我的教训多于经验。我曾多次苦恼过：为什么我把整个身心都献给了孩子们，可一些学生还是对我很冷淡呢？不久前我和一位学生的邂逅，使我找到了答案。那天，我在校园内碰到了原初八四级一班、现高八七级二班的付饶。她在我班时，我曾为她花费了大量精力：谈心，补课，不止一次冒着烈日去她家家访。她呢，也很关心我，初一时，她曾悄悄地把治喉病的药塞进我的寝室门。不料，在那次相逢中，她对我相当冷淡，从仅有的几句交谈中，我甚至分明感到了她对我的反感。最后她以火山爆发般的口气直言道："是的，我对你就是恨……你自以为你是为我好，但是你伤过我的自尊心。你还记得初三时我写的那张大字检查吗？"哦，我想起来了，初三时，她违反了学校纪律，我出于严格要求，责令她写了一份检查，并用大字抄出来贴在校园内。当时我觉得这样做很好，因为违反学校纪律的人明显少了，没想到现在……"也许你李老师是对的，'严格要求'嘛，'维护集体荣誉'嘛，可是，我却因此而出名了，'付饶'，全校都晓得了！……"我惊奇我当时为何没察觉她的思想："你为什么当时不对我说你的不满呢？""要毕业了，我怕你……所以，心里不服还是假装诚恳，写了检查……”这以后到现在，付饶每次碰到我都不搭理，但我却不怪她，甚至还感谢她，因为通过她，我毕竟得到了一个有益的启示：如果我们在无微不至地关心学生的同时，又不知不觉地伤害学生的自尊心，那么，这好比是我们一方面在热心播撒师生感情的种子，一方面又在粗暴摧残师生感情的幼芽。

在 1984 年秋季运动会上，我参加了男子 1500 米长跑，在我筋疲力尽之际，我听到跑道旁一个胆怯、羞涩的声音：“李老师，加油……”人声鼎沸之中，这一声最动我心弦，因为这是高八七级一班耿梅的声音，她在初中时，曾被我伤过自尊心。在初中毕业那天，我叫学生给我写一封信，专门提意见，“发泄不满”，耿梅这样写道：“李老师，您还记得吧，一年级时，有一次我惹您生气，您找来了我的家长，并且当着全班同学的面不点名地说我是‘厚脸皮’，当时我不服气地争辩了几句，您便叫我站起来，列举了我‘厚脸皮’的六个标志，同学们都盯着我，我没哭。当然您也许是对的，但您却伤了我的心。”读着这封信，我的内疚之情是难以形容的，我甚至想再教一遍这些同学。我想：如果这些同学记恨我，也是我“罪有应得”！但是，耿梅并未记恨我，并且在我危急的时候送来一股温暖的力量，我怎不感到惭愧。

“要是付饶也能像耿梅一样就好了。”我常想。但是，我清醒地认识到：我们的教育对象，更多的是付饶，而不是耿梅，因而我也没有理由因付饶而感到委屈了。

上学期，初八七级一班的男生彭涛有一次撒谎了，气愤之中，我把他叫到讲台上，当着全班狠狠地批评了一顿，好多天，这个学生都闷闷不乐，我猛然意识到，我在“杀一儆百”的同时，又刺伤了一个孩子的心灵，我真是“本性难改”！于是，我及时找他谈心，并诚恳道歉。可是，过了不久，彭涛又欺骗老师、家长，他感到自己不可饶恕，李老师将会从严处理，可是我一点也未批评他，更未让全班同学知道此事，只是对他说：“相信你会改正。”果然，这以后他表现得很出色，不仅没有再撒谎，而且多次要求当干部，他向全班同学表态：“我有能力当好干部，请同学们不要小看我！”我想：假如他第二次撒谎时，我又在全班批评他，那么他是绝对不会有现在这种自信乐观、朝气蓬勃的精神面貌的。

因此，我越来越信服这种观点：教师想尽量直截了当地帮助学生改正缺点，把他的缺点公之于众，以使其他学生从中吸取教训，不犯类似的错误，这种方法是最无效的，因为这无异于开“批判会”，把孩子心灵中最敏感的地方——自尊心、个人尊严、自豪感统统暴露于外，并使之受到伤害，这种教育所造成的损失是难以估量、无法弥补的。

什么是真正的素质教育

素质教育已渐渐成为社会的一个热点话题，但究竟什么是素质教育，却未必人人明了。

要了解素质教育，须先从应试教育谈起。应试教育以升学考试为唯一目的，一切教育教学活动均围绕“应试”开展，是一种片面的淘汰式教育。因此，它主要面对少数“尖子”学生，而其他大多数学生事实上充当了“陪读”，甚至只是“陪坐”。同时，应试教育的内容也偏重于升学考试科目的书本知识，而忽视学生的德育、体育、美育、劳动技能教育以及多方面的创造能力。与此相对，素质教育以全面培养学生高尚的思想道德情操、丰富的科学文化知识、良好的身体心理素质、较强的实践动手能力和健康的个性为宗旨，面向全体，教育学生学会做人、学会求知、学会劳动、学会健体、学会审美，使学生在德智体等方面得到全面协调的发展。由此看来，应试教育和素质教育反映了两种根本不同而且截然对立的教育思想。

现在几乎人人都在谈素质教育，甚至有的学校明明是大搞应试教育，却仍标榜自己是在搞素质教育。按国家教委原副主任柳斌同志的观点，素质教育有三个要义，即“教育面向全体学生”“学生全面发展”“学生生动活泼地主动发展”，我们可以拿这三点来衡量一个学校是否真正在实施素质教育。如果某学校做到了或基本做到了这三点，不管该校是否是“重点”，都会受到社会的欢迎，因为在这样的学校，学生会受到全面的培养，得到全面的发展，最终也一定会成才的；相反，如果某学校大办“重点班”（包括打着“教改实验”的幌子），只围绕升学考试的科目开课，常常加班加点地补课……那么，我们都可以肯定地说，该校所为是典型的应试教育，哪怕该校的升学率很高，也不值得提倡，因为学生即使考上了大学，也不过是畸形的人才。

可见，素质教育有其特定的科学含义，并非一张可以随便乱贴的时髦标签。

有人把是否有考试视为素质教育与应试教育的根本分野。误以为素质教育就是不要考试。看来，我们有必要对两种教育的区别与联系做一番考察。

我认为，素质教育和应试教育的本质区别主要表现在四个方面。

第一，就教育目的而言，素质教育着眼于学生的个性全面发展以适应未来的社会；而应试教育只追求学生的学习分数的提高以应付眼前的升学。

第二，就教育对象而言，素质教育尊重学生的个性以及学生在教育过程中的主体地位，提倡民主、平等、和谐的师生关系；而应试教育则强调整齐划一，用分数压抑学生的个性，学生只能被动地接受教师的“塑造”。

第三，就教育内容而言，素质教育把培养学生做人放在首位，主张德智体美劳并举，注重学生创造能力的培养，并能根据不同学生的兴趣爱好增设多样化的选修课；而应试教育只重视与升学考试有关的学科教学，反复培养学生的应考技巧，其他教育内容则居于次要地位甚至干脆被取消。

第四，就教育评价而言，素质教育把学生综合素质的合格放在首位（升学成绩只是其中的一项指标），坚决反对将升学率与学校或教师的奖惩挂钩；应试教育却只看“一好遮百丑”的升学率，直接把升学成绩作为评定教育质量的唯一标尺。

当然，素质教育与应试教育表面上也存在着某种互相渗透的联系：素质教育中也有“考试”，应试教育中也有“素质”。作为教学过程中一个不可缺少的环节，素质教育不可能排除必要的考试，但这种考试是全面而科学的，并且仅仅是教育检测手段之一，绝不是教育的指挥棒；应试教育也能提高人的某些素质，但主要是围绕“应试”的很不全面的文化素质和某些智力素质（特别是记忆力），而且这些素质的提高又是以限制学生整体素质提高为代价的。

因此，是素质教育还是应试教育，关键不在有无考试，而在于赋予考试的功能、地位、作用和根本方法是什么。

素质教育呼唤高素质教师

素质教育的重要前提之一，是必须拥有足够的高素质教师。

对于高素质的教师，不同的人可能会有许多不同的标准；而我认为，高素质的教师应该是专家、思想家和心理学家。

高素质教师首先应该是某一学科领域的“专家”。他当然必须要有出色而且深受学生欢迎的教学艺术，但还不能仅止于此，他还应有教学以外与自己专业相关的一技之长：教数学的，不妨在课余研究一点数学“猜想”；教物理的，最好同时又是一个科技制作的能工巧匠；教政治的，能不时发表一些经济学小论文；教语文的，可能又是一位《楚辞》研究者……教学艺术和专业特长，使教师对学生产生一种热爱科学、不断进取的潜移默化的感染教育作用，也使教师本人对学生保持着一种源于科学、源于知识的人格魅力。

高素质教师同时又应该是一位“思想家”。成天忙于应付补课、编资料而使自己的思想视野愈来愈狭窄、思维触觉越来越麻木的“教书匠”，显然无法胜任素质教育的重任。作为“思想家”的教育者，在踏踏实实地做好每一件具体教育工作的同时，还能不断关心着、思考着社会发展与学校教育的相互影响，甚至当代思想理论界的热门讨论、国际上的风云变幻都能使他想到自己的教育。坚定的政治立场和鲜明的超前意识，会使他科学地把握教育的历史航向，并敏锐预见未来社会对今天教育的影响，从而主动进行一些富有创造性的工作。

高素质教师还应是一位“心理学家”。素质教育同时又是个性教育，这必然要求教师具备发现、发挥、发展学生独特个性的技巧与艺术。因此，教育者必须拥有良好的心理学修养，善于走进中学生的心灵之中，敏锐地感受学生的心理变化，与他们心心相印，息息相通——正如赞可夫所说：“对于一个有观察力的教师来说，学生的欢乐、兴奋、惊奇、疑惑、恐惧、受窘和其他内心活动的最细微的表现，都逃不过他的眼睛。一个教师如果对这些表现熟视无睹，他就很难成为学生的良师益友。”（《和教师的谈话》）并在此基础上实施科学的教育。唯有这样，我们才真正无愧于“灵魂工程师”的称号。

是的，高素质的学生呼唤高素质的教师，因为人只能靠人来建树！

从“他律”到“自律”

“教育学生学会做人，是素质教育的首要任务。”这里，“学会做人”的含义主要表现在三个方面：第一，要有爱国主义意识；第二，要有公民意识；第三，要有良好的品德和行为习惯、良好的职业道德和社会公德。

应该说，我们以前的教育并非不注重学生的思想品德，但存在着两个弊端：一是思想品德教育的内容过于成人化；二是教育效果更多的是“他律”而不是“自律”。针对第一个弊端，现在国家有关部门已对中小学教育内容做出了符合学生实际的调整与规定；而对第二个弊端，则需要我们教育者在“素质教育”的具体实践中予以克服，使我们所传授的良好道德真正内化为学生的高尚人格。

“他律”的特点，是一言一行都受外在因素（如老师、家长、班干部、学校纪律等）的约束，是一种被迫的“循规蹈矩”。当然，对于正在成长中的学生，这种纪律性“强制”是必须的，但不是我们教育的最终目的。如果我们的学生只是在老师、家长面前才是“乖娃娃”，而背着教育者则又是一副面孔，那么这将是我们教育的失败！因此，“素质教育”培养学生做人，就是要让学生内心深处永远有一束不会熄灭的道德火炬，照亮其漫漫的人生道路，使他们即使独处时其行为也能对得起自己的良知。

培养学生自律能力，主要是通过引导学生勇于自我教育和善于自我管理来实现。所谓“自我教育”，就是让学生学会自己提醒自己、激励自己、战胜自己——犯了错误能谴责自己，有了进步能肯定自己甚至奖励自己。所谓“自我管理”，就是让学生习惯于自己约束自己、控制自己、善导自己——无论是遵守纪律还是助人为乐，都不是因为怕受处分或者是为了得表扬，而是“勿以恶小而为之，勿以善小而不为”的心灵警戒。现在不少学校实行无监督考试和让学生轮流担任班主任，正是让学生学会自律的有益而有效的尝试。

警惕“素质教育”变味

应该说，公开反对素质教育的人几乎没有了；相反，现在素质教育已成了一个时髦的口号——就像当年鲁迅所嘲讽的“咸与维新”。但是，仔细考察一下一些人手中挥舞的“素质教育”旗帜，就会发现有的所谓素质教育已经变味。

比如，一贯大搞应试教育因而升学率很高的学校会这样介绍其素质教育的“经验”：“正因为我们长期以来坚持实施素质教育，所以我们多年来为高一级学校输送了大量高素质生源！”比如，另一所学校长期以来升学率不高，可他们现在会振振有词地说：“我们从不片面追求升学率，因为我们搞的是素质教育！”比如，有的教师至今仍然靠加班加点补课来抓学生的成绩，如果有人批评他违反教育规律，他会理直气壮：“素质教育的主战场不是在课内吗？学生成绩上不去，算什么素质教育！”比如，有的学校期末总结大谈素质教育的成果：搞社会调查多少人次，参加纪念红军长征胜利60周年的征文比赛多少人次，举办歌咏比赛、壁报比赛等多少次，等等。比如，有的学校对前来参观的客人展示该校的素质教育成果：“我们全校每一位学生都会拉二胡！”

似乎人人都在搞素质教育，但似乎人人搞的都不是真正意义上的素质教育——可见实施素质教育的阻力首先还不是来自明目张胆的反对者，而是来自有意无意曲解的积极“拥护”者。

必须明确——

素质教育理所当然地要求培养各类不同层次的人才，其中包括尽可能高的升学率，但高升学率绝不是素质教育的天然招牌！素质教育主张学生全面发展，教师科学施教，但离开了教学质量，显然就谈不上任何素质教育！不错，“素质教育的主战场是在课内”，但这恰恰要求教师认真研究教学规律和学生的认知心理，以求不但让学生生动活泼主动地获取知识，而且在掌握知识的过程中更发展创造力。素质教育主张教育内容的丰富多彩和教育形式的生动活泼，但绝不意味着我们的教育只是组织课外活动甚至成了新形势下的开门办学。素质教育的重要内容之一就是引导学生学会审美，因此注重培养学生的艺术特长无疑是应该的，但绝不能搞“一刀切”，更不能把素质教育简化为“特长教育”。

其实，素质教育就是让每一个学生全面而主动发展的教育——真理就是如此朴素。

“减负”不仅仅是少布置作业

素质教育主张“减轻学生过重课业负担”（以下简称“减负”）。其实，“减负”的口号早已喊了许多年，却至今收效甚微。其原因之一是，在“应试教育”的框架内，简单地将学生的作业量减少，便很可能“立竿见影”地导致学生成绩的下降。——如此一来，教师和家长怎敢轻言“减负”？

应该首先明确的是，学习是一种智力活动，不能没有一定的“强度”。从这个意义上讲，学生要搞好学习，一点儿负担都没有是学不好的；问题是这种负担要适度，而且不是“无效劳动”。素质教育所说的“减轻学生过重课业负担”，显然绝不是减少应有的学习任务，而是在充分尊重并发挥学生主体性和主动性的前提下，增加其发展的目标，增大学习的有效含量，从而使学生综合素质得以全面提高。

因此，从素质教育的观点看，面向全体全面提高教育质量的“减负”必然同时意味着在某些方面科学地“加重”。

一、“减负”意味着加重学生全面发展的“负担”

在应试教育中，所谓“五育并举”事实上只剩下了“智育”是“硬任务”：学生在强大的升学压力下，绝大多数时间都不得不陷于“应试训练”的题海之中，无暇顾及其他，“全面发展”当然便成了一句空话；为了全力以赴抓“升学率”，一些学校不但取消了高考、中考不考的学科教学（如音乐、美术、劳技、健康教育等），而且所谓“思想品德教育”也不可能真正落到实处。学生的课业负担虽然很“重”，但其他发展的任务却很“轻”——

学生的“畸形”发展也就不足为怪了！素质教育通过学科教学改革提高了学生学习效率，使学生过重的课业负担得以减轻，教师就应该加强对学生德育、体育、美育、心理教育等方面的要求，并开设相关的课程，进行相应的训练，扎扎实实地引导他们“学会做人，学会求知，学会劳动，学会健体，学会审美”。

二、“减负”意味着加重教师备课的“负担”

有些教师和家长误以为“减负”就是少布置甚至不布置作业，这显然是把“学习负担”简单地与作业画上了等号。研究学生学习心理，我们会发现，学生的“负担感”并不一定完全是由于作业多或者作业难而造成的身体上的疲惫不堪；更多的时候，他们感到的是一种源于“低效作业”的心理负担。比如，老师要求学生抄写五个生字，每字10遍。这样的作业显然并不算多，也并不难，但对不少学生无疑是负担——因为这样低效甚至无效而又枯燥无味的作业使他们心累！相反，如果老师布置的作业紧扣学生的学习实际，符合他们的学习兴趣且充满创造性，那么，即使作业稍多一点，学生也不会觉得是负担。这就要求教师在备课的时候，更加精心地设计自己的教学方案：不只是考虑自己怎样“教”，更要考虑学生怎样“学”；不只是考虑应该给学生布置多少作业，更应该考虑怎样给学生布置什么样的作业；不只是考虑作业的“知识过手”功能，更要考虑作业的“能力过关”功能……而这样一来，教师备课的“负担”当然要大大加重，但这是每一位有事业心的教师为科学“减轻学生过重课业负担”所必须进行的教改探索。

三、“减负”意味着加重学生思维训练的“负担”

前面我谈到了学生作业时“心累”，这与上海市实验中学教改过程中的一项调查结果相吻合：该校在实施素质教育时，对学生的课业负担进行调查发现，学生的学习状况存在“三重一轻”——心理负担重，记忆负担重，作业负担重，而学习过程中思维力训练的负担太轻。（参见1996年11月15日《文汇报》：《素质教育的真实“神话”》）因此，要从应试技巧的训练转向学习能力的培养，重要的一点，就是要变“三重一轻”为“三轻一重”，这是学习领域内实现素质教育的关键。我认为，“加重”学生的思维“负担”，不仅仅是增加作业中的思维强度，更主要的有两点：一是教师应善于把自己的思路转化为学生的思路，教给学生以举一反三、触类旁通的灵活思维方式；二是学生在训练过程中应有创新的机会，让他们在训练中尽量体现自己的主体地位与个性色彩，充分体验并享受智力创造的成功乐趣。这样的“负担”再“重”，学生也会感到一种心灵的愉悦与轻松。

四、“减负”意味着加重学生能力培养的“负担”

学科教学中的素质教育必然使学生学得主动和轻松，从而有更多的时间和精力多方面地拓展自己的视野，培养自己的能力。这就要求我们教师在提高学生学习效率的同时，加大对学生其他能力——尤其是动手能力和社会活动能力的培养。郑州一中在这方面的做法是颇令人称道的：这个学校坚决摒弃延长学习时间、加重学生负担、大搞题海战术的方法，提出对学生实行“五大解放”——解放学生的时间，让学生有足够的自由支配时间；解放学生的空间，让学生能够走出教室到第二课堂去；解放学生的大脑，鼓励学生独立思考；解放学生的眼睛，引导学生把眼光从学校投向社会；解放学生的手，让学生进行制作、操作、实验。虽然这个学校严格规定不准增加课时，不准增加作业，不准课外补课，但学校不但一直在河南省保持较高的升学率，而且学生的综合素质和整体水平也领先于其他学校。（参见1993年10月29日《中国青年报》:《郑州一中育人秘诀》）

由此看来，素质教育所主张的“减轻学生过重学业负担”，实际上是对学生的成材提出了更高的要求，其结果必然是教育质量的大面积提高——这才是我们“减负”的真正目的。

教师对学生应博爱

教师对学生的爱，不仅仅是对自己所直接教的学生的爱，还包括所有——外班的、其他年级的，甚至是外校的学生的爱。

我曾两次出手打学生，而且在打的时候我都认为是出于对本班学生的爱护。一次是因为高八五级一班的陈军到我班来捣乱，另一次是因为高八五级二班的韦庆春在打篮球时欺侮我班小同学。两次打了学生后，我都认为自己是正义的。不错，老师不能打学生，这是小孩也懂得的道理，但我打的不是学生，是流氓。在这种思想指导下，学校领导多次找我谈心，我都不服气。“要爱学生！”“严格，严格，严而有格。”“你不是在给学生读《爱的教育》吗？”校长喋喋不休地教育开导，我却感到委屈万分：“什么？我不爱学生？……”

我班学生是怎么看此事的呢？当然，大多数同学是支持我打学生的：“就是该打！谁叫他欺侮我们，侮辱李老师呢？”这几乎是所有学生日记的主旋律。但是，也有少数学生直言对我说：“老师无论如何也不应该打学生。”有一位同学在日记中写道：“您说您不是他（指陈军）的老师，可是在所有看见您打人的学生眼中，您当然还是老师。”随着年级的增高，不同意我打学生的人越来越多了，并以不同的方式教育着我，这在毕业那天学生给我的信中反映得尤为突出。

从这个例子可以看出，第一，以厚此薄彼的态度对待学生，并不是真心爱学生，所“爱”的一部分学生，实际上成了班主任的私有物，因而这种“爱”是自私的，与师德是格格不入的。第二，对外班学生的轻视、敌视、任何不负责任的粗暴，同样会在本班学生中损害自己的形象，降低自己的威望，甚至给学生带来不好的影响。

因此，我现在真诚感谢学校领导和不少老师对我的帮助，我应随时提醒自己：你是中华人民共和国的人民教师，而不仅仅是某班的班主任；你周围所有的少年都是你的教育对象，你对他们都负有同样的爱和教育的义务。

2004 年，在成都上公开课时

第四章 走出教育误区

真正的教育者，不是没有失误，只是他总会从失误中汲取新的前进力量。几乎可以这么绝对地说，任何一个教育者在其教育生涯中，都会犯这样或那样的错误。区别优秀的教育者和平庸的教育者，不在于教育者是否犯错误，而在于他如何对待已经犯了的错误……善于把教育失误变成教育财富，这是任何一个教育者从普通教师走向教育专家乃至教育家的最关键的因素之一。

把教育失误变成教育财富

著名法国文学翻译家傅雷先生曾在其译作《约翰·克利斯朵夫》的译者献辞中这样写道："真正的光明决不是永没有黑暗的时候，只是永不被黑暗所掩蔽罢了。真正的英雄决不是没有卑下的情操，只是永不被卑下的情操所屈服罢了。"同样的道理，真正的教育者，也不是没有失误，只是他总会从失误中汲取新的前进力量。几乎可以这么绝对地说，任何一个教育者在其教育生涯中，都会犯这样或那样的错误。区别优秀的教育者和平庸的教育者，不在于教育者是否犯错误，而在于他如何对待已经犯了的错误。这里所说的"如何对待"，不仅仅是指想方设法弥补错误所造成的损失，而主要是指对错误的反思——对成长中的年轻教师来说，这一点非常重要。善于把教育失误变成教育财富，这是任何一个教育者从普通教师走向教育专家乃至教育家的最关键的因素之一。

把教育失误变成教育财富，前提是我们能够诚实地对待自己的事业，严肃地对待自己每一天的工作，唯有这种真诚和严肃，能够让我们坦然地面对自己的失误——为了我们心爱的事业和学生，我们勇于解剖自己和否定自己，因为这能够使我们更加成熟，使我们的教育走向成功。泰戈尔有这样一句诗："真理之川从他的错误之沟渠中流过。"也正是从这个意义上说，每一次错误，对所有具备真诚反思精神的教育者来说，都是一个进步的台阶，我们沿着这样的台阶一步一步走向事业成功的高峰。相反，那些敷衍地对待自己的工作并且被某些狭隘的功利思想束缚头脑的人，往往会拼命地掩饰错误，会给自己找许多"借口"和"理由"来原谅自己。对这样的人来说，每一次自我原谅都是新的错误，这个错误同时也是一个陷阱——他们即使可能从这次错误的陷阱中艰难地爬上来，但随时都可能掉进另一个错误的陷阱，而永远不能够走向教育的成功。

所谓"反思错误"，通俗地说，就是犯了错误之后不要轻易地原谅自己，而是拷问自己的心灵：我为什么会犯这样的错误呢？这样的错误是出于一时的感情冲动，还是有着必然的思想根源？这样的错误事先能不能够避免？

这样的错误是否收到了我期望达到的“教育效果”？如果达到了某种“教育效果”，那么我付出的代价是什么？如果没有达到，那么这次错误所造成的表面的后果和潜在的危机有哪些？这样的错误蕴含着怎样的教育遗憾、教育缺陷乃至教育悲剧？这样的错误可能会在我的学生心灵中造成怎样的伤害？这样的错误包含着哪些可以理解的善良意图？这样的错误掩盖着哪些不可原谅的自私而可怕的个人动机？我是否真正从这次错误中汲取了教训，并从中获得了新的教育启迪？……

罚站任安妮——我永久的痛

那是一个冬天的早晨，我和学生正在早读，教室门外响起了一声“报告”，我一看，是任安妮。我眉头一皱：她又迟到了！于是，便对她说：“在外面站一会儿！”她的眼睛怯怯地看着我，嘴唇似张又闭，好像要向我解释什么，但终于没有开口，便顺从地站在了教室门外。

任安妮是初一下学期转学来到我班的。她身体瘦弱，脸色苍白，说话细声细气。她的学习较差。可能是由于身体不太好，常请病假。但是，给我和同学们留下的最深印象是爱迟到。我曾把她母亲请来，向她反映任安妮这个老毛病，并问她是不是任安妮有什么特殊困难。她母亲说，没有什么特殊困难，就是任安妮在家动作太慢，磨磨蹭蹭地耽误了不少时间。于是，我多次找任安妮谈心，要她养成雷厉风行的好习惯。但她仍然常常迟到。因此，今天我再也不能原谅她，必须通过罚她站给她一个教训。

我之所以要罚她站，还有一个原因，就是那几天班上迟到的学生也越来越多，虽然就是那么一两分钟或两三分钟，但我认为这是不能容忍的。因此，我现在企图通过惩罚任安妮，提醒全班学生：绝不能迟到！

任安妮在外面大概站了 5 分钟，我想到如果校长看见了恐怕不太好，便叫她进来。她进来后走到自己的座位上想坐下，我说：“谁让你坐了？到教室后面去，在后面那儿再站一会儿！”她的眼泪一下流出来了，但仍顺从地站在那里，并拿出书来和大家一起读。直到早读课结束，她总共站了 15 分钟。

上午两节课过后，她来给我请假，说头有点昏，想回家去休息一会儿。我一惊，问：“怎么回事？是不是因为早晨站久了？”她说不是，她还说平时她就爱头昏，是老毛病了。于是，我同意她回家休息。

第二天，班上没有一个学生迟到——从教育效果来看，可以说是“立竿见影”。但任安妮却没来上课，听说她回家以后哭得非常伤心，觉得一点面子都没有了。过了几天，任安妮都没有来上课。终于有一天，我从她母亲的口中得知，任安妮要休学了。我以为是因为罚站的原因，但她母亲说是因为生病，我问她任安妮什么病，她却没有给我说，只是说医生要求任安妮休学。当时我对她母亲说：“真遗憾，任安妮不能和我们一起学习了。但请你一定转告任安妮，身体比什么都重要，不要惦记学习。把身体养好了，明年还可以复学的。”

任安妮的母亲听了我的话，非常感动，不住地说谢谢。但她哪里知道，我这些话都是言不由衷的客套，其实当听说任安妮要休学后，我心里就暗暗高兴，或者说有些庆幸：总算甩了一个包袱！因为学习成绩差的任安妮，每次统考都将我们班的平均分拉下多长一截呀！现在好了，因为没有了任安妮，我班以后的考试排名一定会有很大提升的！

半年之后，任安妮返校复学，降到下一个年级学习。在校园不时碰到我，总是羞怯而有礼貌地和我打招呼：“李老师好！”

后来，在半期考试刚刚结束最后一科时，和任安妮同住一个院子的沈建平同学就来告诉我：“李老师，任安妮今天早晨……死了……”当时，我无比震惊：她前几天还在校园里和我打招呼，怎么一个鲜活的生命说消失就消失了呢！说实话，那一刻我的大脑一片空白，但有一个念头很清晰，那就是我一定要赶在她火化之前为她送行！

我和一群学生刚进殡仪馆，她的母亲就迎上来，用哭哑了的声音对我说：“李老师，您这么忙还赶来，真是谢谢您和同学们了！”我心情沉重地说：“太突然了，太突然了。我们根本没想到！”她的眼泪又来了：“李老师，今天我才告诉你，我的任安妮 6 岁就患上了白血病，当时医生说她最多能活 3 年。为了让她有个宁静美好的生活，我们一直没有告诉她，也没有告诉任何人。在许多人的关心下，她奇迹般地活了 8 年。谢谢您啊，李老师！任安妮在最后几天，还在说她想李老师，想同学们。她复学后一直不喜欢新的班级，多次对我说，妈妈，等我病好了以后，你一定要去请求校长允许我回到原来的班级。我想念原来的同学们，想念李老师！”

听了她的话，我真是心如刀绞：在任安妮纯真的心灵中，不知道她所想念的李老师曾为她降到另外一个班而暗暗高兴啊！

我和学生们站在任安妮的遗体旁，向她做最后的告别。想到那个冬天的早晨，我让她站了15分钟；想到她那天上午向我请假时我的冷淡；想到我对她其实并不好，她在生命的最后日子却还“想念李老师”……我终于忍不住恸哭起来。

这是我参加教育工作至今，第一次也是唯一的一次因愧对学生而号啕大哭……

当天晚上，我含泪写下一篇近5000字的文章《你永远14岁——写给任安妮》。在写的过程中，我一遍又一遍地问自己：我对任安妮的愧疚是不是真诚的？我也一遍一遍地回答自己：绝对真诚！但如果往深处思考，我这种愧疚有一个潜在的前提，那就是我不知道任安妮患有白血病，而竟然罚她站。是的，我曾一次次充满悔恨地想：如果早知道任安妮患有白血病，我绝对不可能罚她站的。

问题就出在这里：那是不是如果任安妮没有患白血病，或者说如果她仍然健康地活着，我就可以理所当然地罚她站呢？我之所以流下眼泪，是因为愧疚。但这里的“愧疚”仅仅是因为罚了患有白血病的任安妮站，而不是因为“罚站”本身！那么，我的愧疚还是很浅薄的。我应该为罚学生站而惭愧——不管这被罚的学生是不是病中的任安妮！我已经不可能面对或者对任安妮说声“对不起”了，但我每天都还面对着健康而活泼的学生，我应该也必须把我对任安妮的愧疚化作对我今后每一位学生的尊重与善待。

从那以后，我发誓：决不再对迟到的学生罚站！

这么多年过去了，我可以无愧地说：当年面对任安妮的遗容所立下的誓言，我坚守到了今天！

如果仅仅从教育动机看，我当年罚任安妮站似乎是无可厚非的——不过就是想“严肃纪律”嘛！不过是“严格要求学生”嘛！而且如果从教育效果看，我更不应该如此自责而应该很高兴——罚一个任安妮站便换来了班上迟到现象的大大减少。但是，为了达到这个目的，我所付出的代价是什么？是学生尊严的伤害！

任何时候，我们都不应该以学生尊严的伤害作为代价，去换取所谓的“教育效果”！教育，绝不能为了目的而不择手段！尊重学生，并不能代替教育本身——这只是教育的前提；但剥夺了学生的尊严，就剥夺了教育的全部！教育，一刻也不能没有人情、人道和人性！

——这就是当年体罚（我认为罚站也是一种体罚）任安妮所给我的教训，也是我对此反思所获得的教育启迪。

无意中伤害了童心

在我的教育过程中，我并不是没有犯过错误。这些错误，也许有人觉得微不足道，但对我来说，却刻骨铭心，成了我一生的教训。因为这些错误涉及孩子的童心。

一天下午，我和几位刚刚能叫出名字的学生在操场的沙坑上跳高。突然，我看到班上的“小不点”王红川向横杆跑去——他竟然想跳过横杆！

这显然是不可能的，因为王红川那患过小儿麻痹症的双腿，一颠一颠地，宛如受伤后逃命的小鹿。我的确没有半点恶意而纯粹是高兴时想开个玩笑，当时居然指着他的背影，笑着大声说道：“一看就跳不过去的！喂，王红川，你干脆从下面钻过去算了！”

他果真没跳过去，在大家的哄笑中，他不好意思地离开了操场。

过了一会儿，我在朝教室走去的路上，看见在教学楼前的树荫下，有一个小男孩儿，正低着头，手里拿着一截树枝，在地面上毫无目的地画着。黄黄的背影那么瘦弱，与龙腾虎跃的操场景象相比，林荫道上的这个黄色小点简直就像是被人扔到一边的物品。

我跑上前去，从后面扶住他的肩：“红川，怎么了？”

可他固执地不让我扭转他的肩膀，使我感到他瘦弱的躯体里蕴藏着一种倔强的力量。

我转到他的正面，用双手捧起他的脸：啊！他的脸上布满泪痕！

我一下意识到，自己刚才“幸灾乐祸”地伤害了一颗童心……

“原谅我，刚才我是和你开玩笑呢！”我诚恳地对他说，并帮他擦着泪水。

他一直没有说话，只是默默地流泪。

尽管当天晚上我就去了他家，再次向他赔礼道歉，但从那以后，他只要看见我便垂下眼帘；而我，只要一看见他，就感到一种强烈的负疚感……

这似乎只是一件小事，我甚至似乎可以责怪这个孩子“小气”“连个玩笑都受不了”，但这里的所谓“小事”和“玩笑”，只是站在我这个成人的角度看问题的；如果站在孩子的角度看，这就是天大的事，而我的“玩笑”对这个双腿有残疾的孩子来说，更是奇耻大辱！教育，需要我们常常站在儿童的角度看问题。所谓“理解儿童”，不是站在成人的角度去理解，而是以儿童的心去理解儿童的心。

拳头，竟对准了学生

攥紧的拳头终于砸了出去！

我立即感到了手指关节一阵钻心的剧痛，这是自己拳头与对方门牙的激烈碰撞所致，与此同时，我看到一股鲜红的液体从对方的嘴角流了下来。随即，耳边响起了无比凄厉的哭号：“老师打人了！老师打人了！……”我这才猛然意识到：我又打学生了！

在我参加工作的头一个月，这是我第三次对学生大打出手了。

第一次打的是一位高一男生，他课间踢球，把我班玻璃窗打碎了，我批评他两句，他却骂我“神经有病”，于是我给了他一拳头！当然，事后我被校长狠狠批评了一顿。第二次打的是一位初三女生，她在我班上体育课时，溜进我班教室乱翻书包，正巧被我路过发现。我叫她出来，她居然就不出来，我于是把她拉出教室，她竟反诬我对她“动手动脚”！“你简直血口喷人！”伴随着我气急败坏的斥责，我给了她一耳光！结果，这一记耳光也打掉了我一个月的奖金。

但我并不认为我这第三次打人是“老毛病复发”，相反，我还觉得我是“见义勇为”呢！

下午放学后，我路过操场，远远地听到哭声。循声而去，原来我班王红川被欺侮了——王红川和几个同班同学在打篮球时，一位手持篮球的高三男生要强行霸占球场，几个初一小同学怎敢和他对抗，于是纷纷离去，唯独个子瘦小的王红川“不识时务”，硬要和这位“霸王”理论，结果被对方一耳光把鼻血都打出来了！

如果被欺负的是我班其他同学，可能我还不会这么气愤，偏偏被打的是让我一直深感内疚的王红川，我就不但觉得应该挺身而出，而且自己“赎罪”的机会也到了！

开始，我还比较克制自己的情绪，只是严肃地质问那个高中生“为什么欺负小同学”，然而，他居然冷笑着扬起右手向我展示他的中指，这一个极为下流的侮辱性“国际性通用手势”，终于让我怒不可遏。于是，我的拳头就不由自主地攥得特别紧，扬起来的时候特别痛快，而砸出去的时候又特别“火暴”！

“是的，我打了你！但我打的是流氓！”我一边揉着还是有些火辣辣的拳头，一边呵斥眼前这个满嘴溅红的“流氓”，并且朗声说道，“走！跟我到校长办公室去！”

哐！我一脚踢开校长办公室的门，一屋子正在开会的校领导惊愕地抬头看着我。我把那个学生拖进去，然后庄严说道：“我打人了！随便你们怎么处置我。具体经过你们问他！”说完，我扬长而去……

以后几天，校领导轮番找我谈话，苦口婆心地对我进行“耐心细致的思想政治工作”。但我都理直气壮：“我打的不是学生，是流氓！”“在他面前我也不是老师，是惩治流氓的警察！”“难道当老师的不该保护自己的学生吗？”“难道老师不应该见义勇为吗？”……

当时，我并不认为我是强词夺理，而是真的认为我没错。

而且，我满以为学生们会为我的行为喝彩，的确也有部分学生觉得“李老师真棒”；然而，不久我批阅学生交来的日记时，读到了这样一段文字——

> 王红川同学被高年级同学欺负，于是李老师帮王红川打了那个大同学。不少同学认为李老师做得对，帮我们出了一口气，觉得李老师真是爱我们。我也认为，虽然我们和李老师还认识不久，但他的确很爱我们。不过，我觉得李老师不该打人。王红川同学是学生，那个高年级的同学，也是学生，也应该被老师爱。虽然他欺负小同学不对，李老师也不应该打他。李老师说他不是这个“恶霸”的老师，但是，李老师打人的时候，在我们和其他班同学的眼里，李老师仍然是老师呀！

说实话，学生日记所说的观点，我早就明白；而且校长给我谈心时苦口婆心所讲的，正是这个道理；但是当这些我十分熟悉以至有些逆反的话出现在我学生的日记中时，我的心灵真正被触动了。来自童心的忠告，让我感到了真正的惭愧。

以厚此薄彼的态度对待学生，并不是真正地爱学生，所“爱”的一部分学生，实际上成了班主任的私有物，因而这种“爱”是自私的，与师德是格格不入的。同时，对外班学生的轻视、敌视以及任何不负责任的粗暴，同样会在本班学生中损害自己的形象，降低自己的威望，更为严重的是，还会给学生带来不好的影响。因此，我应该随时提醒自己：你是中华人民共和国的人民教师，而不只是某个班的班主任；你周围所有的少年都是你的教育对象，你对他们都负有同样的爱和教育的义务！

这是 1982 年 3 月，我参加教育工作的第一个春天，我的学生用他们的童心为我上的一堂课。

从那以后到现在，我虽然又多次产生过用拳头“教训”学生的冲动，但至今也只是“冲动”而已。

那一夜，我通宵未眠……

星期一下午第二节课，全班学生来到学校逸夫楼集合，准备进行歌咏比赛的排练。我清点人数，发现曹辛没来。学生们告诉我：“刚才上政治课，曹辛发出怪叫，严重影响了课堂纪律。现在，老师把他带到办公室教育去了。”

我一听，一股怒火就直冲脑门：又是政治课违纪！又是这个曹辛！

曹辛是个学习很差，纪律更是一贯让我头疼的男生。上周星期五的政治课，曹辛也是严重违纪，气得老师没法上课。当时，我就决定把他父母请来和我一起教育他。曹辛很怕请父母到学校，便哀求我原谅他，还向我保证绝不重犯。于是，我耐心地和他谈了很久的心，最后一句话是：“我不奢望你从此所有的课堂纪律都非常好，但我希望你下次政治课一定要上好。如果下次政治课再犯同样的错误，对不起，我就只好请你父母来监督你一起上课了。”

没想到，这节政治课他又捣蛋！

放学后，我找到曹辛问他情况。他说："我上政治课思想开小差，想象两辆汽车相撞，嘴里就不由自主地大叫了一声'轰'……"

我厉声质问他："为什么又犯老毛病？"

他说："政治老师已经教育我了，他也原谅我了。"

"可我不会原谅你！"我越说越激动，"今天我没什么说的了，就按前次说的办：明天请你家长来监督你上课！"

"李老师，再给我一次机会吧！我……我爸爸会……打我……"曹辛满脸惊恐。

"那我不管！"我的回答非常干脆，毫无回旋余地，"我不再相信你的任何保证了！"

他刚离开，英语科代表又来对我说："李老师，陶奇英语课有意捣蛋，而且不听老师的招呼。另外，他今天又没交英语作业。"

我顿觉得天昏地暗。

陶奇和曹辛是一对形影不离的"铁哥儿们"。开学不久，我就感觉到：陶奇是班上的一颗"定时炸弹"，随时都可能突然爆炸。虽然认识他还不到一学期，但我在他身上花费的心血一言难尽。就在上周周末晚上，我还顶着刺骨的寒风骑车到他家家访，和他谈了很久，鼓励他改正缺点。当时，陶奇满脸真诚，表示一定要"重新做人"。

然而，仅仅过了两天……想到这些，我勃然大怒："把陶奇给我找来！"

陶奇来了："李老师……您……找我？"

"不是我找你，是你找我！"我实在控制不住自己的激愤，"你每天都在'找'我！你能不能让我有一天的清静？"

陶奇小声说："我错了嘛！再原谅我一次嘛！"

我继续吼道："少来这一套！这些话我听够了！今天晚上，我再去你家家访！"

陶奇一听这话，更急了："李老师，再原谅我一次嘛！我一定……"

我打断他的话："你休想再让我相信你！"

说完，我就走了。

其实，晚上我不可能去家访，因为我还有其他事。但晚上八点以后我还是给他家打了个电话，接电话的正是陶奇母亲，她一听是我的声音，就泣不成声："李老师……陶奇还没……没回家……"

我一惊，忙问她怎么回事。她在电话中断断续续给我诉说了放学时的一幕——

下班后，陶奇母亲照例到学校来接儿子。一走到教学楼前，就碰见上英语课的易老师，易老师便把陶奇的课堂违纪和不交作业的情况告诉了她。气愤之中，她便冲到教室去找陶奇，没找到。于是，她又在校园里四处寻找。结果在停车棚找到了，陶奇当时和曹辛正推车往外走。陶奇母亲一见陶奇，就控制不住自己的情绪，冲上去就给了陶奇一个耳光！并叫他就在原地等着，可等她把自己的自行车推出来时，陶奇和曹辛已不知去向……

“他到现在还没回来。”电话里的陶奇母亲带着哭声说道，“唉！当时我的确没能控制住自己。其实，看到他俩在车棚前鬼鬼祟祟地商量着什么时，我对他们的出走就应该有所警惕，但我仍然太大意了……”

我赶忙给曹辛家里打电话，结果听到的还是一位母亲的哭声：“曹辛到现在还没有回来啊！”

我又给一些学生打电话，问陶奇和曹辛的下落，但无人知道他俩的踪影。只是不少学生告诉我，下午放学后听到曹辛在叹气：“我不敢回家了，爸爸妈妈肯定会打我的！”陶奇也不停地说：“我爸爸妈妈一定不饶我。”

接下来，在蓉城寒风凛冽的夜里，陶奇父母在四处寻找，曹辛家长在四处寻找，我也在四处寻找。直到深夜，直到凌晨，仍然没有结果……

那一夜，我想了很多很多。表面上看，曹辛和陶奇的出走，是因为他们犯了错误而怕回家挨打，而直接导火索是陶奇母亲的一记耳光。但是，我有没有责任呢？回答绝对是肯定的。当他俩犯了错误请求我原谅时，我却毫不客气地把他们推上了“绝路”：“我不再相信你的任何保证了！”“你休想让我再相信你！”是的，从我的角度看，我有一万个理由这样说，因为他们的确是屡教不改，很难让我相信了。但是，从学生的角度看，既然是从小学起就养成了许多极坏的习惯，那么，指望他们在短时间内就改正，显然是不现实的；而且，对犯了错误的曹辛和陶奇来说，向我表示“要改正”，是他们最好的选择，而且也未必就不是他们当时的真心话，可我为什么就一定要把他们想得那么坏，认为他们是在“敷衍”我呢？如果我今天再耐心一点，情况可能不会发展成这样。特别是我不应该说：“我不再相信你们了！”这无疑是向他们宣告：“你们永远不可能成为好学生！”这就不仅仅是对他们自尊心的伤害（其实，对他们来说，自尊心已相当“坚硬”了），而且是彻底摧毁了他们可能仅存的一丝向上的信心和勇气。

哪怕是面对看起来似乎完全“无可救药”的学生，教育者也不应该对他失去信心，更不应该把教育者对他的绝望变成他自己对自己的绝望！这是多年来我经常提醒自己的一点，怎么今天我恰恰就犯了这样的错误呢？

那一夜，我通宵未眠……

第二天一早，我就赶到学校。令我惊喜的是，我一走到教室门口，便看到了乞丐一般肮脏憔悴的曹辛和陶奇。原来他俩昨晚是在市中心天府广场的毛主席塑像下和乞丐一起度过的。

“嗬，去当了一夜‘毛主席的警卫员’？”我轻松地给他俩开了个玩笑，便让他们进了教室。

我不准备再细写我和他俩整整两节课的谈心过程，因为我不想把这次教育失误写成一次“教育成功”。不过，有一点还是可以说一说：在整个谈心过程中，大量的时间是我引导他们分析自己的高尚之处和卑劣之处，并和他们一起制定了一个比较详尽的“战胜自我”的方案，以重新鼓起他们向善和向上的信心和勇气。

我最后的几句话是：“我不要求你们以后不再犯纪律错误，只是希望你们违纪的频率逐步减弱；但是，对于出走，我希望你们是最后一次。”

他们表示绝不再出走，我却有意问：“如果以后你们又犯了错误怕回家挨打，怎么办呢？”

陶奇说：“我宁可挨打也不出走了！在外面又冷又饿又怕，比挨打还难受。”

曹辛说：“我找李老师，请李老师给我爸爸妈妈打电话，他们都听李老师的。”

“好，今后如果家长再打你们，你们就给我打电话。”我斩钉截铁地说，“从此以后，我就是你们的110！”

绝不培养告密者

我在成都玉林中学教高九五级一班时，曾在周末约上学生到我家玩。正是在一次与学生包饺子的过程中，一位从外校初中考进我校的女生向我说了这样一件事——

我在原来的学校一直是班上的好学生，但我却不喜欢班主任。因为她总喜欢在班上安插“间谍”——这些“间谍”其实就是我们班上的同学。

本来嘛，大家都是同学，可一旦接受了老师的“重托”当上“间谍”，就俨然成了“地下党员”：谁上课说小话了，谁在课余说老师的坏话了，谁在自习课上偷偷下五子棋了，等等，都得暗中细细观察，然后向老师汇报。最初担任“间谍”的大都是班委干部，后来同学们渐渐知道了他们的“特殊任务”，都对他们敬而远之。于是，班主任便在普通同学中发展“间谍”。这样一来，同学之间都互相猜忌，互相防范。本来很好的朋友，往往因为一方告发了另一方，而中断了友谊。

因为我性格比较内向，在班上很不起眼，所以也曾被老师“信任”。有一次，老师把我叫到她的办公室，对我说了一大堆“关心集体”“主持正义”的道理，然后就说：“你负责自习课暗中记违纪同学的名字，然后，将这些名字写成字条，悄悄塞在我这本书里面。”她一边说一边指着她办公桌上的一本厚厚的词典。

师命不可违啊！但一想到从此我要充当告密者，就感到恶心，我实在不愿做这样的小人。怎么办？当天晚上，我在作业本上给老师写了一封短信，大意是说我眼睛近视，课堂上看不清远处的同学，所以完成不了这个任务。结果第二天，我再被老师叫进办公室时，她把我狠狠批评了一顿，第一句就是：“你说你眼睛近视看不清，可你的学习为什么那么好？我没见你戴眼镜啊！”她又说我毫无起码的正义感。最后她说：“你实在不愿意就算了。但是，请千万别对任何同学说这件事。”我后来真的做到了没对班上任何人说这件事，但对我爸爸说了，爸爸说我做得对。

然而，我却得罪了班主任。她对我明显冷淡，还常常在班上说什么“一个人不能只管自己的学习，而不管班上的事”“有才无德的人是不可能成为真正的人才的”之类的话。我申请入团已经很久了，可每次都被她以“没有正义感”而卡下来。

听了她的叙说，我毛骨悚然！

当然，我绝对相信，像以上这位班主任安插“间谍”的行为，现在并不多见。但是，希望学生给自己打小报告的教师，恐怕就不是少数了吧。

有这么一位优秀班主任，长期不深入班级，也很少找学生谈心，但是他总是对班上的情况一清二楚，甚至几乎对每个学生每堂课的表现都了如指掌，因此他总是能够“及时地”“有针对性地”处理解决班上的各种问题。有人向他请教，他得意地说：“关键是要在班上培养几个心腹！”可是，这位“优秀班主任”班上的学生却说：“在班上，我们没有安全感。”

的确有这样的班主任，他们总是好心地通过班干部或自己的“心腹”，了解班上的各种情况。很难说，这些老师有什么恶意，相反，他们不过是想尽可能细致地了解班上学生的真实情况，以便更好地教育学生。

但这样潜移默化所产生的恶果可能是我们许多班主任始料未及的——

第一，这样做首先是对大多数学生的不信任。不，岂止是不信任，简直就是对他们的极不尊重！因为班主任在大多数学生浑然不觉的情况下，就把他们无端地置于少数人的监视之中。这离我们教育所必须遵循的相信学生、尊重学生的原则何止十万八千里。一旦大多数学生觉醒，他们所产生的羞辱感必然导致师生对立。

第二，这样做实际上也是对班集体的分裂。一个由友好亲密、真诚纯洁的少年组成的班级，应该是多么和睦的温暖家庭啊！可是，由于存在告密者，亲如兄弟姐妹的同学则成了互相防范的敌人。

第三，这样做将在学生心目中播下扭曲的正义观。正义的另一面是善良。让学生在“正义”的旗帜下大行告密之勾当，无疑是对正义的亵渎！当学生逐渐以告密为荣而丝毫不觉得这是人性的可耻时，我们的教育已经为未来培养了许多奴才和小人！

在中国传统文化中，最腐朽也最发达的内容之一，便是“告密文化”。历代封建统治者，为了维持自己的统治，都要豢养一批给自己打小报告的小人。这是人治社会必然产生的现象。这种“告密文化”登峰造极的时代，便是那至今让每一个中国人不堪回首的时代：父子之间、母女之间、夫妻之间、恋人之间……演绎了多少“大义灭亲”的人间悲剧、人性悲剧啊！发展到最后，无密可告干脆自告其密——所谓“向组织交心”！

这样的悲剧当然不能重演。可如果我们在教育中鼓励或者只是默认学生打小报告，谁又能保证在21世纪能够不再重演这样的悲剧呢？

坦率地说，在我的教育中，我从来就反对学生打小报告。对每一届班委干部，我都当着全班学生说：“我不许任何班委干部给我打小报告！因为班干部是同学们的公仆，也是同学们的朋友。”我这样对班干部说：“班上出现了什么纪律问题，你们按班规办就是了。只要你们解决了，不必给我汇报。动辄给我汇报同学的不良表现，这既说明你们无能，又影响你们在同学中的形象，反而不利于你们工作。”但是，我同时又在班上说：“如果出现了重大违纪现象，或其他严重的偶发事件，当学校下来调查时，任何知情同学都应如实反映情况——但这已经不是小报告了，而是‘大报告’。”所以，我班的班干部从没有给我“汇报”的习惯，他们与同学的关系自然就真诚和谐。但是，我也不得不承认，我也曾有过不知不觉地默认学生打小报告，或客观上为学生提供打小报告机会的时候。

比如，我曾经要求学生写日记、周记、随笔、谈心本等，本来我的初衷是通过这种形式和学生保持心灵的沟通——而事实上，至少我班绝大多数学生是愿意向我敞开心扉的。但是，在学生交来的本子上，常常写有他们的苦恼，而这些苦恼往往有涉及其他同学的种种违纪（比如，哪个同学上课说话影响自己听课呀等）。最初，我只当这是学生对我的信任和求援，便根据这反映去教育有关同学。后来，我意识到这样实际上是在鼓励学生打小报告，于是，我便给自己立了条规矩：不管学生在本子上给我反映其他学生的什么问题，我决不依据任何学生的“告状”去追究任何“被告”。

但是，我并未明确阻止学生在本子上给我反映班上的问题，所以，有的学生每天依然通过与我的书面谈心向我反映其他同学的问题，渐渐地这样的学生越来越多。直到有一天，我看有学生在谈心本上对我说，现在有个别同学只要对别人有什么不满，就威胁道：“哼！我们谈心本上见！”我终于意识到，我实际上是为学生提供了一个打小报告的渠道！

很难说所有向我反映问题的学生都居心不良，相反，我相信多数学生是出于对我的信任和对班级的关心，才向我反映班上其他同学的问题的。但是，哪怕只有个别同学以打小报告为乐，我们都应该警觉，并杜绝发生这种情况的可能。

所以，我郑重地在班上宣布：“以后在同学们交来的作文或随笔中，绝不许写别人的不是，要写只写你自己。”我特别强调：“因为李老师特别反对同学给我打小报告，我也要防止有人给我打小报告。”

要让我带的班级有一种温暖和谐的氛围，要让我所教的学生有一种心灵的安全感，要让我的学生具备一种自我教育的能力，绝不让我的学生长大后成为暗中踩着别人往上爬的小人，所以——

我绝不培养告密者！

教育也是“遗憾的艺术”

人们常说“电影是一门遗憾的艺术”，其实，教育又何尝不是一门遗憾的艺术——如果我们把教育当作艺术来追求的话。

也许有人会不同意我这个说法："电影一旦拍摄完毕，就很难再修改了。而教育中如果出现了失误，则完全可以在以后持续不断的教育实践中加以改进啊！"这话当然不是没有一点道理，因为我们的确可以在一届又一届的学生中改进我们的教育。但这是站在教师的角度考虑问题的，如果我们站在学生的角度看问题，就会感到，每一个学生只享有一次中学时代的教育，而我们教育的失误给具体的某一位学生或某一届学生带来的不良后果，将是很难弥补的——如果这种失误是对学生心灵的伤害，那么，这种伤害很可能将伴随他的一生。

然而，从教十多年来，由于脾气不好、修养不高以及其他种种原因，我的教育不止一次出现失误，其中，最不能原谅也最让人痛心的失误，便是对学生心灵的伤害。

不知我这个观点对不对？

我认为，对任何一个教育者来说，其教育失误是难以避免的也是可以原谅的。经验不足啊，工作粗心啊，方法简单啊，褒贬失当啊等；但是，最不能原谅的教育失误，是对学生心灵的伤害。

苏霍姆林斯基在谈到培养学生自我教育能力时认为，自我教育的前提是自我尊重。他这样谆谆告诫年轻的教育者："自我尊重取决于什么？怎么培养？年轻的朋友，请记住，这是一种非常脆弱的东西。对待它要极为小心，要小心得像对待一朵玫瑰花上颤动欲坠的露珠，因为在要摘掉这朵花时，不可抖掉那闪耀着小太阳的透明露珠。要培养自尊心，只能用温柔细致的教育手段。自尊心是不能容许采用粗鲁的、'强有力的'、'凭意志的'手段的。"

我曾多次在我失误之后，这样原谅自己也这样对学生进行解释："我是真诚地爱学生，我是一片好心啊！"但是，现在我意识到，不管我们平时对学生有如何深厚的感情储备，不管我们过去在学生心目中有多高的威望，也不管我们以前对学生进行了多少"行之有效"的教育，只要我们深深地伤害了他们的心灵——也许是一记耳光，也许是一句辱骂，甚至也许只是一个鄙视的眼神——那么，这一切都烟消云散了！

根据我的教训，教育者要尽量避免在这四方面对学生心灵造成伤害：打学生，用语言伤学生的自尊心，冤枉学生，在学生面前表现出对他绝望。

刚参加工作那一年，我曾先后三次打学生，而且每次我都有"充足"的"理由"：我是因为爱我的学生，而打欺负他们的高年级学生。但我这种狭隘自私的爱，并没有让我的学生感激我，相反他们也认为我"有失身份"；

而被我“教训”的高年级学生则不但长期仇视我，而且对“人民教师”的神圣也产生了怀疑。这点我至今想起来仍然感到深深的内疚。

我批评学生时，有时不注意措辞，激愤之中往往尖酸刻薄。从教育手段来讲，可以说教育的艺术就是语言的艺术，但我的语言常常成了刺向学生心灵的刀子。

每当我自以为“雄辩”自以为“尖锐”自以为“辛辣”的时候，学生看起来满不在乎而心灵却在哭泣。更有甚者，有的学生可能已习惯于我的嘲讽而无动于衷了，所谓“哀莫大于心死”——这更是我教育的悲哀!

由于武断和主观偏见，我不止一次冤枉我的学生。说起来，好像冤枉学生也是难免的而且往往是偶然的，但是，如果仔细分析一下，就会发现，我冤枉的学生往往是那些“后进生”：科任老师给我反映课堂纪律不好，我首先想到的是某个“捣蛋分子”；教室的玻璃窗打碎了，我首先想到的是那些一贯舞枪弄棒的“调皮大王”；班上的东西丢失了，我首先想到的也是某些有“前科”的学生……不能说，我的这些想法没有一点道理，但如此定式思维，我冤枉一些我心目中的“后进生”就是必然的了。结果，被冤枉的学生心灵痛苦不说，他们还会在思想上、感情上与我对立起来，以后我所有的“苦口婆心”都是白搭!

教育成功的诀窍之一，就是永远不让学生对他自己感到绝望。但我也曾多次在激愤中说出一些让学生感到绝望的话：“我永远不会相信你了！”“看来你是教不好的了！”“这是最后一次原谅你了！下次再犯，你就别来上学了！”“我没有你这个学生！”……当学生本来是非常尊敬老师并认为老师是在真诚地帮助他的时候，这些话无疑会击碎他内心深处“想做好学生”的美好愿望。一个学生真正堕落，有时候恰恰是从我们教育者的“绝情”开始的。

因此，我用我的教育失误真诚地告诫我的同行：永远不要对学生扬起你的拳头；永远不要用刻薄的语言对你的学生说话；宁可让学生欺骗十次，也不要冤枉学生一次；无论你的教育遇到了多么大的困难，都千万不要对学生说“你是不可救药的”。

警惕专制的“爱”

说到对教育爱心的误解，其实，在教育实践中，还有另外一种表现，就是在“爱”的过程中，不知不觉侵犯着学生的权利。我把这种爱称作“扭曲的爱”，甚至是“专制的爱”。

1998年底，成都某小学一年级的十几名学生因为上课说话，竟然被老师用胶布封上了嘴巴！当时的舆论也是一致谴责那个狠毒的“富有创造性”的年轻教师，谴责他侵犯儿童的身体，伤害了儿童的自尊心，违背了职业道德，谴责他违反了教育法。但是，我却感到，比这些更令人忧虑更令我心痛的是，这样的教育已经使孩子的幼小心灵蒙上了阴影。因为我注意到记者在对此事跟踪采访时与一名被封嘴巴的小男孩的对话——

“你被老师用不干胶封过嘴巴吗？”“封过。”“他为什么要封你的嘴？”“因为我上课不专心。”“要封好久呢？”“封到下课。”“老师这样做对不对？”“对，因为我上课说话，老师就该封住嘴巴。”孩子天真地仰起小脸。

看，这位年轻教师的违法侵权行为，竟让天真可爱的受害者真诚地说出了“老师做得对”的话！这足以说明，如此“教育”对孩子心灵的扭曲已经远远超过对他们身体的伤害。天哪，这些孩子可就是我们“完成中华民族的伟大复兴”所寄予厚望的“跨世纪接班人”啊！可爱的孩子如果继续被如此“奴化”下去，对我们的民族来说，后果真是不堪设想！

教育是心灵的艺术。如果我们承认教育的对象是活生生的人，那么教育过程便绝不仅仅是一种技巧的施展，而应该充满人情味；教育的每一个环节都应该充满着对人的理解、尊重和感染，应该体现出民主与平等的现代意识。虽然就学科知识、专业能力、认识水平来说，教师远在学生之上，但就人格而言，师生之间是天然平等的；教师和学生不但是在人格上、感情上平等的朋友，而且也是在求知道路上共同探索前进的平等的志同道合者。今天我们提倡的爱心，应该体现出民主精神。

因此，近年来我思考得比较多的是民主教育。爱心不一定包含着民主，而民主必然蕴含着爱心。我认为，民主教育应该是当今教育的时代主题。

第五章 班主任工作

我们面对的教育对象，绝不是一块处女地，而是一片已经或正在生长着美好幼苗的肥沃田地。教师的责任，在于发现、扶正学生心灵土壤中的每一株幼苗，让它不断壮大，最后排挤掉缺点的杂草。因此，教育工作者面对学生，首先不是“灌输”，而是“发现”；同时也教会学生自己“发现”，自己改正缺点。

教会学生自己发现、认识自己的优势，并保持、发展这种优势，不断自觉地战胜自己的弱点，这是思想教育的艺术所在，真正掌握这门艺术，需要终生的探索和奋斗。

培养学生的自我教育能力

学生自我教育的重要性已日益引起不少教师的关注，但这不意味着班主任可以放任自流。恰恰相反，强调学生的自我教育，这对班主任的要求更高了，要求班主任必须研究、采用一些科学的办法，教育学生自我教育，让被教育者不仅仅在学生时代而且终身都具备自我教育的能力。

培养学生的自我教育能力，首先是教育学生能正确认识自己，评价自己，这是自我教育的起点。所谓自我认识，主要还不是指学生看到自己的缺点、弱点，而是让学生在集体活动中认识到自己在思想、品质、智能、才干等方面表现出来的突出的甚至是独一无二的优势。做到了这一点，会自然而然地激发人的尊严感、自豪感，从而产生一种内在的乐观情感和进取精神。

培养学生的自我教育能力，还要引导学生乐于并善于自己控制自己，自己战胜自己。要让学生懂得，自己所做的一切，首先是面对自己的心灵，自己就是自己行为的审判官。对自己的约束力量，不仅仅来自纪律，更主要的是自己的意志、义务和良心；如果做错了一件事情，首先想到的是对不起自己，要让学生养成“吾日三省吾身”，随时自己批评自己、自己鼓励自己的习惯。

培养学生的自我教育能力，还表现在增强学生的独立工作能力和组织能力，让学生自己管理自己。应当指出，对学生自治自理能力的培养，绝不应仅仅限于少数学生干部，而应对全体学生；自治自理的内容，也不仅仅是班干部工作，而应包括班集体的一切活动。学生通过具体的工作锻炼，不仅可以培养多种能力，还可以发现自己某些潜在的特长，并体会到劳动、创造的乐趣，更主要的是，能够培养起对他人、对集体的一种义不容辞的责任感。

培养学生的自我教育能力，还必须造就一个良好的班集体。纯正的班风，健康的集体舆论，对每一个学生都是一种强大的约束力量。让学生集体中的一部分学生去影响、感化另一部分学生转变，让每一个学生能够出于对班集体的由衷热爱而自觉地严于律己——这正体现了学生的自我教育。

学生的自我教育能力一旦形成，不仅使学生在校学习期间受益匪浅，将来步入社会，也能抗御不良社会风气的侵袭，自我净化，成为一个有利于社会的合格人才。

学生评语能否换张面孔

恐怕很少有班主任不感到写学生评语是一件苦差事。其苦多半不在“写”本身，而在于评语内容空泛、枯燥、乏味。上级部门常批评班主任的评语写得千篇一律，其实这未必不是上级部门的评语要求所造成的。试想，既要“全面”，又要“一分为二”，还要“有发展的眼光”，班主任只好面面俱到：从政治观点到思想品德，从纪律观念到学习态度，从劳动情况到卫生习惯，从“有时上课不爱发言”到“希望今后严格要求自己”……如此写来，即使每次上级都要求“写出学生特点与个性”，但学生已成了政治思想、道德品质、观念作风等抽象术语的符号，其有血有肉的灵气与个性又怎能体现出来？失去了学生个性的评语成了政治评价、道德评判、观念评论的冷峻公文，又怎能体现出做思想政治工作的班主任所应有的温馨人情？缺乏个性与人情味的评语，又焉能不“苦”？

因此，要使评语真正体现个性、充满人情味，必须突破以下几点：一是少写“观念”，多写“行为”。与其写一位学生“热爱党，热爱祖国”，不如写他如何“热爱”：是积极争取入团，还是自愿参加党课学习；是一丝不苟地举行升旗仪式，还是主动捐助希望工程。……写出不同学生的不同“爱法”，个性便出来了。二是不求全面，只求特点。那种逐一评述德智体美劳，既写优点又写缺点的做法，貌似全面，实质上是最大的片面，因为每位学生都在教师的“全面评价”中丧失了自己的个性。而抓住了学生某一方面或某些方面的突出点予以描述，虽然也许不全面，却把这个学生与其他学生的不同点凸现出来了。三是态度平易，用语亲切、幽默。摈弃“庄严”的公文式语言，代之以温和、诙谐、饱含真诚感情的语言，使学生通过评语感到师生之间的人格平等与尊严平等。四是变换口吻，改变人称。

把冷静的评判变成亲切的对话，把严肃的鼓励变成殷切的叮咛，把第三人称（“该生”）换成第二人称（“你”）。

基于以上思考，我从 1994 年起开始尝试评语的另一种写法，力图使学生评语多一些个性，多一些亲切，多一些幽默。这种换了面孔的评语，受到了学生及其家长的好评。下面，是我为成都玉林中学初九八级六班部分学生写的评语——

刘　畅：你随时都是笑眯眯的，自然地流露出心灵的善良；脾气好得简直就没有脾气，对同学对老师都是空姐对乘客的态度。哦，不，也有严肃的时候——那是作为我的代表带领大家午读时，你站在讲台上如一位指挥家，指挥着“语文大合唱”（李某人常常悄悄地站在教室外面，被这世界上最美的音乐陶醉）。学习上一贯自觉，成绩也不错，但某些科的成绩好像不太稳定。我建议：1. 沉住气，千万别轻易怀疑自己的潜力；2. 方法上还要多向马洁们讨教，平时可经常与成绩比你更好的同学交流学习体会。祝贺你本期光荣地加入了中国共产主义青年团，成为保尔·柯察金和向秀丽的“后来人”！可不要骄傲哟！

段　芳：你没有少挨我的批评，但我真的不认为你是一位“坏”同学。而且，你被我批评的缺点，大多是你优点的“变形”：你很热情、活泼，一“变形”就成了课堂上的爱说小话；你待人真诚，喜好交朋友，可难免分散了不少学习上的精力（比如有时串班，比如晚上学习时有电话干扰等）；你很热爱班集体，可为了维护“班级荣誉”竟不惜“欺骗”杨校长，结果严重败坏班级声誉……你没有“变形”的优点也是显而易见的：心地善良，思想纯洁，乐于帮助同学，更乐意为集体出力；你办的《玉林日报》，不但版面美观，而且可读性很强。如果你在纪律上继续进步，在学习上更加努力，前途无可限量啊！

刘　洪：你与铁道游击队队长同名，也有刘队长那样的宽阔的胸怀（这是同学们说的），却少了许多刘队长式的坚韧不拔的钢铁意志（这是我说的，主要是指你的学习而言）；相反，你是李老师的“重点保护对象”，不，应该说是“重点牵挂对象”——尤其是课堂纪律（当然，现在好多了）。不过，我对你最满意的是，你能够理解老师对你的帮助，还能虚心接受同学的批评（比如，同学每周给你写的评语，你从来都是“唯唯诺诺”)，正因为这样，你最近的进步才如此之大，让老师、同学、家长“笑眯了”！希望“刘队长”把当年打日本鬼子咬牙切齿的劲头，用在学习上，而且要坚持“持久战”！（不要忘了，你还曾被《华西都市报》称为“优生”呢！）

支 娜：威风凛凛，嘻嘻哈哈，风风火火，叽叽喳喳。工作认真负责——课前几声呵斥，当年班长余威犹存；性格开朗大方——台上一席讲演，未来豪杰锋芒初露。严于律己稍逊，常挨老师“骂”；宽以待人渐佳，时被同学夸。爱抒鸿鹄志，不乏真诚感；乐作深沉文，偶有通假字。有副热心肠，有张厉害嘴；是个急性子，是位马大哈。善良应保持，胸襟需拓宽。几番努力，成绩已经有所进步；来日方长，学习应更一丝不苟。取得荣誉之时，须诵“非淡泊以明志”；遇到挫折之际，犹记“非宁静以致远”。老老实实，真真实实，踏踏实实，朴朴实实！

马 洁：你不满十四岁就成了中国共产主义青年团光荣的一员，而且担任了团支部书记，还被同学们评选为成都市直属学校三好生，令人羡慕更令人敬佩。（想当年，我十四岁时，成天只想着用弹弓打麻雀。多么愚昧啊！）你为人朴实正直，工作认真负责。待人善良，律己严格，具有强烈的责任感和服务意识，且工作能力很强。从你当班长开始，班委真正实现了对班集体的自我管理。多次组织班里的各项活动——那次雨中徒步春游，你穿梭在队伍的首尾，还真像一位少年老成的儿童团长！每当我外出学习或开会，你便坐上了班主任的“宝座”。（谢谢你！）让许多同学敬佩（不仅仅是敬佩）的，当然是你那近乎“不倒翁”一样的学习冠军（也有不少同学暗暗地在追赶你，我真希望这次你能被人追上）。我倒不一定强求你永葆第一——能“垄断”第一名当然是好事，但如果偶尔有几次没当上第一名，也没有什么，关键是知识和能力应协调发展。你说呢？

刘 肃：在我的印象中，你只有两种表情：忧郁（微微皱眉）和快乐（甜甜微笑）。忧郁什么呢？无非就是学习吧！其实，每个同学的学习基础和学习起点，并不完全一样，因此，简单地用一把分数的尺子来衡量所有同学显然并不十分公正。你的学习态度还是比较端正的（当然偶尔也有草率的时候），只要自己尽了力，而且有进步，就应感到欣慰。原来我曾听说过你性格内向，不爱与人交往，现在看来不是这样的嘛！课堂上，你能主动举手发言（当然有时候还与邻桌同学说小话，这可不对），课外你能够和同学嬉笑玩耍，表现出很质朴的天真活泼，你一定也感到了生活并不仅仅是分数，而还有更多的乐趣。是吧？

万　晓：个子高高的，但只要一开口，就让人感到“这是一位小朋友”。说话声音奶气而且尖细（因而同学们戏称你为“尖子声”），你好像为此有点烦恼，其实这并不是缺点呀，因为你并不是有意假装天真，而是你纯真幼稚（注意：在这里这个词没有贬义）可爱本性的自然流露。所以，你对同学们很真诚很和蔼也很大方，当然也以你特有的“尖子声”给班级带来了友好的笑声；同学们呢，自然也很喜欢你（我从来没有听说过你与谁争吵过）。学习态度向来很端正，课堂纪律、各科作业等，从不需老师操心。不过，随着学科的增多，知识难度的加大，你可能会感到学习不像以前那么轻松了。这是正常的，只要信心不倒，精神不败，并随时根据新的情况改进学习，你最终一定会学得很好的。“相信我，没错的！”

游　佳：曾经是“老师紧张症”的严重患者，一见到老师就口讷脸红脖子粗，二目无神虚汗流（不知见了你身为老师的爸爸妈妈是否也有这些症状）。在我和同学们的精心“治疗”下，你现在已完全“恢复健康”。不但在老师召见时“面不改色心不跳”，而且和我一起回家时，居然还谈笑风生。学习上一贯自觉，你所写的反映刻苦学习的作文《拼搏》《我们的一天》，表达了你以苦为乐的豪迈气概（这也是你学习成绩好的重要原因）。小组长当得颇有幼儿园阿姨的特色（这是同学们说的），把组员们“经优”得“乖乖的”——绝！

李勃轶：男孩李勃轶，可爱小弟弟。天性属纯真，机灵又调皮。性格颇活跃，淘气不违纪。对人很温和，有副好脾气。见我便羞涩，憨态真可掬。关心组上事，热爱班集体。校运会长跑，为班争荣誉。数学比较好，物理还可以。喜欢动脑筋，爱钻偏难题。语文有点弱，作文羞于提。作业较草率，发言不积极。老师提问时，脑袋欲入地。主编玉林报，不是好编辑。近来有进步，千万别泄气。文理不可偏，发展应整齐。如果成跛子，自己害自己。将来考大学，后悔来不及。可怜瘦弱貌，弱不禁风体。若无健壮身，状元算老几。即使饱学士，也难出大力。愿你早成熟，盼你有出息。报国建勋日，都夸李勃轶！

谢 欣：由于我爱批评你，所以你看到我就躲。你想想，我咋个能不批评你嘛——上课经常麻木不仁，作业经常一塌糊涂，还不时和妈妈发生争吵……我是爱你嘛，才批评你嘛！是不是？其实，你不要以为我老和你过不去，只要你听话，我就很喜欢你——去年在乐山太阳岛，我们玩得多欢啊！何况，最近较长一段时期，你的进步是显著的，我就倍感欣慰。你真的很聪明，知识面较广，反应较快，只要用功，学习会不是一般的优秀。你的最大问题就是太懒太懒，我希望你痛下决心，把你脑壳里的“懒虫”挖出来丢了。

黄 可：你的优点像你的缺点一样“丰富”，你的缺点像你的优点一样突出。学习兴趣极浓，各项学习任务几乎不需老师操心。钻研精神极强，喜欢独立思考，而且常提出一些颇有见地的问题。上进心极强，欲与马洁试比高，是唯一曾经超过马洁零点几分的同学，但愿这次期末考试再次超过马洁。这些都是极可贵的优良品质。不过，我希望你在其他方面也能与马洁竞赛，比如能力，比如纪律，比如心胸……特别是你的心胸，与男子汉的天性还不太相称，常常为一丁点儿小事，就给同学“雄起”，多不好啊！

吴 昊：你的一切似乎可以用“平淡”来形容（注意：在这里，“平淡”并非贬义）——热爱班级，但好像没有明显地为班级争过光；纪律性不敢说无懈可击，但好像也很少有严重违纪的时候；对同学温和，但好像也并不特别热情；学习不算非常刻苦，但好像很少因学习态度而惹老师生气；我很少听老师同学反映你的问题，但也很少听老师同学表扬你的优点……现在有句很时髦的话，叫作“平平淡淡才是真”，如此说来，你的“平淡”好像是优点；但是，作为正当年华、生机蓬勃的中学生，“平淡”只意味着不思进取甚至甘于沉沦。你的学习老是停滞不前，可为此做一个佐证。吴昊啊！面对一生各种名利的诱惑，我不反对甚至欣赏“淡泊明志”式的“平淡”，但对于现在的你，我更希望你“辉煌”！

李溟昊：你脸上的每一个表情都很温和，宛如你身上每一根线条都很柔和一样。我从未见过你“怒目金刚”的表情，说得夸张点，你的举手投足简直就是班禅额尔德尼·确吉坚赞转世！你在同学中人缘极好，便是理所当然的了。哦，我想起来了，你也发过一次怒——在“12·9”歌咏比赛朗诵时，你痛骂参拜靖国神社的桥本“脓”太“狼”，其势挟雷带电，其声震月颤星！你很有演说才能，一篇《国旗下的讲演》，博得全校上千师生掌声如潮。你善歌咏，以美声唱法参赛曾获奖。你记忆力惊人，摇头晃脑地表演背诵圆周率，让同学们“大惊失色”。你的学习成绩“中不溜秋”，这可与你的智商大不相称。原因何在？盖“力有未逮”也！

周　翔：面目五官清清秀秀，言谈举止斯斯文文，头发梳得“光光生生”，衣服穿得干干净净——又是一个标准的书生！心地善良，脾气温柔，接物待人春风扑面。热爱集体到了“死心塌地”的地步，虽是“一介小民”，却“处江湖之远，则忧其君”（这个“君”嘛，嘿嘿！当然就是我李某人啦！）——“灰常灰常”愿意为我做点儿事情，如见我要发本子之类的事，你白白净净的手儿便如一面旗帜在空中不停地舞动。曾任小组长，“政绩”不菲。学习上从未挨过老师的批评，这似乎令人高兴；但也很少博得老师夸奖，这可令人遗憾——说明你的成绩还未达到与实验班的学习相称的境界。

杨　光：一位不声不响的同学，脸色常常苍白，表情常常苦涩，总让见了你的人都觉得自己“借了你的米还了你的糠”。做事慢条斯理，举手投足都如打太极拳一般舒缓，连走路都生怕把蚂蚁踩死。内心其实非常纯洁善良，而且有着内在的集体责任感，自从当上物理科代表之后，以特有的细腻认真地履行着自己的职责，而且“身先士卒”带头把物理学得十分“灿烂”。其他科的学习也不错，最近一次半期考试学习成绩突飞猛进，一下子成为“暴发户”。真想你继续“火暴”下去！你动作太慢，身体太差，这都会直接影响你的学习。不可掉以轻心哟！愿你多一些朝气，多一些激情，甚至多一些“急躁”！

蒋　亮：一块好身板，一脚好足球，一根“直肠子”，一副犟脾气。校运会上双脚生风，绿茵场上过关斩将，为集体荣誉曾立下汗马功劳。也许是太迷足球了，常常忘了自己的首要任务是学习，有时课堂上都在模拟足球赛，结果学习成绩当然远远不如你的足球。本来，你是作为数学尖子被学校特招进来的，但至今你在数学上还未“尖”起来。其实，你心眼儿是很好的，对班级也十分热爱，就是脾气不好，时不时还和科任老师顶撞几句；做事常常由着性子来，严重时还有点霸王作风，因而引起同学的强烈不满。不过令我欣慰的是，你很听我的话，而且很理解我对你的严格要求，相信你会把足球场上的拼搏用在学习上，给我们一个又一个的惊喜！

…………

以上评语也许不太符合评语写作规范，但我想，只要能抓住学生特点，体现学生个性，拨动学生心弦，激励学生上进，这不就达到了评语的目的了吗？

为自己的班起一个名

“未来班”是我教育诗篇的第一行美丽的文字。

我有幸于从教之初，便从苏霍姆林斯基的著作中结识了这位可亲可敬的教育家。在读苏霍姆林斯基的日子里，他的许多精辟的观点让我想到了自己的教育，并情不自禁地解剖自己的教育。作为班主任，我立志让我所带的班富有勃勃的生机和强烈的凝聚力，让每一个孩子都能因为在我的班上而感到成长的快乐。这当然是没有错的。但要达到这个目的，首先就得把教师的意图变成学生的意图——当然不是把教育者的意图简单地强加给学生，而是在教育者的目的同孩子的愿望之间找一个自然和谐的结合点，应该让全班学生有一个统一的奋斗目标，因为只有目标才能产生动力，正如苏霍姆林斯基所说：“集体主义教育的实践，首先在于激励学生自由地、自觉地实现集体的目标。”特别重要的是，这个目标不应该仅仅由教师一个人提出来（过去我正是这样做的），而应该在老师的引导下由学生提出来。

于是，我通过一系列的引导和启发，让学生为自己所热爱的班集体提出一个奋斗目标。经过反复讨论，大家一致认为我们班应成为既洋溢着集体主义温暖又充满进取创新精神的富有鲜明个性的班集体。学生还提出了基本实现这一目标所需要的时间——两年，同时又决定为自己的班集体取一个响亮的名字，并设计一系列标志。

为什么我要给班集体取一个名字并设计标志呢？这是为了让我们的班变得“有意思”一些，让孩子们觉得“我们的班就是与众不同”，这是符合儿童心理的。所谓“情趣”所谓“浪漫”，都在这种种“与众不同”之中了。

更何况，我把确定班名、提出班训、创作班歌、构思班徽、绘制班旗的过程，引导为对学生进行集体主义教育和创造精神培养相统一的过程。人人动脑，个个动手，并通过“班名班训讨论会”“班徽班旗图案展评”“班歌歌词朗诵会”“最佳班级标志评选”等主题班会，充分调动每个人关心集体的热情和创造精神。

班名：“未来班”。这是在“方志敏班”“海迪班”“希望班”“奋飞班”“雄鹰班”等几十个班名中，同学们经过反复比较讨论后选定的。最初这个班名的基本含义是：我们是祖国未来的栋梁。一年后，小平同志发表了“三个面向”的题词，我们的班名又增添了新的含义：面向未来，全面发展。

班训：“正直、团结、勤奋、创造”。我们把“正直”放在首位，因为这是做一个人最起码的道德品格。“团结”是对整个班集体的基本要求而言，我们希望班集体充满真诚和睦、互相友爱的温暖。学生的主要任务是学习，因此“勤奋”是必不可少的。在学习知识的同时，我们还应面向未来培养多种能力，于是，同学们在班训中明确写上“创造”。

班徽：由红日（上半圆）、大海（下半圆）和中间的“V”字形构成的图案。上半部的红日，象征着可爱的祖国如日初升，充满生机；下半部的大海，既象征着知识的海洋，又隐喻我们宽广的胸怀。中间的“V”形图案，既像凌空的海燕，象征着我们沐浴着祖国的阳光，在知识海洋上，在人生的风浪中展翅翱翔、英勇搏击；又像打开的书本，象征着我们对科学不懈的追求；也像初绽的幼芽，象征着我们朝气蓬勃的生命力；还像英语 victory（胜利）的第一个字母 V，象征着未来的胜利一定属于我们！班徽图案由朱红色（红日）、蔚蓝色（大海）和金黄色（V）组成。红、黄、蓝是三原色，可以调和成无数其他色彩，这象征着我们现在学的知识虽然有限，但只要掌握了扎实的基础知识，培养了多种能力，那么，今后我们所获得的知识、创造的财富将是无限的。整个班徽呈圆形，象征着全班同学的真诚团结。班徽下半部为W、L、B三个字母，这是“未来班”的汉语拼音缩写。

班旗：印有红日海燕图案的红旗。把班徽图案经过简化（保留红日和海燕的轮廓），用金黄色的丝绸织在鲜红的旗帜上，便成了“未来班”的班旗。

班歌：《唱着歌儿向未来》。歌词由全班同学集体创作，我修改定稿后，寄往北京中央歌舞团，请著名作曲家谷建芬同志谱曲。谷建芬同志收到歌词后再请她的老搭档、著名词作家王健同志修改，最后为“未来班”谱写了班歌《唱着歌儿向未来》，歌词如下：

蓝天高，雁飞来，青青松树排成排，我们携手又并肩，唱着歌儿向未来。老师同学多友爱，心灵纯洁似大海，勤奋学习身体壮，未来之花校园里开。

蓝天高，雁飞来，青青松树排成排，我们携手又并肩，唱着歌儿向未来。圆明园烈火永不忘，雨花台热血胸中澎湃，先烈战旗接在手，我们是奋发的新一代。

蓝天高，雁飞来，青青松树排成排，我们携手又并肩，唱着歌儿向未来。比高山，比大海，比不上我们对祖国的爱，今朝同唱理想歌，明日报国创未来。

同时我和孩子们还确定了我们的班训、班歌、班徽、班旗。

当然，“未来班”不仅仅是一系列外在的标志，而首先是一种内在的集体追求。因此，学生们在确定目标、设计标志后，便把成立“未来班”作为一个集体的奋斗方向。大家为之还定了一些具体的条件，由于目标明确，因此一时间班内风貌明显优于过去，大家在各方面自觉严格要求自己，整个集体朝着自己的目标不断迈进。

形成班级管理独特的基本模式

在我和学生们的共同努力下，“未来班”渐渐形成了自己一些独特的基本模式——

1. 轮流“执政”的干部制度。“未来班”的班委干部都是自愿报名，通过竞选产生的。班委一般成员半学期更换一次，班长一学年更换一次，不得连任。到了毕业时，全班绝大多数同学都已担任过班干部。这种学生干部制度，体现了学生高度自觉的班级主人翁责任感，同时，又有利于学生在竞争中培养自己的各种创造能力和奉献精神。

2. 宜于竞赛的小组结构。“未来班”的每一个学生小组都是由五六位学生组成的有利于全面竞赛的综合性小组：既是学习小组，也是劳动小组，又是体育小组，还是文娱小组等。我在编组时，尽量考虑“人才”（学习、体育、文娱等方面）的和谐搭配，使小组之间的各种竞赛条件尽可能公平统一。实践证明，这种宜于竞赛的小组结构，既有利于小组内同学之间凝聚力的产生、上进心的培养、互助精神的发扬，更有助于整个班级集体主义向心力的形成和进取创造精神的激发，使班集体充满温暖和活力。

3. 发展个性的兴趣社团。除了统一组建的学生综合小组外，为了发展学生个性、培养学生多种能力，“未来班”还有不少课外兴趣社团：“凌云”文学社、小发明组、集邮小组、学生记者组、小剧团、“攀谈社”、小篮球队、小足球队等。这些兴趣社团活动的时间一般是午间、周末或节假日等课余时间。

4. 多元交流的友谊班级。“未来班”先后与乐山市五通桥中学、成都十二中和北京外国语学院的学生班级结成友谊班，把班级建设置于一个更广阔的天地，变思想教育的封闭性为开放性，利用班外的一些积极因素增强班级教育；同时，让学生在与友谊班的交往中增长社会知识，扩展胸襟视野，培养社交能力。

5. 共同享用的集体财物。在班级内部有意识地创设一部分属于大家的共同财物，交给学生自己管理、使用，这也是培养学生集体主义情操的有效方法。在“未来班”，服务性工作都是学生们自愿承担的。每天早晨，教室里保温桶里的开水总是同学们抢着灌满的；课间休息时间，小书柜里几百本书，同学们随看随取，看完后放回书柜，从来没有丢过一本书；讲桌上、窗台上的盆花，不时有同学松土浇水，一年四季，鲜艳芬芳。

6. 陶冶心灵的口琴乐团。“未来班”的口琴乐团是颇具特色而全校闻名的。全班每一个同学都是演奏者。学生进校第一天，我便要求全班同学每人必备一支口琴，口琴乐团便这样自然组成了。我常利用班会课或其他课余时间教学生吹奏口琴。到了初三，我班的口琴乐团已初具规模，除了大多数学生吹口琴之外，还有两名小提琴手和十来名手风琴演奏者。

7. 独立主编的《未来日报》。《未来日报》是由全班同学轮流担任主编“出版”的手抄报。从“未来班”正式成立之日起出第一期，以后每天按时“出版”，星期日、节假日也不中断，直到毕业。《未来日报》的统一要求有：（1）一律四开大小。（2）报头必须有班名、班训、班徽图案、主编姓名、期数和“出版”日期。（3）报纸的所有内容均是主编一人撰写，不得有一点转抄。(4)排版、抄写、美工等也由主编一人独立完成。《未来日报》确实体现了学生集体观念与创造精神的有机统一。

8. 记录班史的班级日记。从新生进校的第一天起，便由值日生写每天的班级日记。班级日记有两个基本要求:(1)认真按时完成，不得有缺漏。(2)忠实记下班上的各项成绩、存在的问题以及班内当日发生的各种大事或变化等。

以上这些做法，今天看来也许算不上什么；但在20多年前，它们却显得很有新意，甚至可以说富有创造性。

从初一到初三，两年多时间过去了，当初学生们给自己提出的目标基本达到，成立“未来班”的条件基本具备，于是在1984年1月1日这一天我们举行了隆重的“未来班”成立大会。在热烈喜庆的气氛中，唱起了班歌，宣读家长的贺信、老师致辞，同学们互相祝贺勉励，大会还通过了将收到的一笔家长贺款捐赠给北京圆明园修复工程处的决定。最后，同学们表演了自己编写的三幕话剧《相会在未来》。

第一个“未来班”毕业以后，我在总结经验的基础上，又开始了在初八七届一班建设第二个“未来班”。

引导学生自己教育自己

应该说，未来班的确是非常纯洁的，或者说我的确在一定程度上实现了我的愿望，让《青春万岁》里的中学生风采在我的班上得以重现。

更重要的是，未来班实验让我第一次对教育有了比较深入的思考——虽然这些思考今天看来是那么不成熟，但毕竟是我自己从教育实践中得到的感悟。其中，最重要的体会是，真正的教育是教会学生自己教育自己！这个观点当然不是我的原创——苏霍姆林斯基对此早有过很精辟的论述，但我在这方面却有着自己的创造性实践和切身体验。

刚参加工作时，我眼睛里的学生是一张白纸——无论是知识能力还是思想品德，都需要教师去传授、培养、灌输、塑造。其实，不只是我，不少教育者也往往视学生的心灵为未开垦的处女地，而总想在这片不毛之地上播种、耕耘、收获。于是，说教式教育产生了，总是企图在学生“空荡荡”的思想容器里注入些“美好的思想”。

我刚参加工作不久，就因过度疲劳患上神经衰弱症而住进了医院。有一次，学生们到病房来看我，一位女生对我说：“李老师是累病了的，同学们都很难过。其实，李老师完全可以相信我们，好多事我们自己都可以做的。”学生们的懂事让我欣慰，他们对我的关心更让我感动，但从这几句话中我意识到了自己教育的不足：我大大低估了我的学生！就组织能力而言，连一群小学生都可以自己组织一场足球赛。而如果说到思想品德，尽管他们还处于成长过程中，但他们的心灵也绝不是一片空白。至少对初中生来说，他们的心灵中本来就存在着固有的美德因素，因为从幼儿园起，他们就受着来自不同方面的良好教育；到了初中阶段，即使是品德再恶劣的学生，其心灵中也有美好的东西。所以，我们面对的教育对象，绝不是一块处女地，而是一片已经或正在生长着美好幼苗的肥沃田地。教师的责任，在于发现、扶正学生心灵土壤中的每一株幼苗，让它不断壮大，最后排挤掉缺点的杂草。因此，教育工作者面对学生，首先不是“灌输”，而是“发现”；同时也教会学生自己“发现”，自己改正缺点。

还是苏霍姆林斯基告诉我：“教育这个概念在广义上就是对集体的教育和对个人的教育的统一，而在对个人的教育中，自我教育是起主导作用的方法之一。”他甚至强调：“真正的教育是自我教育。”那么，如何教会学生自己教育自己呢？实践告诉我，教师首先应教会学生自己发现自己身上美好的东西，并自觉地将它巩固和发展，以逐步战胜自身的缺点。

“未来班”有个男生韩小军，在初一、二年级时，让许多老师头疼：课堂纪律较差，常常说话打闹，当然也有安静的时候——打瞌睡；学习更是懒散，我多次留他补作业，直到天黑；他的成绩当然很差。我多次找他谈心，阐述学习的重要性，不厌其烦地家访，这些都收效甚微。但我发现他有个很可贵的品质：劳动极为踏实，从不要滑头。于是我多次在班上表扬他这个优点，同时又惋惜地对他说：“唉，要是你在学习上也敢于吃苦就好了。”劳动技术的老师也经常问他：“韩小军，你劳动这么出色，你的学习怎么样呢？”另外，他爱好无线电，但他家里极为反对，不准他订《中学科技》，我对他说：“我支持你爱好无线电，《中学科技》就订在我这里吧。但是，你的学习很差，肯定会影响你这个爱好……”这一切，显然触动了韩小军的心灵，渐渐地，在学习上他明显地刻苦起来，早起晚睡地学习，课堂纪律也进步了，最后，从未来班毕业时，令人惊讶地考上了重点高中。他学习态度和学习成绩的巨大变化，是足以说明学生是可以利用自己的优势，战胜自己的缺点的。

教会学生自己发现、认识自己的优势，并保持、发展这种优势，不断自觉地战胜自己的弱点，这是思想教育的艺术所在，真正掌握这门艺术，需要终身的探索和奋斗。

班主任的苦与乐

当教师“苦”，当班主任更“苦”，这是不言而喻的。但“苦”中之无穷之乐，乐中之无尽之趣，却不是每一位班主任都能体会得到的。明代学者章溢早就说过：“乐与苦，相为倚伏者也，人知乐之为乐，而不知苦之为乐。”

我们常常会听到一些年轻班主任抱怨：“我整天都围着学生转，从催促早操到检查晚寝，还要找人谈心……忙死了！”是的，如此披星戴月的确比一般任课老师辛苦，但这何尝不是班主任特有的幸福源泉之一呢？与学生朝夕相伴之际，师生感情就更为深厚；与学生促膝谈心之时，师生心灵便更加贴近。比起其他任课老师，我们同学生的接触要密切得多，对学生各方面的关心越无微不至，我们得到的来自学生的爱也越丰厚。相信所有真正热爱孩子的班主任都有过这样类似的经历和体验：当你和学生一起出去郊游时，在纵情嬉戏中，你会感到自己不知不觉走进了学生的心灵，自己也变年轻了；当你重病在床时，最能给你安慰的，是床前学生的微笑和他们送上的一束鲜花；当学生毕业前夕，在他们依依不舍的眼神里，你会发现，学生最留恋的老师，还是他们平时有些“惧怕”甚至有点“怨恨”的班主任……面对学生爱的回报，作为呕心沥血的班主任，我们会感到由衷的欣慰：也许我们的收入远不及那些“个体摊”上的买卖人，但我们从事的不仅是太阳下最高尚的职业，而且也是地球上最幸福的事业！因为我们拥有几十颗童心，这是何等优厚的精神财富啊！

当然，对于具有创造精神的班主任来说，他得到的精神财富还不仅仅是来自学生的敬意，更有来自事业的硕果。

谁都希望自己在事业上有所成就，然而现在一些教师（特别是一些刚分配到学校的大学生）都宁愿把这份事业心用于学科教学，而不看重班主任工作；即使当了班主任，也不愿下功夫研究。因为在他们眼中，班主任工作不外乎就是管管纪律，哄哄孩子，要么当“警察”，要么做“保姆”，总之，作为“研究”对象，实在搞不出什么“名堂”。另外从客观上看，班主任工作比起单纯的知识传授要复杂、困难得多，既无现成的教材，也无具体的模式，而且周期长，见效慢，往往辛辛苦苦做了许多事，也很难立竿见影。尤其在前几年忽视思想政治工作的大气候中和目前片面追求升学率的巨大压力下，搞德育研究更为艰难，其收效远不如搞一套高考复习资料来得快……如此种种，使班主任科研长期以来一直得不到应有的重视，也使具有中国特色的“班主任学”至今未能真正建立。

从科研角度看，班主任工作当然很难搞，但正因为“难搞”，它才更具价值。由于种种原因，中国的教育理论相对来说是落后的，而在教育学理论中，德育理论研究又是最薄弱的部分。这使不少教师做起班主任工作来感到“无章可循”“无本可依”。然而，德育理论的暂时困乏恰恰为一切有事业心的班主任提供了一块开垦耕耘的处女地，为我们勇敢探索、大胆创新提供了一个大显身手的广阔领域。比起教育的其他方面，德育的空白要多一些，正等待着我们去填补：德育内涵的研究，德育新内容、新途径、新方法、新格局的研究，现代班主任素质的研究，班组管理科学化的研究，集体主义教育研究，商品经济下的德育工作研究，德育效果的科学评定研究，社会主义民主教育研究，社会主义人道主义教育研究……看，班主任工作是一项多么富于实践性、理论性与开拓性的科学事业啊！因此，班主任绝不应该是“警察”或“保姆”，而是真正的“人类灵魂工程师”，只要我们善于思考、勤于实践、勇于创新，就会比单纯的任课教师取得更丰硕的教育科研成果。当然，还必须说明的是，从事德育研究与从事教学研究并不是矛盾的，二者往往互相促进、相得益彰。从苏联杰出的教育家苏霍姆林斯基，到中国年轻的教育家魏书生，都说明真正的教育家必然既教书又育人，仅仅凭学科教学而成为教育家的，几乎没有！

作为教师，面对的永远是朝气蓬勃的脸庞，这是多么令人欣喜；作为班主任，面对的永远是晶莹的童心，这是多么令人骄傲；作为教育科研工作者，面对的永远是挖掘不尽的宝藏，这是多么令人自豪！献身于这平凡而崇高的事业，一切辛苦都是甜蜜的。正如青年马克思所说：“如果我们选择了最能为人类福利而劳动的职业，那么，重担就不能把我们压倒，因为这是为大家而献身；那时我们所感到的就不是可怜的、有限的、自私的乐趣，我们的幸福将属于千百万人，我们的事业将默默地、但是永恒发挥作用地存在下去，而面对我们的骨灰，高尚的人们将洒下热泪。”

从参加工作至今，我已经连续当了近20年班主任了。了解我工作特点的朋友都说我“工作起来简直不要命”，也有人惊异于我在如此“不要命”的工作投入中竟然发表了那么多的文章，有那么多的书出版！其实这二者是统一的，或者说是互为因果的。我曾经对一些青年班主任朋友说过：“你越是和学生打成一片，你就越有感情收获；而你越是有感情收获，你就越想与学生打成一片。这是班主任工作中的‘感情良性循环’。”同样的道理，当我们越是全身心地投入，对教育就会有越来越多的感受和思考，自然就会有越来越多的教育成果；而这些成果又会鼓舞和激励着我们以更大的热情投入班主任工作中去——这是我们事业上的良性循环。有人问我：“当班主任真的不累吗？”我反问道：“那些通宵打麻将的人累不累？——人啊，一旦迷上了什么特别感兴趣的东西，是无所谓累的。”

班主任的解放

当教师累，当班主任更累。许多教师宁愿多上些课，也不肯当班主任，这使不少学校领导头疼。如果我们仔细观察分析目前班主任工作的状况，就会发现，教师们不愿当班主任，并不一定是怕累——对于一个有事业心的人来说，只要有兴趣、有价值，工作再累也不会觉得苦。问题在于，由于学校领导在管理使用与评价等方面的不甚科学，加之班主任自身工作方法的陈旧落后，造成了目前不少班主任的低效劳动甚至是无效劳动，使班主任们累得冤枉。为了让班主任在思想上、行动上能轻装上阵，切实成为“灵魂工程师”，把整个学校的班主任工作提高到一个科学的层次，我们郑重提出：解放班主任！

“解放班主任”的途径主要有二：学校领导对班主任的科学使用与科学评价；班主任在思想上、行动上的“自我解放”。

一、学校领导对班主任的科学使用与科学评价

科学使用班主任，就是要科学地划定班主任的权力与责任以及与之相关的工作内容。现在的普遍情况是，班主任工作“严重超载”：既要管学生，又要管家长，还要管科任老师；既要管学生校内纪律，又要管学生校外表现，还要管学生家庭教育；除了班级纪律管理、思想教育，还要具体督促检查甚至辅导学生各学科学习……真所谓“班主任工作是个筐，什么内容都要往里装”。班主任的责任似乎无限大，因为他什么都要管而且必须管好；同时班主任的权力似乎又无限小，因为无论是谁都可随时给班主任下达任务，是一个忙忙碌碌的办事员。如此穷于应付，疲于奔命，班主任哪有精力去“塑造灵魂”？因此，“解放”班主任的首要条件是科学划定班主任的权力与责任。我们认为，班主任最基本、最主要的任务就是学生思想教育和班级常规管理，他的权力与责任也只在这个范围之内。至于学校工作的其他方面，班主任只是协助而已；若凡是与学生有关的事都把班主任推到第一线，那么试问：学校非班主任人员的教书育人、管理育人、工作育人、服务育人又从何谈起呢？

科学评价班主任工作，也是“解放”班主任的关键，现在对班主任的片面评价主要表现在三个方面：一是简单而庸俗的“量化”，计划、总结的份数，纪律、卫生的分数，做好人好事的次数，上交学校广播稿、壁报稿的篇数等。姑且不论如此“量化”是否真能反映出一位班主任的成绩，单是这种形式便使班主任有做不完的统计、填不完的表格、挣不完的分数，忙于种种检查评比而不得不把科学细致的思想工作置之一边。二是“以智论德”，不管班主任平时做了多么深入扎实的学生思想工作，不管这些工作带来了多么良好的班风，只要毕业考试成绩不理想，尽管其原因是多方面的，但往往一律归咎于班主任。三是提倡并鼓励班主任当“保姆”，越是陪着学生自习，守着学生做操，钉着学生扫地的班主任，得到的评价就越高，而那些培养学生自育自治能力，放手让学生自我管理的班主任，往往被视为“不负责”“不深入学生”“放大水筏子”……如此评价班主任，班主任的手脚怎么会不被束缚？我们不反对科学量化，但班主任工作的效果并不是都能量化的；学生成绩当然反映了班主任工作的一个重要方面，但毕竟只是一个方面而非全部；班主任事必躬亲的精神固然可敬，但“垂拱而治”“不战而屈人之兵”的管理方式更为合理科学。因此，只有使班主任工作得到

全面科学公正的评价，班主任们才可能从沉重的体力负担与心理负荷中解脱出来。

二、班主任在思想上、行动上的“自我解放”

“解放”班主任，不仅仅是学校领导的事。对于每一位班主任来说，更应主动在思想上、行动上“自我解放”。思想上的“自我解放”，就是要勇于更新教育观念；行动上的“自我解放”，就是应善于改革教育方法。

更新教育观念，要求班主任用教育科学理论武装自己的头脑，明确自己的使命是塑造灵魂，而非管制学生；自己的身份是学生思想的引路人，而非学生集体的独裁者。在此基础上，班主任的思想观念应实现三个转变。

一是变事务应付为教育科研。班主任随时以科研的态度来对待自己的每一项工作，把自己所带的班级当作自己的教育科研基地。要根据实际情况善于提出科研课题，并紧紧围绕课题去思考与实践，减少各种事务对自己的干扰。这样班主任会觉得每一天的工作都会有新的发现、新的收获，因而同样紧张的工作却变得有兴趣、有意义了。

二是变个人权威为集体意志。一些班主任之所以感到太累，原因之一是他们过分注重自己的个人权威，对班上的事什么都不放心，非自己亲自过问不可，然而，由于集体意志并未形成，班主任的努力往往收效不大，这自然使他们感到力不从心、精神疲惫。一个班当然离不开班主任的个人权威，但这个人权威应该通过健康舆论、班级法规转变为集体的意志，使班级由“我的（班主任个人）”变为“我们的（学生集体）”，这样，班级凝聚力才会形成，班主任的工作才容易事半功倍。

三是变孤军奋战为师生合作。这是教师个人权威转变为学生集体意志后的必然结果。孤军奋战的苦与累，想必每一位班主任都体会过，但未必每一位班主任都能醒悟，这种“苦与累”是自己的错误观念造成的。既然认为这个班只是班主任个人的，既然不相信学生的自我管理能力，那么，凡事当然就只有靠班主任一人支撑了。其实，班主任完全应该也可以把一个班级的重担让几十个学生分担的。不要老是认为学生自觉性差，能力不强。实际上，学生源于教师对自己的信任而产生的自觉性是不可忽视的，学生潜在的组织能力、管理能力更是不可低估的。因此，所谓“培养学生的自觉性与能力”，首先就是班主任为学生提供自我教育与管理的机会，而不是“手把手地教”。当每一个学生都以主人的姿态与班主任协力建设班集体时，班主任还会感到累吗？

改革教育方法，目的在于使班主任摆脱繁多杂事的缠绕。这可以从两个方面入手：大胆放手民主管理。前面已说，班主任的基本任务是学生思想教育与班级常规管理，因此，班主任大可不必面面俱到，越俎代庖。要分清哪些工作是自己义不容辞的事，哪些则仅仅需要自己当参谋、出主意，明确之后，该减则减，该丢则丢。若班主任一人“兼任”文娱委员、体操教练、生活保姆、教导主任……则往往心力交瘁，事倍功半甚至得不偿失。班主任工作一旦减肥消肿，班主任的精力会更集中，其工作目标更明确，工作效率也会明显提高。另外，即使对属于班主任分内之责的班级常规管理及各种事务，班主任也不应该一手包办，而应放手让学生学会自己管理班级，处理班级事务。所谓“民主管理”，绝不仅仅是依靠几个班干部，而是要引导学生制定出班级规范，以制度的形式来保证每一位学生都有参与班级管理的权利与义务，同时每一个人（包括班主任）都受到班集体的监督，一句话，变以“人”（班主任）治班为以“法”（班级规范）治班，使学生真正成为集体的主人。诚如是，班主任自然便从繁重的事务性劳动中解放了出来。

“解放班主任”的意义，在于使班主任由体力型的勤杂工成为科研型的教育者。因此，班主任获得“解放”之后，肩上的责任不是更轻了，而是更重了，但与以前不同的是，班主任真正还原成了“人类灵魂工程师”，他可以有充裕的时间找学生谈心，深入学生心灵，研究学生思想，把学生思想工作做得更细更好；他可以有充沛的精力结合一个班的教育实践，思考、探索教育改革，进行教育实验；他可以看书学习，进修提高，不断吸取新知识，充实自己；也可以撰写论文甚至著书立说，为中国教育的现代化做出自己的理论贡献……当然，随着班主任的“解放”，学生能力的锻炼与提高，学校其他职能部门工作的强化，也是不言而喻的。由此可见，“解放班主任”不但应该而且势在必行！

做胸襟开阔、心灵自由的班主任

我曾在1991年的《班主任》杂志上撰文呼吁“解放班主任”，不少人却对我说“无法解放”，理由是“学校领导不愿‘解放’我们”。这实在是对“解放班主任”的一种误解。我所提倡的“解放班主任”并不是针对学校领导的“争自由，求解放”，而是班主任在民主和科学教育思想指导下的“自我解放”。这里的“自我解放”主要应该体现在两个方面，即改进方法以减轻工作负担和调节心理以缓解精神压力。今天，我着重谈谈后者。

都说当班主任很累很累。在我看来，这个“累”的体现除了工作的繁忙外，更多的在于班主任心灵的沉重，而且“心累”胜于“身累”。比起一般的科任教师，班主任的心理负荷要大得多：领导的评价、同事的议论、家长的批评以及学生的意见……往往都会成为班主任心灵的绳索。因此，正确对待周围的舆论并随时调适自己的心理状态，是每一位班主任精神上“自我解放”的关键。

一、对待领导的评价要冷静

没有哪一个班主任敢说他一点不在乎领导对自己的评价。但是，过分注重领导对自己以及自己所带班级的评价，往往会使自己背上沉重的思想包袱：如果得到了领导的表扬，他可能会喜不自胜而在以后的工作中战战兢兢以期“不辜负领导的鼓励”；如果受到了领导的批评，他可能会万分沮丧而长时间笼罩在失败的阴影之中；如果领导的批评是冤枉了他或者他的班级在德育评估时被莫名其妙地扣了几分，他更可能会睡眠不足、食欲不振、血压上升、肝火旺盛……

其实，领导的评价固然是一个班主任工作好坏的标志之一，但绝不是唯一的标志；而且，我们的工作难道仅仅是为了得到领导的青睐吗？显然不是。因此，我们完全可以用另一种心态来面对领导的评价：领导表扬了自己，说明自己的工作在某一方面达到了学校的要求，但也不过是“某一方面”而已，有啥值得“喜不自胜”的？而且，领导表扬你也就表扬了，你还是一个普通的班主任，你的班级还是一个普通的班级，人家没有也不会把你当成政治局常委来挑剔；如果你太看重得到的表扬并不断警告自己“要谦虚啊”“千万不要翘尾巴啊”，那是你自己太把自己当成一个“人物”了！领导批评了自己，如果确实是自己的错，那没什么，心平气和地接受并尽可能地改正就是了嘛。只要干工作，就会有差错，有了差错挨几句批评谁都会遇到的，无所谓“丢面子”，因而也大可不必“万分沮丧”。至于领导确实冤枉了自己或者自己的班级受到不公正的评价，我的看法是，“冤枉”也罢，“不公正”也罢，由它去！我们的工作又不是为了领导而是为了自己的良心——只要问心无愧，便自有公论。这样一想，保管消肿化瘀顺气。当然，这里实际上还有一个以和善的心绪对待领导的问题。首先，不要动辄觉得领导冤枉了自己，而要仔细检查自己是否有了过失却“当局者迷”；其次，即使领导真的批评错了，也不要轻易认定领导是“存心与我过不去”，须知我们也不时错批评学生呢！既然我们希望学生原谅我们的过错，我们又为什么不可以原谅领导呢？

有时还会出现这种情况，我们在改进班主任工作的过程中，明明自己是对的，却得不到领导的理解和支持，反而还受到指责与批评。这种情形最容易使一些班主任感到委屈因而垂头丧气。每当此时，我们应该通过理解领导来赢得领导的理解。所谓“理解领导”，就是站在领导的角度纵观全局。这样，我们就会看到：某一项符合本班实际的改革，却不一定符合全校的实际；或者某一举措虽然在理论上无懈可击，可是具体实践的条件却还不太成熟；或者某一做法尽管代表了教育改革的方向，但若猝然“一刀切”地大面积推广，只会适得其反……所以，我们与领导的“分歧”，未必是“改革与保守”之争，而往往是局部和整体、设想和操作、渐进和突变等方面的暂时错位。这样一想，我们便会以建设性的积极态度听取领导的意见，进而赢得领导对我们责任心的信任和事业心的理解，并允许或者至少是默认我们在服从大局的前提下所进行的有益探索。当我们的改革实验确有成效的时候，领导的支持便是自然而然的了。

对待领导的评价要冷静，力争做到不因领导的表扬而欣喜若狂，也不因领导的批评而气急败坏。古人所提倡的“不以物喜，不以己悲”，的确是大大有助于心理健康的。

二、对待同事的议论要宽容

“人言”之所以“可畏”，在于它所直接伤害的是人的心灵。但“人言”的存在是不以人的意志为转移的，任何人都不可能不被人背后议论。因此，要想避免心灵伤害，与其徒劳地去“制止”“人言”的产生，不如为自己筑起一道心灵的防线——这道防线便是“宽容”。

我们平时所遇到的来自同事的议论，不外乎三种情况：中肯的批评、善良的误解和恶意的中伤。对于中肯的批评，我们应“闻过则喜”，不应“一蹦即跳”。既然是自己错了，“跳”也没用——那只会显出自己心胸的狭隘。有的人也许会说：“既然是中肯的批评，为什么不当面向我提出，而要在我背后议论呢？”我认为，只要人家说得对，就别计较别人是当面提出还是背后议论；如果硬要“计较”，不妨“计较”一下：为什么别人不愿向我当面提出呢？真的这样一“计较”，可能又会“计较”出自己的一些不足——这不又有利于自己进步了吗？对于善良的误解，也应心平气和地对待。同事之间，在性格特点、处世方式、思维角度乃至教育观念等方面的差异是客观存在的，所以，某些正确的见解与做法暂时不被人接受甚至遭到误解，这是难以避免的。既然人家没有恶意，也就大可不必怨恨人家。明智的做法是，能够解释的尽可能解释，一时解释不清的干脆不解释，自己该怎么干就怎么干；要相信“日久见人心”，更要相信“事实胜于雄辩”——消除误解的最好办法莫过于做出让人信服的成就！

那么，对于恶意的中伤，我们是不是就应该“奋起自卫”“迎头痛击”呢？我的体会是，仍然尽可能地宽容。我们不妨分析一下“恶意中伤”所产生的原因。首先，中伤者往往是心理不健康者；其次，你的某一方面也许比他强那么一点点，使他感到“怅然心中烦”，他需要宣泄；另外，中伤者希望你因受到中伤而火冒三丈，看到你不胜委屈地向群众辩诬、向领导申告、向所有“愿意”听你诉说的人诉说的狼狈样儿，他会获得一种心理平衡。由此可见，恶意中伤者是小人。本不是一个档次的人，他根本无法理解你的思想境界更无法进入你的精神世界，你何必与他一般见识呢。外国谚语说：“当你与傻子吵架时，旁边的观众往往分不清究竟谁是傻子。”正如苏霍姆林斯基所说的“大写的人”，是不可能因小人的流言而失去自己的尊严的。

还应该特别指出的是，同事的议论，绝大多数还是属于中肯的批评和善良的误解，真正恶意的中伤是极个别的。因此，面对不那么中听的议论，我们的确应以宽容之心待之。

三、对待家长的批评要平和

这里的家长当然是指学生家长。班主任的心理压力很多时候来自学生家长——尤其是得知一些家长直接向学校领导“告状”时，更容易怒火中烧，觉得家长们太不尊重自己了。于是，又是找领导解释“那只是个别家长不实事求是的诬告，而且这个家长的娃儿是标准的差生”，又是开家长会“辟谣”，并声明：“有什么意见直接对我说嘛，怎么动不动就捅到校长那里去呢？”说实话，我以前正是这样一个班主任，我也因此常常气急败坏、恼羞成怒，“悲壮”而又滑稽！现在回想起来，自己当初不只是心胸狭隘、认识片面，关键是自己的“家长观”有问题。

学生家长中当然难免有个别修养极差而又道德低下者，但应该相信，绝大多数家长对班主任是真心尊重并对班主任的工作持积极合作的态度的。说得“世故”点，人家把自己的娃儿送到你的手下，他凭什么要无缘无故地与你过不去嘛，一个家庭都会有磕磕碰碰，那么如同一个小社会的一个班的所有成员（当然包括学生家长在内）之间自然会有各种矛盾，家长们对班主任有这样那样的看法、意见，更是再正常不过了。怎么办？根据本人过去的教训，我得出结论：以宽宏的民主胸襟平和地容纳学生家长的各种意见，包括尖锐的批评或者刺耳的“杂音”。如果像我当初那样，总认为：“既然我是一班之主任，那当然就得听我的；家长毕竟不懂教育，如果被家长牵着鼻子走，还要我班主任干什么？”于是，每次家长会都是我的“一言堂”，即使有所谓“家长委员会”，也不过是为了班上的事有人跑腿或者学生春游时找车子方便一点。这样一来，家长当然不敢在我面前“乱说乱动”，而只会对我十分客气甚至毕恭毕敬，但是，校长那里所收到的家长对我的“告状信”却多起来了，于是，我的烦恼也就多起来了——有一段时间，我甚至感到“天长地久有尽时，此恨绵绵无绝期”！反过来，如果我们畅通班主任与家长之间的交流渠道，经常主动听取家长对班级工作的批评，并随时吸收其合理因素改进我们的工作，或者即使家长们的意见不尽合理，但我们也充分尊重他们发表不同看法的权利，那么，一般说来，家长们是会与班主任真诚配合的，我们工作起来也就心情舒畅多了。

当然，即使这样，有的家长可能仍然爱好“直接与学校领导个别交换意见”，我的看法是，这是人家不容剥夺的民主权利，理应受到尊重与保护；至于他向领导“个别交换”的“意见”是否属于“诬告”，是否会有损班主任的名誉，我们应充分相信领导的洞察力与处世水平。“文革”中，曾一度流行苏联影片《列宁在 1918》中一句“名言”:“我们不理睬他！”——“人民委员斯大林”的这句台词用来对付今天某些家长居心叵测的“告状”，倒是十分合适的。

四、对待学生的意见要豁达

在各种舆论中，对班主任心灵最大的伤害，可能莫过于自己学生“反戈一击”的“背叛”——公开与自己“唱对台戏”，或借学校进行教学调查的时候向校领导“告”班主任的“状”……想想看，自己每天早出晚归忙工作，辛辛苦苦为学生，满腔青春血、一把老骨头，换来的竟然是学生的“不满意”！叫人怎能想得通、睡得着呢?！又叫人怎能忍受这窝囊罪、咽下这不平气呢?！

其实，只要我们意识到学生毕竟是学生，而自己是长他们十几岁乃至几十岁的成年人，便什么都想得通睡得着，既能忍受“窝囊罪”又能咽下“不平气”了。既然是学生，他们必然不成熟：胸无城府，说话直率，思想偏激，认识片面……他对我们提意见甚至是不太实事求是的“意见”，一般都不是因为师生“感情危机”，更不会有什么恶意。觉得不满意，就要说出来——这就是学生的幼稚之处，也正是他们的可爱之处。当然，很多时候，学生的意见的确与实际情况多少有些出入，这往往并非他们有意“乱说”，而是因为他们儿童式的思维导致他们“判断失误”。比如：课堂上他答不出问题，老师叫他站着想一下，他可能便会认为老师是在“体罚”他；老师偶尔有过两次几秒钟的迟到，学生便可能在下一次教学调查中说老师“经常迟到”（因为在他们看来，老师有一次迟到都是不应该的）；在一次轻松活泼的教学气氛中，教师爱抚地称学生为“小傻瓜”，虽然大多数学生都不会觉得难堪而只会感到亲切，但可能便会有个别学生认定“老师是在侮辱我们”……凡此种种，我们能与学生斤斤计较吗？当然也可能会有因常挨老师的批评而借“反映教学情况”“报复”班主任的个别学生，但作为思想境界远在学生之上的教育者，也是不屑计较这些的。也许有人会说：“我当然不会计较，但领导却会以此来‘计较’我！”对此，还是用得着一句话，即“相信群众相信党”。“相信群众”就是坚信自己的工作好坏自有公论；“相信党”就是坚信大多数领导会正确对待学生的意见，并不会仅仅凭学生的只言片语来评价教师。有了这两个“相信”，我们自然就不会背上思想包袱了。

对待学生的意见要豁达，还不仅仅关系到教师的人格修养，更体现出我们民主的教育思想。姑且不论学生们合理的意见会有助于我们的工作，而且班主任主动把自己置于学生的监督、制约之中，这是我们每一位有事业心的教育者所理应具备的现代意识。更何况我们培养出来的学生应该是具有独立人格、平等观念、民主素质的主人，这才能适应将来社会主义现代化中国跻身世界强盛民族之林的需要。如果我们的学生连向老师说“不”的勇气都没有，这不但是我们教育的悲哀，更是未来中国的悲哀！

当然，使班主任感到“心累”的因素还有很多，比如教育过程中的种种难题、升学率的压力以及来自社会对班主任过高的期望值等。但是班主任自己能够尽可能解除的心理重负，我认为就是正确对待领导的评价、同事的议论、家长的批评和学生的意见。常说要注重学生良好心理品质的培养，这是完全正确的；可是教师本身心理素质的自我优化，却还未能引起所有教育者的高度重视。乐观向上，情绪饱满，胸怀坦荡，豁达宽容，正是优良心理品质的体现。唯有在精神上真正站起来的班主任，才能获得彻底的自我解放！法国作家雨果曾用诗一般的语言说：“世界上最宽阔的是海洋，比海洋更宽阔的是天空，比天空更宽阔的是人的心灵！”愿我们每一位班主任朋友都拥有如此宽阔无垠的胸襟与自由舒展的心灵！

展开小组竞争　增强班级活力

小组是班级学生群体的基本单位。小组建设得好，整个班集体自然会呈现出良好的班风，这应该是一个显而易见的道理。然而，以前虽然我在班上一直都设了小组，但其作用并未显示出来或发挥得不明显，究其原因有四：一是教师本人思想上重视不够，总以为小组这种传统形式在新时期德育工作中已难以发挥出更多的教育效益。二是分组不科学，以前班上的小组多是以学习成绩好坏来搭配或以方位座次来组合，而且班内各种小组太多（卫生小组、学习小组、体育锻炼小组等），这在客观上也阻碍了小组积极作用的发挥。三是小组之间缺乏积极的竞争，每个小组很少把自己放在全班的位置中进行建设，久而久之，小组缺乏生气，便成了一种形式而已，最多不过是一个清洁卫生单位或作业收交单位。四是虽然往往每期都在搞先进小组评比，但由于评比缺乏客观标准，大多是凭印象评比，因此评比也流于形式，使小组建设缺乏内在的动力。

针对这些问题，为了有效地发挥小组建设在班级教育管理中的积极作用，最近我在班内小组建设方面进行了一些尝试性改进与探索，以试图赋予“小组”这种传统的班级管理形式以时代精神与新的生命力。这种改进与探索的核心便是引进竞争机制，开展小组之间的各种竞赛，以推动班级建设的蓬勃发展。

具体做法如下：

1. 分组合理。小组类型太多等于就没有小组。为了便于竞争，我在班上只设一种综合小组，这种小组一旦建立，便“永久”不变，而且既是学习小组，也是卫生小组，又是体育小组，还是文娱小组……之所以将小组固定不变，是为了让小组在不断的竞争中增强凝聚力，并看到自己的发展情况。由于是综合小组，因此在人员编配时，尽量考虑各种“人才”的和谐搭配，使竞赛的客观条件尽可能统一。这些小组内同学的座位也一直不变地紧挨着，如遇调换方位，也是全组一起换，这样便于小组的课堂学习交流与讨论。

2. 竞赛全面。竞赛内容尽可能包括纪律要求的各方面和班级、学校各种活动。大致有这些方面：（1）课堂纪律；（2）学习成绩；（3）劳动卫生；（4）体育比赛；（5）文娱演出；（6）出勤情况；（7）作业收交；（8）为班出力；（9）行为规范；（10）寝室纪律……

3. 规则统一。开学初，便由班委、小组长开会，拟定小组竞赛的规则。规则大致有这样几点：一是比赛采用积分制，各小组的基础分为 100 分，然后在此基础上或加或减。如每小组迟到一人次，扣 1 分；代表班集体出去比赛篮球每人加两分等。二是比赛规则不追求表面上的绝对“公正”，而要体现出对后进小组进步的鼓励。如每次单元测验完后评比时，小组总分第一、二、三名的分别在小组分上加 3、2、1 分。但同时又排“成绩进步名次”，前一、二、三名的分别加 5、3、2 分。三是这个比赛只是“行为”比赛，而不是“观念”比赛，即仅就学生“做了什么”而展开评比，而不是抽象地评“思想觉悟”。

4. 严格监督。规则一旦制定，便由班干部和各小组长严格监督，具体由班长记载各小组积分进展情况，各小组长也有一本“账簿”，以便查对。积分一月公布一次，使每组都明白本组在全班的地位。

5. 客观评比。竞赛情况绘成图表贴在教室里，同时，班长和小组长每人手里都有一个底表，这样到了期末评选优秀小组时，根本不用再人为地凭印象“评比”，只消看竞赛表上的积分，优秀小组自然便产生了。

一期的小组竞赛活动，使我有以下感受：

1. 竞赛活动确实使小组产生了内在的凝聚力。组员们不但空前团结，而且为了使本组在竞赛中取胜，纷纷自行制定了“组规”，以保证互相监督，真正强化了每个学生的“小组意识”。

2. 小组凝聚力的产生自然带动了班级风气的好转。比如，以前有的同学不爱学习，现在为了小组荣誉，不但同组同学会督促他，而且他本人也情不自禁会勤奋起来。小组内部、组际之间交流学习蔚然成风。再如，以前教室后面墙上的板报一直办得不太好，现在分到小组，而且纳入评分，每个小组都非常认真，可以说是一期比一期好。

3. 竞赛评比使一些不好督促检查的要求也得以落实。如《中学生日常行为规范》，以前说过多少次，但总不好检查。现在将此纳入评分，一些最细小的要求（如“坐、走姿势端正”“衣着整洁”等）学生也不敢不做到，因为一旦老师、同学发现违反规范，便要扣小组的分。又如教室里不随便扔纸屑，以前也是“老大难”问题，而现在根本不用我操心，每天中午自会有卫生小组检查扣分。这样一来，卫生状况的保持大大优于过去。

最后，还想谈谈两点认识。

第一，组织小组竞争，只是班级管理的一个手段，是班主任工作的一部分，它不可能一劳永逸地取代其他工作。因此，过分夸大其作用也是不合适的，我们在抓小组建设的同时，也应抓好其他班级教育管理工作。

第二，我想谈谈对“德育量化”的不同看法。我认为，德育是一项复杂微妙的精神创造，其效果既是长期的、潜移默化的，也是综合性的（即既有观念的——思想、情操、修养、习惯、情趣，又有行为的——各方面的表现）。而且同教学相比，教育具有“非实验性”，因为不好控制各种干扰因素。因此，在这个意义上说，“德育量化”的提法虽然新颖，却不科学，被“量化”的只是“表现”，而非德育全部效果。小组竞赛也好，操行评分也好，都只是如前所说的“行为”比赛，它可能（仅仅是可能）是德育效果的一部分，可以是德育效果的参考，但绝非“量化”后的德育，因为德育无法真正量化，如果我们片面追求“德育量化”，势必使我们已经开始的德育改革回到过去政治思想工作的形式主义老路上去。

假集体主义倾向的防止

在通过班级建设对学生进行集体主义教育的时候，我们还应警惕和防止目前学校教育中实际上已经出现的假集体主义倾向。何谓“假集体主义倾向”，主要有以下种种表现。

1. “集体”对个性的压抑。这样的“集体”看起来也许纪律良好，团结一致，但这是以压抑学生个性作为代价换来的，学生在性格、兴趣、才能、思维等方面的个体差异都被“集体”强行“统一”起来了，学生任何一点与众不同，都会在“服从集体”的名义下渐渐消失。学生只有绝对服从，而无任何相对自由；“集体”只有整齐划一，而无半点生机活力。我们所期待的充满真正集体主义气氛的班级，应该是每一个学生个性发展的良好环境。在这样的集体中，同样不可缺少统一的目标、严格的纪律，同样需要学生对集体利益的服从，但从某种意义上说，这些都不是目的而是手段，是为每个学生个性发展服务的。只要不违反纪律，不损害集体利益，集体就应该对学生各方面的“异常”甚至“异端”充满宽容。“一千个人便有一千种智慧。”通过班集体，学生能够以各种方式发现、发挥、发展自己独特的禀赋与才能。而几十个个性鲜明、才华各异的学生又组成了一个既有统一意志，又有斑斓色彩的富有个性的集体。

2. “集体”对教师的依赖。学校不乏这样的“优秀集体”——课堂纪律良好，集会秩序井然，公益劳动积极，文娱活动踊跃……但其中都有着班主任身先士卒的辛勤身影，一旦失去班主任的率领或守候，紧凑的集体便成了一盘散沙。这样的班级，缺乏自我管理的机制，它的形成、维持与“发展”都是班主任一手操办而成，它始终处于班主任威严的注视之中。集体主义真正深入学生心灵的班集体，首先应该具备自我教育、自我管理的能力与机制——不仅每一个学生（当然首先是学生干部）有着高度的自觉性、责任感，而且还应有来自学生的科学的管理制度。当然，在班集体的草创阶段，班主任事必躬亲不但应该而且必须，但是，集体一旦初步形成，班主任应“退居二线”，“宏观指导”。要让学生意识到，这个集体首先是“我”的，而不是班主任的。对每个学生而言，他如果违反了纪律，不只是感到“对不起老师”，更是“对不起我心爱的集体”。仅仅凭班主任的严厉或感化而形成的“良好班风”，永远不可能是真正的集体主义。

3.“集体”对虚荣的追求。我们认为，就班级建设而言，集体主义首先是一种内在的凝聚力，而不是外在的装饰品。但现在把集体主义当作班级装饰品的情况并非少见，在一些教育者的眼中，集体主义教育的成果，仅仅是一面面卫生红旗、一张张文娱奖状、一次次板报表扬……当然，良好的班集体理应争取在学校的各种评比中取得好成绩，积极参加学校各项集体活动本身也是集体主义教育的一种形式，问题在于，如果离开了班级内部的和谐团结，离开了唤起学生心灵深处对集体的浓厚感情，而只是一味忙于应付或主动追求各种各样的学校评比（甚至有时有的学生为了“集体荣誉”而不惜弄虚作假），这样的“荣誉”再多，也不足以证明集体主义教育的成功，相反，只会助长学生虚荣心的产生和发展。集体荣誉当然是任何一个班集体都需要的，但它不应是靠“专门追求”而获得，而应该是学生把集体主义思想化为自己对集体的责任感后水到渠成的自然硕果。

4.“集体”对外界的排斥。这样的“集体”也有着很强的“凝聚力”，但这是出于一种狭隘的小团体主义。学生为了本班的利益不但不会顾全大局，而且还往往有意以各种方式损害兄弟班级的利益。这种班级的学生对别班的成绩总是充满嫉妒，对别班的失误总是幸灾乐祸，而对本班的过失又总极力掩饰，每当参加学校各种大型比赛活动，为了“集体荣誉”总会与外班发生一些矛盾甚至冲突。这种盲目排外的、充满狭隘的小团体色彩和江湖义气的“集体主义”，与我们所说的作为共产主义道德基本原则的集体主义是毫无共同之处的。我们对学生进行集体主义教育的最终目的，显然不是让学生仅仅爱一个班，而是要让学生的集体观念升华为对学校、对社会、对祖国、对人类进步事业的感情与责任。

以上这些假集体主义倾向的表现，都是以集体主义教育的名义进行的与集体主义思想背道而驰的有害教育，虽然这种有害教育并不一定是我们教育者的主观追求，而且这些倾向可能还不为每一个教育者所觉察，但它对我们教育的危害是严重的。还应特别指出的是，假集体主义倾向的出现，固然同班主任思想观念、工作能力有关，但更与学校领导对班风评价的标准有更大关系。现在有些学校领导对班风的评价，往往是重共性统一，轻个性特色；重教师躬行，轻学生自理；重外在评比，轻内在凝聚……凡此种种，实际上助长了假集体主义倾向的形成。因此，假集体主义倾向的克服，除了要求班主任提高认识、改进工作外，更需各级领导更新教育观念，科学而全面地评价教育成果。

怎样处理“早恋”

我班学生已进入初三，我也遇上了往往使教师感到棘手的“早恋”问题，在并不太成功的处理过程中，颇有感触。

一、不是“早恋”，而是“早念”

教育者首先应对这类现象的出现有科学而清醒的认识。漫不经心、不以为然甚至放任自流固然不对，主观臆测、危言耸听乃至如临大敌更不足取。我们一些教育者之所以失策往往是因为后者。

我不必在此过多引用青春期心理特征的有关资料，我只想提出这样一个看法，就绝大多数学生而言，他们那种“朦朦胧胧的意念、感情”，实在不是“早恋”——“过早恋爱”，而是“早念”——“过早的意念”。我不是在此玩弄文字游戏。真正的恋爱实在脱离绝大多数中学生的实际，而对异性产生一种倾慕、好奇、向往的意念，确实是少男少女们容易不知不觉产生的一种感觉。

“的确我有一种朦朦胧胧的感觉。由于我的成绩不太好，她常帮助我，我很感激她，也很尊敬她，我也说不出是什么样的感情，反正我对她有好感。”（摘自一位男生的来信）请看，这种“感激”“好感”“尊敬”，连学生自己也说不出是什么样的感情，却往往被教师“一针见血”“明察秋毫”地断定为“早恋”。一旦如此，无论是学生，还是教师，都感到后果是“不堪设想”的了。如果说在教师看来，“悲剧将会发生”，那么，正是教师本人揭开了“悲剧”的序幕。

二、不要把学生往坏处想

我并不主张“教育万能”“感化万能”，对于个别确实思想下流、行为违规的学生，我是力主严肃处理的。但我同时又主张，如果我们真的不得不开除一个学生，那么教育者（教师和家长）都应该反思：在这个学生堕落之前，我们对他的无可厚非的“朦胧情”是予以应有的理解和尊重呢，还是一下把这个学生想得很坏而在思想上归之为“品质不好的学生”？

初中生产生“朦胧情”，就绝大多数人来说，还是出于一种既幼稚又纯洁，既荒唐又美好，既感到羞涩又感到兴奋，既觉得不切实际又觉得庄严崇高的矛盾复杂心理。教师如果对此予以充分的理解和尊重，学生是会乐意接受引导的，甚至会充满信任地向教师吐露心曲。相反，教师如果把学生想得很坏，那么，学生会警惕地与教师拉开心理距离。这样，教师的任何“苦口婆心”都是徒劳的。

当然，由于习惯势力的影响，不少学生自己也会因有“朦胧情”而把自己想得很坏，这就更需要教师的抚慰了。“李老师，当我知道我有这种想法时，我感到自己是一个卑鄙下流的小人，甚至有一种犯罪感。想压抑自己的情感，可是，我的努力是徒劳的。李老师，只要您肯帮助我，我一定听您的话！”（摘自一位女生的来信）我同这位学生谈了整整两个钟头，主要是肯定她这种感情的纯洁和美好（这似乎有点“大逆不道”，但确实是减轻她负罪感所必需的），然后再告诉她解脱的办法。过了一段时间，我问她：“还在想他没有？”她爽快地回答：“不想那些了！”如果当初我也认为她“坏”而居高临下地帮助她，说不定她至今还在“负罪感”中挣扎或干脆“堕入情网”。

这里我想引用苏霍姆林斯基的几段精辟论述：“尊重、关怀、细心、掌握分寸等原则在这里具有决定性意义。爱的情感的产生，犹如含苞待放的花，它是长成芳香的玫瑰还是带刺的飞帘，这有赖于我们教师的爱护和教育。当然可以把它剪断或连根拔掉，但这样做就会严重伤害一颗敏感的心，一株新发的幼芽就会长成畸形。”“对学生的精神生活和他们的隐秘角落采取粗暴的态度，最容易从男女青年的相互关系中驱逐出一切高尚的、有道德的、明快的审美情感，并把爱情的生理本能的一面推到首位，激起不健康的好奇心，使男女同学更加疏远，对交往产生一种难忍的恐惧症。”“对待青年男女的爱情持轻蔑乃至嘲讽的态度，恰恰说明教师的教养水平低。”

（均摘自《爱情的教育》）

三、善于掌握引导的主动权

当教师忙于找“早恋”者谈话时，他已经当了消防队员的角色了。当然，为了防止学生的感情泛滥而造成严重的后果，“灭火”措施是应该而且必需的。但是，教育的机智在于善于掌握主动权，随时走在学生思想发展、心理发育的前面。而要防止学生的“朦胧情”发展成真正的早恋，那么就必须在学生还不太懂这些，还不可能产生这种感情的时候开始做工作。

学生刚进入初三，我分别对男同学、女同学进行了一次题为“珍惜青春，珍重人生”的集体谈心，主要有三个内容：（1）我们的心灵深处可能会发生什么变化？（2）自己怎样认识这些变化？（3）我们该怎样办？我跟学生谈心时的第一句话是：“从你们进初一起，我就盼望着今天这次谈话。”

的确如此，我刚接到这个班，就有意识地做了大量有助于引导学生安全度过青春期的工作。首先，是设法通过各种活动创造一个精神生活充实、健康的班集体，提倡并鼓励男女同学之间的正常交往，如互相串门、一起旅游、书信来往、结伴回家等。其次，平时在学生面前对男女方面的问题不回避，正面解释，消除学生对此的神秘感。最后，通过各种方式教会学生爱他人，尊重他人，培养学生丰富而高尚的情感。我曾对学生进行过这样的谈话：“怎样的男子汉最有风度”“什么是真正的‘东方女性美’”“伟人的青少年时代是怎样立志的”等。

我不同意这种观点：“早恋”的原因主要是精神上的孤独。实际上，在精神充实的集体中，“朦胧情”往往更容易产生。“一个集体的生活越是丰富多彩，这类问题就越多。”（苏霍姆林斯基语）但是，教师如果掌握了主动权，“朦胧情”就不会发展成为“早恋”，而会升华为对自己、对他人、对集体的美好情感。

明白了这一点，就不难理解苏霍姆林斯基关于“需要在他们刚懂得爱情的时候就教育他们怎样去爱”的观点了，更不难理解苏霍姆林斯基为什么要在他女儿 14 岁生日那天专门给她写一封谈谈“什么是爱情”的信了。

2004 年，在合肥讲学时给读者签名

第六章 班级管理以学生为主体

如果学生具备了献身精神和进取精神，那么，他们会自觉乐意地去组织每一次班级活动，维持班上的好风气，想方设法帮助后进同学，这样，学生干部工作热情的源泉，就由兴趣、表现欲上升为一种义不容辞的责任感了。如果教师善于培养并保持、发展这种责任感，那么，它将会由对一个班集体发展升华到对社会、对祖国的责任感，这才是我们培养学生自治能力的根本目的。

让每个学生都成为班级管理者
——谈学生干部的培养

培养学生干部，班主任首先应具备崭新而科学的“学生干部观”。优秀的学生干部无疑是班主任的得力助手，但又不仅仅是助手。他们既在工作上给班主任以有力的配合，又代表全体学生对班主任工作进行有效的监督。同时，我们培养学生干部的目的，也不只是为了自己图个轻松，而是为未来培养组织者、管理者的幼苗。有了这些基本的指导思想，在培养学生干部的具体实施方面，笔者有如下建议。

一、学生干部的培养应面对全体学生

如果我们把学生干部的培养放在育人的高度来认识，我们就不会仅仅着眼于少数学生。从教育心理学的角度看，每个学生都希望自己受到信任，渴望自己的长处得到展示，这种正常心理，理应被教师尊重。至于怎样让每个学生都能当干部，不少班主任有许多有效的具体做法，如“轮流班委制”“值周班长制”“常务班委和执行班委制”等。也有教师担心“轮流执政”会削弱班干部队伍的稳定性，使班级缺乏学生核心，从而影响班级建设。为防止这种情况，班干部的配备组成，可采用相对固定与短期轮换相结合的办法。比如，班长任期可长达一年，一般班委任期一学期或半期，小组长任期一个月或半期等。另外，平时一般班委的变动，也不宜“一锅端”地全部换，而应部分调整，逐步轮换。

二、学生干部的培养关键是思想观念的培养

1. 服务意识。学生干部也应“新官上任三把火”。不过，这里的“火”既不是“开场戏”，更不是“下马威”，而是“冬天里的一把火”——对同学真诚周到的关心。我经常这样对新任学生干部讲：“你们上任后一个月之

内，只做一点:尽可能细心地在各方面关心帮助同学。要淡化‘干部’意识，要强化‘仆人’意识。让同学们觉得你们是最值得尊敬与依赖的人。这样，你们的威信便开始形成，并为以后大胆工作奠定了深厚的感情基础。”当然，服务于同学，绝不是“收买人心”的权宜之计。我们要让学生干部在工作实践中逐步明白：自己为同学所做的一切，都不是额外的“学雷锋，做好事”，而是自己的分内之事，应尽之责。

2. 主人意识。既是同学的仆人，又是班级的主人，二者是统一的。所谓“主人意识”，有两层意思：一是工作中要有主动性和独立性，不要老是认为自己是老师的助手而消极依赖、被动待命。二是当老师的工作出现疏漏时，应勇于向老师提出，并协助纠正；同时还要敢于作为同学的代表维护同学们的正当利益。作为班级主人的班干部，他们与同学的关系应是既大胆管理，又接受监督；他们与班主任的关系应是既密切配合，又互相督促。

3. 创造意识。班干部工作确实很辛苦，但如果这些工作同时又是一种创造，那么，辛苦的同时也有快乐，因为创造性的劳动会使人越来越聪明。大到班级管理方式的选择，小到每一项具体活动的设计，都应让学生尽量体现出自己的智慧，使他们随时产生创造的喜悦。

4. 效率意识。教育并教会学生干部注重工作效率，不仅仅是为了给学生节约时间，有利于他们的学习，更是培养学生一种现代观念。指导学生科学安排时间，合理制定计划，学会“一心多用”，善于简洁发言等，都可逐步提高学生干部的工作学习效率。我开班干部会，总是和学生干部一起站着开，这么小小一件事，就增强了学生的紧迫感与时间观念。

三、学生干部的培养更多的是为他们提供机会

上述思想观念的培养，绝不是靠空洞的说教，而是让学生“在游泳中学会游泳”。教师指导当然是需要的，适当培训也未尝不可。但最重要的是，教师要大胆放手，为小干部们提供大量独当一面、大显身手的机会。即使学生在工作中遭到挫折，这也是对他们的必要锻造。何况学生的潜能是不可低估的，几个小学生都可以组织一场精彩的足球赛。学生的个性与潜能一旦发挥释放出来，其工作热情与创造精神往往会使教师惊叹。

四、学生干部的培养离不开学生集体的健康舆论

一般教师往往认为，好的班级有赖于一支好的学生干部队伍。这话只对了一半。还应该说，有几流的班集体，就有几流的班干部。因为班级舆论是否健康，非干部学生对学生干部的评价是否公正，直接影响学生干部的工作热情与工作质量。造就良好的集体舆论，班主任可做这些工作：第一，学生干部的产生，必须经过真正的民主选举，即使学生自荐，也应投票通过。这样才能使学生们感到班干部是“我自己的选择”而非教师的强加，从而有积极配合的思想感情基础。第二，定期让学生对班干部进行评议或投信任票，既使学生干部随时感受到同学的鼓励与监督，又以此引导学生公正无私地评价班干部。第三，期末发动全班同学向班干部写致敬信，感谢他们的辛勤劳动，还可评选“最佳班级活动”“最佳学生干部”等。第四，对少数工作不佳的学生干部，一方面要进行个别的帮助与指导，另一方面要引导学生发现其工作中某一点可取之处，然后在班上大力表扬，以鼓起这些学生干部的热情与信心，使他们的工作能力在自己原有的基础上能有所提高。

以集体的力量影响学生

“让学生自己教育自己”还意味着：让集体舆论影响、促进“后进学生”的转化。这既是指教会每一个学生自我教育，也包括让集体中的一部分学生影响、感化、促进另一部分学生的转化。就目前的学校教育现状而言，后者更重要。

我们往往赞美这样的班主任，他总是善于通过促膝谈心对个别学生进行循循善诱的思想教育。不错，个别帮助有时是很有效的，仍值得提倡，但这绝不是最科学的方法。第一，教师不太可能把过多的精力花在个别谈心上，因为班主任毕竟还有其他大量的工作。第二，对一个“顽固不化”的学生多次谈心，往往只能使他的心里产生厌恶、反感，而面部表情却越来越满不在乎。我就常常陷入这种“山重水复疑无路”的困境之中。但是，

在这种情况下，运用良好的集体舆论，或许会“柳暗花明又一村”，通过学生自己教育自己，有时会收到比个别谈心更好的效果。

杨雪梅最使我棘手，她从小失去父母，因而很自卑，而且脾气很怪，对什么都很冷淡，集体观念也很差，我找她谈了几次，她明显地很反感，于是我决定通过同学来影响她。一次，她在校园里随地扔果皮，被罚扫校园，我没有批评她，而是悄悄叫彭艳阳、王小勤几个同学去帮她扫地，以此感化她。我还叫组长多接近她，首先是和她建立感情，然后再引导她参加一些集体活动，比如帮班上抄黑板报，为同学的壁报画插图等。后来，她对集体已有了明显的热情，学习成绩也有了明显的提高。这不能不说是受到了同学们的影响。

在两届的未来班，我都在班里设立了图书柜，书籍、杂志的借阅办法是学生随看随取，自由取书，看后自觉放回书柜。整整三年，没有丢失过一本书和杂志。这当然不能说明这两个班的学生都是绝对诚实。几年来，他们中也许有的学生产生过把书悄悄拿回家的念头，但是，我敢肯定，凭着集体强大的正面舆论，也凭着对班集体的热爱，这些学生会意识到：在这个集体小小的范围内，是不应该偷偷地把书窃为己有的。我想：这种风气不是靠对一百多学生逐个谈心所能产生的。

需要特别强调的是，让集体的舆论影响每一个学生，这有一个关键的前提，就是教师得首先设法造就一个良好的集体，这应该是不言而喻的。

培养学生干部的自治能力

另外，学生干部的培养，也是通过学生的自我管理，达到学生的自我教育的有效途径。学生干部自治能力的培养，已越来越引起教师，特别是班主任的重视了。不过，让学生自己管理自己，绝不仅仅是为了减轻教师的工作量，而是把这作为学生自我教育的好形式。因此，我们在培养学生干部时，不要仅仅满足于让学生独立组织几次活动或主持几次会议，而应着眼于让学生干部通过实际工作，培养献身精神和进取精神，使学生自己发现自己的能力，从而认识自我，表现自我，让自己的个性得到充分发展，增强对生活的自信心。同时，使学生之间展开平等的道德、纪律教育，并锻炼他们的组织、管理、演说等能力。

在第二届未来班组建班委会时，我先让同学们选出了他们自己满意的正副班长，然后我宣布由两位班长自己确定任命班委。由于刚进初中，大家还不熟悉，这无疑给两位班长出了一道难题。因此我决定发动大家自荐，以培养更多人的奉献精神。于是，我以布什为竞选总统穿着印有“请选我当总统”字样的背心长跑宣传、罗马尼亚的中学生如何参加学校管理等为例，教育大家：一个人从小就应有自信心、进取心和为公众、为社会尽职献身的精神，这绝不是出风头和骄傲，而是高尚、正直和勇敢的体现。果然，放学后，30 多位同学拥到班长那里报名。两位班长为了照顾众多的报名者，决定一个委员设两名，整个班委任期两个月，“第二梯队”“第三梯队”随时准备接替“不称职的班委”。这既是对未任命者的安慰，又是对新干部的警策。13 人组成的班委，可谓“机构臃肿”，但是为了争取连任，干部们不得不挖空心思地没事找事干，于是生活委员杨伟昭的“红领巾银行”成立了，宣传委员沈建的小报《鸣蝉》出版了，劳动委员潘芳奕的卫生管理条令订出来了，文娱委员罗梦琴的“五线谱讲座”也开始了……总之，新干部的荣誉感和少年儿童的自我表现欲望促使工作的主动性、创造性产生了。

要使学生干部担负起教育同学、维持纪律的重任。我从不要求小干部给我汇报某同学的坏表现（以免造成同学与学生干部的对立），我对小干部们说：“如果同学不守纪律，你们应设法帮助、制止他。动辄告状，是推卸责任的表现。”这样，学生干部不得不去思考工作方法。上学期第 22 周的一天自习课，我来到教室，往日的喧闹竟被鸦雀无声所代替，进去一看，同学们静静地在自习，但有两个学生流着泪站在座位上。无疑，学生干部用罚站的方式镇住了课堂纪律，这在教师看来，是不足取的方法，但是对学生来说，这却是他们自己管教自己的一个大胆创举。我们可以设想，久而久之，不仅是学生干部，就是全班同学也将会意识到，良好的课堂纪律靠我们自己创造。

如果学生具备了献身精神和进取精神，那么，他们会自觉乐意地去组织每一次班级活动，维持班上的好风气，想方设法帮助后进同学，这样，学生干部工作热情的源泉，就由兴趣、表现欲上升为一种义不容辞的责任感了。如果教师善于培养并保持、发展这种责任感，那么，它将会由对一个班集体发展升华到对一个社会、整个祖国的责任感，这，才是我们培养学生自治能力的根本目的。

权威转化——学生自理的良策

科学的学生自理，既应突出学生的主体地位，又应体现教师的主导作用。“主体”与“主导”有机结合的关键，在于班主任要善于把教师的权威转化为集体的意志。其含义有二：一是班级管理中必须要有班主任的权威，没有这种权威，教师的主导作用便无从体现，学生集体便失去了思想核心，班集体很容易成为一盘散沙；二是班主任的权威不应表现为直截了当的“发号施令”，而应当以学生集体意志的形式表现出来。特别要注意的是，这里强调的是“学生集体”，而不是少数学生干部。换句话说，让学生自理并不仅仅是班主任把自己的权威变成学生干部的权威，而是要发挥所有学生的主体作用，使每一个学生参与班级管理。

把教师的权威转化为集体的意志，这是班级管理中引导学生自我管理的重要原则。根据我对班主任工作的探索和体会，完成这种“权威转化”的具体方法，主要有四点。

1. 引导集体。引导集体是指班主任在班集体形成之初，要巧妙地引导学生把教师对学生的管理要求当作自己的愿望提出来，使班级纪律在学生心目中不是“班主任对我的要求”，而是“我自己对自己的约束”。新生开学，我往往递进地提出三个问题让大家讨论：“大家是否希望咱们的班成为一个优秀的集体？”（对此，学生的回答往往一致：“当然希望啦！”）“既然你们每一个人都有这种愿望，那么，为了实现这个愿望，每个人应不应该努力克服自身的缺点呢？”（学生们经过思考、议论，认识也能统一：“当然应该。”）“要克服缺点，班级需不需要制定一些规章制度呢？”（通过学生反复讨论甚至争论，至少绝大多数学生能够说：“当然需要。”）在此基础上制定的纪律，就已不仅仅是教师强加的“条条框框”，而成为学生集体的内在要求。另外，对于某些非要教师自己提出的纪律要求，班主任也应尽量设法通过学生的口提出来。和学生第一次见面，有时我还出一些小调查题让他们笔答：“以后班里出现违纪现象时，你希望李老师怎么办？”“当你犯了错误时你希望李老师怎么办？”……基于对学生心理的了解，更出于对学生的信任，大多数学生的答案没有让我失望："希望李老师严格要求我们！"而且学生往往还提出许多具体的措施。这样，我以后大胆管理班级，就不是我与学生"过不去"，而是满足他们的愿望。因此，引导学生集体，实际上是让学生在进校之际，便在思想上处于自我管理的位置。

2. 利用集体。利用集体是指班主任要善于发现学生集体中，客观存在的一些与教师权威一致的积极因素，利用这种积极因素来抑制集体中的消极因素。由于这些积极因素既是学生集体中的客观存在，又与教师意愿不谋而合，因此它虽然蕴含着班主任的教育意图，却使学生觉得这是集体的意志，而非班主任的权威。以对自习课的管理为例，班主任无疑希望自习课纪律良好，学生集体当然也有这个愿望。于是，对少数违纪学生的纪律惩罚，我从不以班主任个人的角度提出，而让学生自己摆违纪现象，论违纪危害。这样，对违纪学生来说，他们受到的惩罚，并非班主任的"铁腕"，而是来自学生集体的谴责与制约。再以对学生干部管理为例，要求学生干部认真负责，这是我与全班学生的共同愿望。在我看来，学生干部绝不应只是对我负责，而应首先对学生负责，这二者是统一的。因此，对班委干部的管理，与其让我督促，不如组织全班同学监督——学生定期对班干部投信任票，并进行书面评议。这样，学生之间的互相监督与制约，使每一位学生参与班级管理成为可能。

3. 规范集体。规范集体是教师权威向集体意志转化的表现形式——学生的自我管理应规范为一种班级常规制度，以避免即兴性、随意性。本着这样的思路，我在担任高九〇级一班班主任时，尝试着与学生共同制定班级法规，以此作为一种制度对班级进行日常管理。我先引导学生确立制定班级法规的原则："广泛性"——尽可能地包容班级一切可能出现的违纪情况，以后凡是班内出现了违纪现象，老师和同学都可以从中找到相应的处理措施；"可行性"——不仅提出纪律要求，同时有相应的强制办法，明确"违反了又怎么办"，避免有"法"不"依"；"互制性"——既体现出学生之间的互相制约，也体现出师生之间的互相制约，特别是对班主任的合理制约。人人参与管理，人人又被管理。原则确定之后，我让每一个学生都起草一份《高九〇级一班纪律管理条例》，然后交学生干部归纳、整理、加工，形成初稿。再交学生反复讨论，最后全班以无记名投票方式通过了《班级纪律管理条例》。《条例》包括"学习纪律""寝室纪律""清洁卫生""体育锻炼""值日生""班干部""班主任""其他"共8个部分40条，基本上覆盖了班级管理的各个方面和环节。《条例》一旦正式生效，便成了班级"法律”。在它面前，班上任何人（包括班主任），既是守“法”者，又是执“法”人。师生平等的班内管理，便是共同维护和保证《条例》的权威，便是维护自己的权威。对学生来说，维护《条例》的尊严，便是维护自己的尊严。这样，班级管理便由随意走向了规范，由“人治”走向了“法治”。

4. 服从集体。服从集体指的是班主任对集体意志的服从。班主任的权威已转化为集体的意志，并规范为班级规章制度，那么，班主任就应同所有学生一样，服从集体意志的结晶——班级法规。面对班级法规，班主任越是炫耀自己的权威，凌驾于集体意志之上，便越没有权威；相反，如果教师越是“放弃”自己的“权威”，自觉服从集体意志，那么，他实际上已在学生心灵中牢牢地建立了自己真正的权威——因为班主任严于律己的行为会使学生心灵受到震动，从而同样自觉地接受集体意志的约束，这同时也就是接受班主任的大胆管理。《高九〇级一班纪律管理条例》中，对我有如此规定：“凡每月对学生发火超过一次，或下课拖堂两分钟以上，或错批评同学一次，均罚扫教室一天。”三年中，我好几次“犯规”，开始学生不好意思罚我扫地，我便主动认罚，一人扫教室，（我认为班主任“依法自惩”必将提高《条例》的权威性——这实际上也是班主任真正的权威之所在！）这样，“纪律面前人人平等”的观念日益深入学生心灵。有了这样的集体意志，我便不需要因而也就主动放弃了“个人权威”，但我甘愿受罚的“傻劲”却使我通过集体意志表现出的个人权威大大增强：凡学生违纪，我便照章惩罚，结果很少有人不从，因为学生把这看成是自己对自己的惩罚，因为班规是他们自己制定的，更因为面对班规，人人都没有特权。

在班级管理中，班主任权威的巧妙转化，的确是学生自我管理的良策。其意义不仅在于使学生的自我管理科学化，更使教师的班级管理民主化。

班规管理：从“人治”走向“法治”

从乐山一中高九〇级一班进校开始，我尝试着一种崭新的班级管理模式：“法治”管理。具体操作步骤是——

1. 引导思想：对三个问题的讨论。

新生进校，我便向大家提出三个问题：第一，你们是否希望这个班最终成为一个好的集体？第二，若要让我们班成为好集体，需不需要每个人都克服自身的弱点？第三，为了保证同学们为了集体的利益而克服自身的弱点，需不需要制定一个班规？

读到这里，我担心有的同志会产生一个认识上的误区，即认为我是在发动学生找缺点，而不是像有的优秀班主任一样，引导学生发现自己的闪光点；我这样做，是不是违背了尊重学生、信任学生的教育原则。对此，我是这样看的，我们固然应该引导学生增强道德自信心和自豪感，但同时也要让学生有“人总是有弱点的”的清醒认识——无论对自己还是对他人，具备这个认识非常重要。（其实，迄今为止，所有体现人类文明与进步的法律无不是建立在对“人性的弱点”的理性认识之上的。）因此，我这里的着眼点是引导学生集体预测在创建美好班级的过程中可能会出现哪些障碍，进而提出防范措施，而不是让学生一个一个地检讨，暴露自己不光彩的过去。何况，启发学生自省与鼓励学生自信并不矛盾：在自信的前提下，全面地自省；在自省的基础上，科学地自信。在引导学生认识代表着希望与成功的另一个“我”的同时，又引导学生正视自己的缺点与弱点，这才是全面科学的引导。

好，接着谈我对新生的引导。经过讨论，学生们对这三个问题都能做出肯定的回答。这也在教师的意料之中，因为我坚信，即使十分散漫的学生也真诚地希望自己能生活在一个班风良好的集体之中。而全班同学都“希望班集体好”，这正是“法治”管理赖以实行的最根本的思想基础。因此，这第一步引导虽然容易，但非常重要，不可忽视。

2. 统一认识：班规与《中学生守则》不尽一样。

一说到班规，有学生提出疑问：“国家已经制定了《中学生守则》《中学生日常行为规范》，学校也有各种规章制度，我们再搞班规是否多余呢？”还有学生说：“在小学和初中，我们班也订过不少‘班规’之类的东西，但很少坚持执行。我们现在制定班规会不会也流于形式呢？”

我这样给大家解释：“《守则》《规范》当然不错，但毕竟不可能具体包括一个班级的各种情况，而我们即将搞的班规，正是《守则》《规范》中有关纪律要求的具体化。另外，《守则》等条令虽然对中学生提出了合理的规定，但这些条令本身并不带强制性，在执行过程中，人们一般认为这只是提倡，而非强迫，学生违反了《守则》《规范》也无相应的惩罚措施，久而久之，本来合理的规章制度最终便成了一纸空文。因此，我们制定的班规不应仅仅是道德提倡，而应是行为强制，应具有法律般的约束力，使之真正切实可行。”

实际上，班规的产生过程与《守则》等条令的产生过程也有区别。由于种种主客观原因，《守则》《规范》等往往不可能先由每一个学生自下而上地反复讨论制定，而主要是由教育者一手制定（当然也征求了各方面意见，并力图切合学生实际），这样便容易让学生产生逆反心理，总认为各种规定是上面强加给自己的“条条框框”，执行起来自然很被动勉强。而班规一开始就要让每一个学生参与制定，使学生觉得“这不是老师在约束我们，而是自己对自己的约束”。

3. 确定原则：可行性、广泛性、互制性。

班规当然不是法律，但它必须具有“法治”精神，比如上面所说的“是行为强制而非道德提倡”，其产生过程是自下而上由守法人自己制定等，都体现了“法治”精神。但这些还远远不够，在具体的班规内容上，其“法治”精神还应具体表现在三个方面：可行性、广泛性和互制性。

所谓“可行性”，含义有二。一是提的要求、规定应符合实际，便于监督检查，不能提一些虽然合理但难以做到的要求；二是不仅仅提出纪律要求，还应同时有相应的强制措施，明确“违反了又怎么办”。否则，班级法规很可能又成为一纸空文，无所谓“可行性”。

所谓“广泛性”，是说班规应尽可能地包容班级一切可能出现的违纪情况，以后凡是班内出现了违纪现象，老师同学都可以从中找到相应的惩罚措施，做到有“法”可依。

这里，又涉及一个极易引起误解的问题：教育中的惩罚。我认为，在学校，任何形式的体罚都必须根绝，因为离开了对学生的爱与尊重，就谈不上任何教育。同时，科学而成功的教育又不能没有惩罚。但是，教育惩罚不是体罚。我理解的“教育惩罚”，是对不良行为的一种强制性纠正。这既可以体现在精神上，也可以体现在行为上。前者如扣操行分或纪律处分（警告、记过等），后者是某些过失补偿性行为（比如做卫生不认真而罚其重做等）。这些惩罚与尊重学生并不矛盾，正如著名教育家马卡连柯所说：“确定整个惩罚制度的基本原则，就是要尽可能多地尊重一个人，也要尽可能多地要求他。”

所谓“互制性”，即“法规”既应体现出学生之间的互相制约，更应体现出师生之间的互相制约，特别是学生对班主任的合理制约。也就是说，班规不仅仅是对学生的管理，同时对班主任也具有责任监督、权力限制（这点，是我主动让学生提出来的），而且应把这个监督权、限制权交给学生。

我要特别强调学生监督老师的意义。我让学生监督我，绝不是以“严于律己”的“高尚品德”来博取学生的“崇拜”，或“以身作则”使班规能够顺利实施；而是给学生树立一个观念：任何人都是有弱点的，因此任何人都需要制约。一切把班主任神圣化的认识都是危险的。所谓“总统是靠不住的”，那么，班主任同样是“靠不住”的。

4. 起草班规：让每一个人都成为“立法者”。

学生的认识基本统一后，我又问学生：“这个班规，应由谁来起草？”大多数学生都说：“当然是李老师啦！”也有少数学生说：“由班干部！”——竟没有一个人说：“应由我们自己！”

我又开始引导学生：“这个班不只是李老师的而是每一个同学的，要求这个班好也是每一个人的希望，制定班规同样是你们每一个人的意愿，那么，这个班规理所应当由班上每一个人起草。”我之所以要让学生自己订而不由我拟个初稿交学生讨论，是因为我希望学生从一开始就意识到：班规是我自己制定的，而不是老师强加给我的。更重要的是，学生自己草拟班规，使他们一开始就不知不觉地进入了自我教育、自我管理的角色。

当学生每人都交上一份《高九〇级一班班规（草案）》后，我布置学生干部进行归纳、整理、加工，形成初稿，然后交给全班同学反复讨论、修改。由于大家都认识到班规正式形成后的权威性，所以大家讨论极为认真，他们根据“可行性、广泛性、互制性”的原则对初稿进行字斟句酌的推敲。

比如，对“惩罚办法”的确定，最开始有人提出罚款，但多数人不同意。又有人提出罚站、罚作业等，仍未得到多数同学的认可。经反复讨论，大多数同学决定根据不同情况、不同程度的违纪现象采用这几种惩罚办法：为同学们唱一支歌（适用于较轻的违纪）、做值日生（违反课堂纪律影响同学学习，以此来为集体服务，表达歉意）、扫教室（影响了环境卫生，自然应该用自己的劳动弥补过失）、跑步（主要适用于不认真锻炼身体或违反体育课纪律的同学）等。又如，对于迟到的惩罚，最初规定：“凡迟到一次，便当值日生一天。”但多数人觉得绝对不迟到难以做到，于是便改为“全期迟到不超过 6 次，否则，超过一次便当一次值日生。”这看起来似乎放松了对学生的要求，但实际上避免了绝对化、“一刀切”，而使班规更符合实际，易于执行。这些都充分体现了班规的可行性。

整个班规包括“学习纪律”“寝室纪律”“清洁卫生”“体育锻炼”“值

日生”“班干部”“班主任”“其他”共8个部分40条，每一部分中又有若干具体细则，基本上覆盖了班级管理的各个方面、各个环节，这便充分体现了班规的“广泛性。”班规的每一条都写明了执行者，并对执“法”不严者也有明确的惩罚规定，如：“在教室里随地吐痰、扔纸屑脏物者，一经发现，罚其扫教室。此项由生活班委监督执行。如生活班委监督执行不严，罚其扫教室。”这就防止了班干部有“法”不依、执“法”不严。同时，在我的主动要求下班规专门设了“班主任”一项，并对我有如此规定：“每月出现下列情况中任何一种，均罚款两元或罚扫教室一次：①对学生发火超过一次；②上课拖堂两分钟以上；③错批评同学一次；④用不文明语言侮辱同学的人格；⑤未经同学允许占用自习课上语文；⑥执行本班规不严。对班主任的惩罚，由班长执行，全班同学监督。”班规还特别规定：“全班同学每月以无记名形式对班主任工作投一次信任票，信任票未获半数，罚独自扫教室一次；连续两次未获半数，由班委向校长写投诉信。”这充分体现了班规的互制性。

5. 执行班规：“班规面前人人平等！”

经过两周时间的反复讨论、修改，最后由全班同学以无记名投票方式通过了高九〇级一班班规。班规一旦正式生效，便成了班级“法律”。在它面前，班上任何人（包括班主任）既是守“法”者，又是执“法”人。不管是我，还是学生干部，或是普通学生，平时的班内管理，便是共同全力保证班规的严格执行。面对班规，人人都有权力，同时人人都没有特权。对班主任来说，维护班规的权威，便是维护自己的权威；对学生来说，维护班规的尊严，便是维护自己的尊严，而教师的权威和学生的尊严都已通过班规转化为集体的意志。

以后三年的事实证明，班规的产生的确推动了良好班风的形成。而从高九〇级一班开始，我每带一个班无不实行“法治”管理。

必须声明的是，这里的“人治”“法治”只是为了便于说明两种不同的班级管理思想而采取的一种类比说法，而非真正意义上的“人治”“法治”，因为对于一个班级来说无所谓“立法”，而且班级与国家毕竟也是不可同日而语的。

“法治”管理的意义

引导学生制定出某种科学民主严明可行的班规并以此管理班级，其意义并非只是“被动管束”学生，而是使我们的班级管理更加科学，更加民主。

1. 班级“法治”管理，使我由“学生保姆”还原为“心灵的引导者”。

我曾在北京《班主任》杂志发表过一篇题为《解放班主任》的文章，提出应让班主任真正成为“灵魂工程师”而不是“学生保姆”。但在“人治”管理的模式下，班主任成天被琐事缠身，很难获得“解放”。自从我对班级采取“法治”管理后，我把所有班级事务（日常的学习纪律、清洁扫除、课间操纪律、运动会以及大型文娱活动等）交给了学生，我只“宏观调控”或在特殊情况下亲自出面解决有关问题。事实证明，学生自我管理的能力是足以让教师放心的。平时，我很少守着学生上自习、搞卫生，甚至平时考试我也不用监考，在大多数情况下，学生的表现是非常不错的。我外出开会、讲学等社会活动较多，每当外出，班长就成了代理班主任，全权负责班级事务，从未出现过任何大的纪律问题。我曾经同时担任两个班的语文教师和班主任（两个班学生共 131 人），但我靠“法治”管理，两个班仍然情况良好。有一次我去长沙出席中国教育学会年会，两个班各方面都井然有序，而且在此期间学校举行田径运动会，这两个班在班主任不在的情况下分别获得年级第一名和第三名的好成绩。了解我班主任工作特点的人都说：“李镇西的班主任当得真潇洒！”

但是，我从繁重的班级事务中获得解放后，并不是无事可做，而是将精力投向更有价值的教育领域：研究学生，真正走进学生心灵。我结合自己的教育实际和学生的具体情况，搞了大量有关学生教育的调查、分析、研究，并尽可能深入学生心灵。多年来，我坚持每天至少找一位学生谈心；常常在星期天约学生出去游玩，自然而然地把握学生的思想情感脉搏；我根据学生心灵发展特点，先后给学生写了十多万字的心理咨询通讯，帮助学生正确把握自己的人生航向。另外，我还先后承担了学校和市里的多项教育科研课题，发表了近百万字的教育教学文章和专著……我想，如果我不改革班级管理模式，继续沿用传统的“人治”方式，那么，我不可能取得这些成绩。

2. 班级“法治”管理，有利于培养每一位学生的能力。

在原来的班级管理模式中，学生干部永远是少数人，而班干部工作质量的高低，主要取决于班委们的道德素质和工作能力。而班级“法治”管理，让每一位学生都有了大显身手的机会，而且他一旦当上班干部，“制度”（即班规）就会迫使他非当好不可。多年来，我班的班干部都是由全班学生无记名投票选举，并当场唱票产生。我如果要表示意见，也只能投一票。但是，可以这样说，每次学生们选出的班委干部无不是我所中意的，因为在平时我通过良好班风的营造，就已经为民主选举创设了健康的舆论基础。另外，班规规定，每一届班委只能任期一学期，班长任期也不超过一学年，因而使尽可能多的学生有机会当学生干部。除班委外，班上还设立了许多班级事务分工的职位，使每一位学生都不会空闲。这样，便保证了所有学生都能够参与班级管理。

在“法治”管理中，班干部们绝不仅仅是班主任的助手，班规赋予他们具体的责任和权力。他们必须独立地有创造性地开展工作，每期全班学生都要对班委投信任票并进行民主评议，声誉较差者必须调整。同时，班委干部还代表学生集体监督我这个班主任的工作，如果我的工作有所失误甚至失职，他们会依照班规中有关规定对我进行惩罚。学生干部的日常工作也不仅仅是靠其自觉性，而是随时置于全班学生的监督之下，如有“玩忽职守”或“舞弊徇私”，便会立即受到专门负责监督班委的同学依据班规代表全班对其进行惩罚。在我班，班委干部的工作态度，已不仅仅取决于他们的个人品德，而首先是“制度”使然。这就是“法治”。

3. 班级“法治”管理，是对学生进行民主精神启蒙的实践教育。

党的基本路线提出，要把我国最终建成高度富强、高度民主、高度文明的社会主义现代化强国。作为 21 世纪的一代新人，平等意识、法治观念、独立人格等民主精神是必不可少的。学生的民主精神怎样培养？我认为，必须在民主的环境中培养民主精神，必须在民主的机制中培养民主精神，必须在民主的实践中培养民主精神。当然，我这里所说的“环境”“机制”和“实践”，仅仅是指我们教育者所能提供的班级民主管理。在我的班上，平等意识深入人心，学生们的确很尊敬我，但绝不会对我顶礼膜拜，更不会把我的每一句话当作“绝对真理”；相反，他们常常同我争论，而且不少时候是他们的正确意见说服了我。我班的班委干部绝没有高人一等的“官念”，相反，由于他们是同学投票选举产生而不是我“委任”的，因此他们深知自己的权力是同学赋予的，也只能用于为同学服务；而且定期投信任票，也使他们实实在在地感到自己的一言一行无不接受着同学们的监督，自己的“位置”是否“稳当”也完全由同学们决定，因而唯有真诚勤恳当好同学的“公仆”方能受到同学们的拥戴。在这样的民主机制中，班主任和学生具有同等的义务，学生和班主任拥有同等的权利。在我们的集体中，谁都有义不容辞的一份责任，但谁都没有班规以外的特权！

教育惩罚与民主教育

我去男生寝室查看了一下，生活管理老师耿老师说他们最近进步不小。我要她说说最好的寝室是哪一间，她想了想说：“是凌飞、舒阳、郝波、陈鑫那个寝室。”

这让我很高兴。

中午吃饭时，我看到凌飞寝室的四个同学，便装作很严肃的样子把他们叫住，他们看我的表情以为犯了什么错误要挨批评，便有点不知所措地走到我的面前，我继续故作严肃：“今天，我又去看了男生宿舍。问了问你们的情况，生活老师说……”我故意停顿了一下，终于还是忍不住笑了：“你们寝室最好！”

他们一下子也乐了，陈鑫说：“当然是我们寝室最好啦！”

我要他们保持，并说：“千万别再这样！”我比了一个吸烟的动作。

他们说：“不会了！”

中午，得知最近有十三个同学没有交地理作业，我很生气，便叫学习委员卢露统计一下本期开学以来缺交作业的情况。然后把最严重的几个同学——宋飞、凌飞、陈鑫、訾了、王龙等请到了办公室。

我让他们坐下后，很生气地说：“到这个学校来工作，我什么困难都预料到了，就是没有预料到学生居然会如此频繁地不交作业！偶尔一两次不交或忘记了交，我可以原谅，但经常不交，很难让人理解！现在李老师是没有办法的，我想问问你们，你们已经读了小学和初中，如果不交作业，老师是怎么处理你们的？我看能否从中寻找点灵感。”

他们纷纷说：“做下蹲运动！”“罚跑操场！”“重做五遍！”“罚抄作业十遍！”

我说：“哟，都这样罚！我可不能这样做。那不是体罚吗？如果你们没有做广播操，叫你跑几圈是可以的，补锻炼嘛！但没有做作业，不好用锻炼来代替。怎么办呢？我真是没有办法了！”

陈鑫说：“请家长嘛！”

我一下火了：“请家长？我们有的家长正是因为已经对自己的孩子没办法了，所以才送到这里来。我请家长有什么用！”

同学们不说话了。

我说：“一切外在的惩罚，都靠不住！只有自己对自己的惩罚，也就是说，只有自己严格要求自己，才靠得住。”

宋飞说：“我很想说以后再也不缺作业了，但我怕做不到。”

我说：“如果你是开学说这句话，我可以理解你。但现在已经过去大半学期了，你缺了这么多的作业，还在说以后可能做不到不缺作业，我就觉得你不像男子汉！”

他说：“那我尽量做到吧！”

“这话我爱听。”我说，“我也没有要求你以后绝对一次作业都不缺了，如果真有什么特殊情况，又缺作业了，我不会以你今天缺作业的事来反问你为什么说话不算数，不，我也会原谅你的。但你不能因此而放松自己，作为你自己，应该以最大的努力保证一次都不缺作业！”

他说：“好！”

其他同学也表示尽量做到不缺作业，不辜负李老师的信任。

我说：“你们看，今天李老师一点都没有惩罚你们，我期待着你们的行动。”

他们走了，我还在想，什么惩罚都没有，但我已经让他们的心灵受到了震动，至少他们不会无动于衷的。我不一概反对教育惩罚，但是，让犯了错误的学生自己感到惭愧，进而产生要改正错误的愿望和信心，这比教师的任何惩罚都更有用。

我想到曾有一些老师在网上与我争论教育是否应该有惩罚，我写过帖子——

真正的教育首先是充满情感的教育。在学校，任何形式的体罚都必须根绝，因为离开了对学生的爱与尊重，就谈不上任何教育。

但是，成功的教育却不能没有惩罚。

我在这里强调教育不能没有惩罚，当然是有针对性的。长期以来，有的教师在这个问题上存在误区。他们认为既然是“教育”，就总是“和颜悦色”“润物细无声”“循循善诱”；值得一提的是，有些“教育专家”也常常这样“语重心长”地教诲每天和学生打交道的一线教师：要“说服教育”，要多“谈心”，要多“讲道理”，要“感化”，“不能发火”呀……

但许多老师显然还没有修炼到面对错综复杂的教育难题，特别是面对具体的违纪学生时能够“面不改色心不跳”的程度，他们——包括笔者实在做不到呀！于是，有人讥讽这些“专家”：“您说得太好了！那我把我的学生交给您，您来试试吧！”

应该说，“教育”本身就包含有惩罚的因素。教育，不仅意味着提高人的道德水平和知识能力水平，同时意味着按文明社会与他人交往的准则规范人的行为，即通常所说的“养成教育”。这种“养成教育”，带有某种强制性——这种养成良好文明习惯的“强制性”与我们现在反对的思想专制不是一回事。作为社会人，不遵循起码的公共规则与秩序是很难与人交往的。同时，在一个集体中，一个人违纪必然妨碍其他更多的人学习。这样，为了尊重多数人学习的权利，有时不得不暂时“剥夺”个别人的学习权利——也就是说，必须予以必要的惩罚。

什么是“惩罚”？我理解的“教育惩罚”，是对不良行为的一种强制性纠正。这既可以体现在精神上，也可以体现在行为上。前者如扣操行分或纪律处分（警告、记过等），对严重影响课堂秩序的学生甚至可以请出教室让学生反思其过（对所谓“请出教室”我认为要具体问题具体分析，不好简单肯定或否定）；后者是某些过失补偿性行为（比如做卫生不认真而罚其重做等）。这些惩罚与尊重学生并不矛盾，正如著名教育家马卡连柯所说：“确定整个惩罚制度的基本原则，就是要尽可能多地尊重一个人，也要尽可能多地要求他。”

但我要说明的是，不管怎样的教育惩罚，都不能是体罚。有的朋友不理解我的这个观点，他们认为，既然是“惩罚”，怎么又不包括“体罚”呢？“体罚”不是“惩罚”的一种吗？

这又是一种误解。何为“惩罚”？“惩罚：严厉地处罚。”那什么叫“处罚”呢？“处罚：使犯错误或犯罪的人受到政治或经济上的损失而有所警戒。”而何为“体罚”呢？“体罚：用罚站、罚跪、打手心等方式来处罚儿童的错误教育方法。”（以上解释均摘自《现代汉语词典》）可见，“体罚”从词义上讲，是排除在“惩罚”之外的。只不过现在许多人一提到“惩罚”，总想到“体罚”，这是对“惩罚”一词在理解上的泛化。

我这里还要强调的是，科学的教育惩罚不仅仅是制止违纪现象的手段，而且还应该是有助于培养学生的民主意识与法治精神的途径。也就是说，教育惩罚不应该只是来自教育者，而应该来自学生集体意志。比如在我的班上，所有的惩罚都来自学生民主讨论最后无记名投票通过的班规，因此，这“惩罚”已不是来自教师的“铁腕”（如果这样，很容易导致教师不自觉的“专制倾向”）而是包括教师和学生在内的集体意愿。更重要的是，教育惩罚不能仅仅针对学生，同样应该针对教育者。也就是说，在一个集体中，班主任和学生都应该遵循共同的“规则”，而不能有任何凌驾于集体规则之上的特殊成员。在这里，教育惩罚充满了师生平等的法治精神。从教至今我当班主任已经 20 年，我多次因不慎违规而被学生依据共同制定的班规惩罚。我觉得，这不是我有意要“严于律己”“以身作则”，或者显示“打铁先要本身硬”，真正的民主教育，理应如此。

总之，教育不能没有惩罚，但惩罚不是体罚，而且我们提倡的“教育惩罚”应该充满现代民主精神。这样的“教育惩罚”使民主精神真正深入学生心灵：学生与班主任享有一样的权利，班主任与学生具有同等的义务。在这样的机制中，学生开始尝试着自我教育与民主管理的实践，切身体验着集体与个人、民主与法治、纪律与自由、权利与义务、自尊与尊他的对立统一关系，潜移默化地感受着同学之间、师生之间尊严与人格的平等。这样的教育惩罚，实际上是让学生在实践中受到民主精神、法治（注意，不仅仅是“法制”）观念、平等意识、独立人格的启蒙教育——而这正是面向未来的现代教育所应该包含的基本要义。

最近我班上三位同学吸烟，我给予校纪处分便是一种教育惩罚。

但仅仅是给处分是不够的，还得让这个处分深入学生的心灵。今天看舒阳上周的随笔，他写到了他吸烟——

“要想人不知，除非己莫为！”这句话我今天终于领会到了，我吸烟已经有七八年了，而且上了初中以后吸烟吸得特别厉害。我自己也深知这个是我最大的一个弊端。一开学，其实吕老师就知道了的，我实在是忍不住继续吸，我其实早就知道有一天李老师会知道，但是身不由己呀！老实说，我在老家凉山看到吸毒的人多不胜数，前年我小学最好的一个朋友就是吸毒死了的。我真的是伤心透顶了。我恨毒品，细想下来，我这个吸烟距离那个吸毒还有多远呢？其实我吸烟时真的很痛苦，每次我吸完烟我就要想到吕老师，真对不起吕老师呀！

既然今天已被发现，我恒心已决，不会再吸一口烟了，若有再犯自动离开。这次我真是狠下了决心，我也害怕以后真的想吸得狠了的时候怎么办，我不敢说我百分之百地可以克制，但就算真的克制不住了，我也决不会去吸一口的，男人要的就是那个定力！

即使这次学校处分了我，我也没有怨言，自己做了的事就要扛起来。“知错能改，善莫大焉。”但我已经错了好多次了，这次被抓住也未尝不是一件好事，早点结束我再吸烟的日子。下午将面对李老师的严厉批评，我希望真能把我痛斥个痛快，让我受到最大的惩罚！

我在后面批道：别人帮不了你，只有你自己能帮你！还是那句老话——战胜自己！

第七章

锻造卓越人格——『优生』的培养

“素质教育”并非“一刀切”的教育，而是既面向全体学生，又针对每一个学生的个性特点的教育。尽可能挖掘并发展每一个学生的潜力，让尽可能多的学生在各方面都获得理想的发展，成为教育者所期望的“优生”，最终成为对民族对国家有用的高素质人才，应该说这也是“素质教育”的题中应有之义。

对“优生”培养的思考

“优生”当然应该是指品学兼优的学生，但在现在不少教师、家长的眼中，所谓“优生”更多的是指学习成绩拔尖的学生（也被称为“尖子生”）。因此，这里有必要对我所说的“优生”下个大致的定义——我这里所说的“优生”，是指品德、学习和各方面能力都优于同龄人的学生。

培养“优生”的意义显然是不言而喻的。“素质教育”并非“一刀切”的教育，而是既面向全体学生，又针对每一个学生的个性特点的教育。尽可能挖掘并发展每一个学生的潜力，让尽可能多的学生在各方面都获得理想的发展，成为教育者所期望的“优生”，最终成为对民族对国家有用的高素质人才，应该说这也是“素质教育”的题中应有之义。

对“优生”的感情几乎是不需要培养的，因为教师对“优生”的爱几乎是天生的——比如，在学校进行组建新班时，几乎每个教师都希望自己班上的“优生”多一些。但我们对“优生”的认识却未必正确而且全面。

当我们第一次从新生报名册上认识“优生”时，我们应该清醒地认识到，他们并不是自己教育的成果，而是学生家长和小学老师共同教育的成果。说明这一点很重要，因为这意味着我们对他们同样需要从零开始的教育。而且，这种“从零开始的教育”的主要依据是这些“优生”的两重性：一方面，他们的行为习惯、学习习惯、学习成绩以及各种能力对一般学生相对（注意：只是相对）要好一些；另一方面，他们除了仍然存在着一般学生在这个年龄容易出现的毛病外，也存在着他们作为老师的“好学生”、家长的“好孩子”所特有的一些毛病。

具体说来，“优生”一般具有以下特点：

（1）思想比较纯正，行为举止较文明。自我控制的能力比较强，一般没有重大的违纪现象。

（2）求知欲较旺盛，知识接受能力也较强，学习态度较端正，学习方法较科学因而成绩较好。

（3）长期担任学生干部，因此演说能力、组织能力以及其他工作能力都较强，在班上同学中容易形成威信。

（4）课外涉猎比较广泛，爱好全面，因而知识面较广。

（5）由于智力状况比较好，课内学习较为轻松，因而容易自满，不求上进。

（6）长期处于学生尖子的位置，比较自傲自负，容易产生虚荣心。

（7）在畸形的“升学率”压力下，有的“优生”之间容易产生互相嫉妒、钩心斗角的狭隘情绪和学习上的不正当竞争。

（8）从小就处在受表扬、获荣誉、被羡慕的顺境之中，因而对挫折的心理承受能力远不及普通学生。

以上几点，只是就一般“优生”的共性而言，当然不一定每一个“优生”都是如此，但根据我的教育实践，至少多数“优生”基本如此，只是也许有的学生侧重于其中的某些部分，而有些学生又偏重于另外的特点而已。

还需特别指出的是，在“应试教育”的大背景下，一些教育者不但只注重“优生”的学习分数，而且“一好遮百丑”，把他们其他方面的优点也有意无意地夸大了；相反，他们所独有的思想偏差、人格缺陷，在很大程度上却被教育者忽视了。

几年前，某直辖市有关部门对该市 16 名市级三好学生、优秀学生干部进行了一次特殊考试——“特殊”之处在于这次考试有些设计是隐性的。在考场门口放有一把倒地的扫帚，结果，进教室的 16 名学生无一人弯腰把扫帚扶起来；考试前，需要削铅笔，结果，削完铅笔后主动把铅笔屑打扫干净的仅有三人！考试完毕后，主持人对所有学生说：“今天的考试结束了，但我很遗憾地告诉大家，你们都未通过今天的考试，因为你们在考试过程中的言行已经给自己的文明习惯打了个不及格的分数！”

是的，上面这个例子涉及的都是微不足道的小事，但正因为是小事，才说明其普遍性；更何况，这些应试的当事人都是中小学生中的佼佼者啊！

至于近几年来，不少因承受不了各种“打击”而自杀的中学生，其中绝大多数是我们教育者眼中的“优生”，应该说，这也早就不是“新闻”了。

——问题的严重性正在于此！

因此，如果我们第一次走进教室，面对“优生”时，在深感“幸运”的同时，切不可认为“优生”教育只是“维持”教育，而应该意识到：“优生”教育的艰巨性、复杂性，绝不亚于对其他学生的教育。

根据我的体会，在培养“优生”的问题上，应注意以下几点：

一、引导“优生”树立志向

“优生”一般来说，智商较高，即使不那么刻苦，他们的学习也会在班上名列前茅，高中毕业也能考上大学。这就往往使一些“优生”不求上进。当然，从“应试教育”的角度看，这类学生固然是“上线生”；但如果他们仅以考上大学为目标，那么我们国家不过是又多了一名大学生而已，而绝不会又多了一名钱学森、华罗庚。因此，要让这些学生真正发挥出自己的潜力，成为祖国的栋梁之材，班主任就应该引导他们树立理想，明确志向，真正做到“志存高远”。我常常通过谈心，让“优生”意识到，成绩比别人好，就意味着将来比别人多一份责任，而从现在起就应该比别人多一分努力。引导学生立志，最有效的方法之一，是给他们推荐有关伟人名人的传记读物，使“优生”把自己放在一个更广阔的历史空间和时代背景中认识自己的使命。

二、帮助“优生”认识自己

一般来说，“优生”有较强的自信心，这是一件很好的事，我们应该予以保护和发展。但同时，有些“优生”对自己的不足往往认识不够，也有的“优生”对自己的人格修养、知识框架、能力结构等综合素质也缺乏科学的分析与评价，还有些“优生”对自己某些方面的发展潜力认识不足，如此等等，都妨碍着他们进一步充实自己的综合素质，妨碍着他们发展自己应有的才华，最终也阻碍着他们成长为教育者所期待的高素质人才。所以，我们应该帮助“优生”超越某些具体的考试分数和名次，通过与其他杰出的少年英才比较，通过对自己求学过程中成功的经验与失败的教训的冷静分析，通过各种具体的课内外实践活动……正确全面地认识自己，进而有针对性地发展自己。

三、教育“优生”保持童心

少年儿童，就其天性来讲，是具有纯朴善良的本质的；何况我们面对的“优生”是经过其家庭教养和小学老师的精心教育，他们的思想品德一般还是比较好的。因此，我们对“优生”的所谓“思想品德教育”，固然包括随着他们年龄增长而注入一些新的思想品德养料，但我个人认为，更重要的还是教育他们应保持自己的一颗纯洁童心。这种情况应该说不是个别现象：一些“优生”随着荣誉的增多和头脑的“成熟”，虚荣自私、骄傲自大、心胸狭隘等心灵的毒瘤也开始滋长，而且由于他们在班上往往有较高的威信，因而他们的这些毛病在班上产生的消极影响也较大。教育“优生”保持童心，单靠说教是不行的，更多的时候是要让他们通过与班上的同学平等相处感受其他同学身上值得自己学习的优良品德，让他们在为同学服务的过程中体验一种奉献的幸福，让“优生”之间面对分数和荣誉学会淡然处之和互相谦让，以培养自己豁达而淡泊的心境。适当淡化这类学生的“优生”意识，帮助“优生”去掉他们头上自我陶醉的“光环”以恢复他们普通同学的感觉，是使他们保持一颗纯朴童心的有效方式之一。

四、激励“优生”超越自我

我常常对“优生”说：“本来可以得 100 分，却只得了 99 分；本来可以考上名牌大学，却只考上了普通院校；本来可以成就一番辉煌的事业，却只是找到了一个谋生的饭碗……造成这种种遗憾的原因当然很多，但其中重要的原因则是本人不具有战胜自我、超越自我的勇气、毅力和能力。在未来人生的道路上，千万不要自己埋没了自己！”如果我们对所有学生都这样说，显然不妥，因为我们的社会既需要像陈章良那样的杰出科学家，也需要像李素丽那样的普通劳动者；但是，对少数具有出类拔萃潜质的“优生”，我们则应理直气壮地向他们提出“追求卓越”的希望。

激励“优生”超越自我的要点有二：一是尽可能多地让他们在各个方面实践，以发现并发展自己以前没有意识到的潜质；二是鼓励他们在日常一点一滴的小事中战胜自我；甚至教育者可以有意识设置一些难题去“折磨”他们，让他们在一次次自己与自己“过不去”的过程中体验到“人生的乐趣与辉煌正是从战胜自我到超越自我”。

五、训练“优生”受挫心理

长期处在“金字塔尖”的“优生”们，很少品尝失败和被冷落的滋味，这就使他们对受挫的心理承受力相对较弱，一旦遇到各种“打击”往往情绪低落，悲观失望，个别学生甚至对前途失去信心。因此，优化“优生”的心理素质特别是受挫的心理承受力，是“优生”培养的一个极为重要的内容。训练并强化“优生”的受挫心理，首先不可将“优生”的身份和地位在班上特殊化，而应与其他学生一视同仁，这样，“优生”平时本来就是和一般同学一样，也就避免了因某些因素可能出现的“失落感”；其次，“优生”担任学生干部不宜搞“终身制”，而应合理轮换，使“优生”适应“能上能下”的学生干部机制；另外，对“优生”犯错误切不可迁就，而应该严肃批评，让他们习惯于挨批评包括严厉的批评甚至必要的处分；最后，也是很重要的一点，要多给“优生”创设一些品尝失败的机会——这当然不是说要有意让“优生”不断失败，而是引导“优生”尽可能多地在不同领域不同方面摸索、尝试，在此过程中必然会有失利，而当“优生”对此习以为常的时候，他们就学会了坦然面对人生路上的失败、挫折和各种意想不到的打击。

六、培养“优生”创造能力

培养学生创造能力的重要性是不言而喻的。一般来说，“优生”的学习成绩是很拔尖的，但在“应试教育”的束缚下，“高分低能”的现象却不是个别的。而未来社会对人才的能力特别是创造能力的要求越来越高，因此，我们决不能满足于“优生”名列前茅的考试分数，而应有意识地培养其创造能力。创造能力的培养首先是创造性思维的培养。要教育“优生”敢于“让思想冲破牢笼”——即在坚持正确的政治方向和辩证唯物主义思想方法的大前提下，培养学生追求科学、崇尚真理的理性精神，让学生大胆地冲破迷信权威的思想牢笼，冲破盲从书本的思想牢笼，冲破膜拜师长的思想牢笼，冲破固执己见的思想牢笼！总之，让他们养成善于质疑、勇于否定、独立思考、积极创新的治学方法和人生态度。从解题时的独特方法到作文时的新颖构思，从独当一面地开展班干部工作到积极参与各类课余科技小制作、小发明活动……只要学生具备了创造性思维的习惯，其创造能力锻炼的机会是无处不在无时不有的。

杨嵩：在顺境中不断战胜自我

杨嵩与程桦是高中同班同学，但是，当程桦在市初中作文大赛上“激扬文字”时，杨嵩还只是本校同年级另一个班的不太懂事的“小调皮蛋”。

“小调皮蛋”的确是他给我的第一个印象。本来初中我并没教他，但是初三快毕业时，教他们班的语文老师病了，于是学校便派我去给杨嵩他们班代了两个星期的课。在上课时，班上的同学都很专注，毕竟毕业考试已迫在眉睫了。但我发现最前排有一个年龄、个头看起来都和班上其他学生差一截的小男孩，表现很特别——他很少说话或干扰别人学习，但总是不停地搞小动作：不是在草稿本上画画，就是折纸飞机之类的玩意儿，或者把钢笔、圆珠笔拆了修修了拆……总之，一到上课，他就忙个不停，似乎他总有做不完的事。

我和他的班主任谈起这个小男孩。班主任说：“你说的肯定是杨嵩！这个学生脑子特别聪明，9 岁就读初中。他是从上一年级因病休学降到我班上来的，现在才 12 岁半！他性格比较内向，不是很爱说话，就是‘阴到费’（方言，‘暗中调皮’之意）。有时，甚至上课都悄悄溜出教室玩！唉，娃儿是很精灵，但我怀疑他有‘多动症’……”

我当时想，幸好我只是代他几天课，要是我班上也摊上这么一个“阴到费”，那才够我伤神啊！

然而，几个月后，我接任高一一个新生班班主任，在我的新生名单上，“触目惊心”地印着两个字：杨嵩。

据我校一位与他同住一个院子的老师讲，杨嵩是“哭死哭活”要到我班上来的：初三毕业前夕给他们班上了几堂课，我对他印象不太好；他却对我产生了崇拜之情，说我的课讲得好，特别适合他的口味……于是，暑假里，当他得知我将担任高一班主任，而他又没有分在我班上时，他便在家一次次哭闹着纠缠其父母，要他们到学校“做工作”，希望能把他调入我班。经过其父母的一番口舌努力，他总算如愿以偿。

而我却有些哭笑不得：“唉！杨嵩啊，杨嵩……”

但有一点我是懂的，那就是杨嵩及其父母对我真诚的信任。我当时真的很感动，并在心中发誓：我一定应该对得起这份沉甸甸的信任！

然而，刚进高一的杨嵩确实太调皮了：贪玩，好动，酷爱打乒乓球——每当下课铃响起，他就迫不及待地紧握球拍跃出教室向操场边的乒乓球桌冲刺。上课（至少是上我的课）也不太认真，很少参与课堂活动，从不发言，只是坐在自己位子上忙自己的“活路”。

不过，每次考试，他的分数总不会太低，毕竟他的确很聪明。

像这样的学生，我还真拿他没办法！

但是，有一次，在我的语文课上，杨嵩终于让我看到了希望。

那堂语文课，我给学生读《文汇月刊》上的一篇报告文学《16 岁，在金字塔尖》。这篇报告文学写的是复旦大学少年班的事迹：年仅十二三岁的少年班孩子们，在同龄人还只知道在妈妈怀里撒娇时，他们已经把目光对准了下一个世纪的中国和世界，因而以常人难以置信的毅力克制着自己的贪玩欲望，顽强地在求知的山路上攀登着。

当时，我一边读，一边联系我班学生的实际评论着。整个教室十分安静，但我能感受到此刻全班学生的心灵都正在受到震动。其中，杨嵩的神情我至今不忘：他身子前倾着，情不自禁伸直了脖子，一动不动，两只眼睛一直凝视着我，眼里闪烁出激动的光泽……

当天放学时，平时很少主动和我说话的杨嵩找到了我：“李老师……”

“什么事？”我和蔼地问。

“能不能……能不能……把，把您今天……”他欲言又止。

“哎呀！爽快些嘛！”我拍拍他的肩膀，“都是小伙子了，有什么尽管说，说错了也不要紧的。”

他的话终于连贯了起来：“李老师，能不能把您今天读的那篇报告文学，借给我拿回去再看一看？”

我当然很乐意地把那本《文汇月刊》借给了他。

过了几天，他还书时，还给了我一份他写的读后感《战胜自我》：“李老师，这是我写的一篇读后感，请您帮我看看。”

一向不喜欢作文的他，居然主动写了一篇读后感，而且写得很真诚。

听李老师为我们读《16 岁，在金字塔尖》时，我的心灵的确受到了震撼。李老师把书借给我后，我又把这篇作品复印了一份。反复阅读，我感到的是惭愧。我四岁即读小学，以后不断听人说我很聪明，我也很得意，觉得自己不怎么刻苦学习，可每次考试成绩还可以。现在比比少年班的学生，我简直脸红！要说聪明，他们才是真正的神童，可是，他们没有一个有半点骄傲自满。我呢，总以为自己学得很轻松，不愿深入刻苦地钻研，贪玩，特别迷恋乒乓球。我有时也下决心控制住自己，可就是缺乏毅力。现在，我总算找到学习的榜样了！……

在这篇文章的最后，杨嵩还主动为自己出了一个“难题”：“以前，我每天中午都是在乒乓球桌前度过的，浪费了许多宝贵的时间。现在，我决定，以后每天中午打乒乓球不得超过 1 点钟，到了 1 点钟必须进教室学习。当然，我一开始不一定能做到，但我请李老师提醒我、监督我，发现我中午 1 点钟过后还在玩乒乓球，就叫我回教室。”

我丝毫不怀疑杨嵩这个决心的真诚，但我确实担心他这是一时冲动。然而他很快就以自己的行动回答了我的担心。

有一天吃了午饭后，我在校园散步，走过操场时远远地看到杨嵩正在那边乒乓球台前厮杀。我一看表：刚好 1 点整。于是，我高声呼喊他：“杨——嵩——”

他回头看着我，好像在问：“什么事？”

我对着他扬了扬左手腕，并用右手指了指表，意思是“已经 1 点钟了”。

他明白了我的意思，有些犹豫地收起了乒乓球拍，正要离开球桌时，又高声问了我一句：“李老师——是已经过了 1 点呢，还是刚到 1 点，或者是还差几分钟到 1 点？”

我也高声对他说：“刚、好、1、点、整——”

于是，他立即大步向教学楼走去……

为了促使他不断战胜自己并体验战胜自己的感觉，我给他出了不少作文题：《两个自我》《一次战胜自我的经过》《灵魂的搏斗》《做自己意志的主人》等。在我那次提醒他“刚好 1 点正”不久，他在一篇《灵魂的搏斗》的文章中，真实细腻地描写了那次他从乒乓球台走向教室的心理过程：

当时，我是多么希望李老师回答“还差几分钟到 1 点”啊！那样的话，我还可以多玩一会儿，因为当时我正赢着。但时间毕竟是无情的，我只好向教室走去。也许在李老师和同学们看来，当时我走得很爽快很坚决。可是，对我来讲，从操场到教室不过

> 百米的路程，却是那么遥远，走起来又是那么艰难：我的脚很沉重，简直可以说是一步一步地挪动！当时，我是多么想回头看一看乒乓球桌啊！然而我在心里对自己说：“千万不能回头啊！如果一回头，你可能就控制不住自己而弹回乒乓球台旁去了！不能回头，一定不能回头！”我终于走进了教室。这是一段十分痛苦的路程，却又实实在在是令我无比自豪的！因为我又一次战胜了自己！

当我在班上朗读这篇文章时，全班同学都被杨嵩在看似微不足道的小事上所表现出来的毅力感动了！杨嵩高中毕业已经7年了，可是他10年前写的这篇作文，我至今还保存着，并经常给我后来一届又一届学生念。

如果说，“克制打乒乓球”是杨嵩在我的引导下自己为自己出的一道“难题”的话，那么，我决定借助他这个良好的开头，继续给他出“难题”——让他在渡过一个又一个难关的过程中看到自己的潜力，进而“超越自我”。

杨嵩的本性其实是比较活泼开朗的，但由于他年龄很小，因而在班上显得很幼稚而且胆小。比如，他很难在课堂上发言，更不要说在班上当众讲演了。所以比起程桦来，他各方面的能力是比较弱的。我准备就从能力培养入手，“折磨”一下他。

一天放学后，我把他请到我的家里，高度赞扬了他最近在战胜自我方面的进步后，又同他聊起了“志向”的话题。

我说：“看来，你很佩服复旦大学少年班的同学。我认为，他们值得你学的，首先是他们都有明确的志向，即一生的奋斗目标。你想没想过自己这一生的志向呢？”

杨嵩回答：“我想过。我的理想是做一名建筑大师。”

把“志向”理解为具体的职业，虽然很认真，但确实表现出杨嵩特有的幼稚和纯真。不过我仍然满腔热情地表示赞赏：“很好！”

我进一步引导他：“当然，最后你是否真能成为一名建筑大师，除了取决于你本身的努力外，还受许多客观因素的制约。但是，有一点是可以肯定的，这就是不管今后你是不是真的成了一名建筑大师，或者阴错阳差干了别的什么行当，你这一辈子不打算过得很平庸，而希望干一番事业，是吧？”

“是的！”他很真诚地使劲点了点头，脸上呈现出与他这个年龄不相称的庄严。

“那么，你现在就应该仔细检查一下自己：为着将来大干一番事业，自己目前还缺些什么？”

我和他一起分析起来。论学习成绩，他显然是没多大问题的；论品格意志，他已经开始磨炼自己了；最后，说到能力，他感到惭愧了：“我就是不好意思做抛头露面的事，怕做不好，被同学们笑话。”

我说：“我不是给你讲过吗？不喜欢做的事，而强迫自己努力去做并且要做好，这正是战胜自己啊！”

“可是，我从哪儿入手培养自己的能力呢？”

我给他出主意：“最近班上的班委正好要改选。你去主动争取竞选，怎么样？”

“可以是可以，但是……”他有些踌躇，“我从没当过班干部，如果同学们不选我，怎么办？”

我毫不犹豫地说：“即使你没被选上，对你来说也是胜利！因为你又一次在‘面子’上战胜了自己，而且经受了一次难得的受挫锻炼。”

我又说：“当然，你应该尽量争取获胜！这样吧，在同学们投票前，你发表一下演说，谈谈你为什么要竞选班干部，你打算怎么为同学们服务，并请同学们给你一次机会。我想，同学们会被你的真诚感动的！”

他说：“哎呀！我是最不敢上台讲话的，一说话我的腿就发抖。”

“不要紧的。”我笑着对他说，“我给你出个主意，今天晚上回去你写一篇讲演稿，明天拿给我，我帮你改一改，然后，你再回家把稿子背下来——你的记性不是特别好吗？同学们又不知道你是背稿子，听到你有条有理的讲演，一定会佩服你的口才。”

“好吧！”他同意了。可临离去的时候，他又想起一个问题：“李老师，您说我竞选什么班干部好呢？”

我说：“这就是你自己考虑的问题了。不过，我提醒你，哪一项班委职务最能锻炼你的能力，你就考虑竞选哪一项职务。”

第二天，他果真交给我一篇写得很认真的竞选演说，他打算竞选体育委员。我问他原因时，他说：“体育委员经常要组织同学们集队集会，每天都要组织课间操。我觉得事情多，更能锻炼自己；而且，这些事情都是抛头露面的，正好让我的脸皮‘厚’起来，变得大方些！”

果然，在几天后的班会上，杨嵩以自己诚恳的态度和大方的演说，赢得了同学们的信任，他如愿以偿被选为体育委员。

当上班干部，有“身份”了，杨嵩可就忙了起来：每天上午第二节课刚下课，他就大声催促着同学们：“快点，快点！出去做操了！”每当体育课时，他总是站在我班队伍前，煞有介事地指挥道：“立正！稍息！”虽然口令喊得还不是那么熟练，但观其神情，俨然是一位将军。

但是天天如此，杨嵩好像感到了一种乏味，倒不是他不愿为同学们服务，而是他觉得自己的工作是一种简单重复，缺乏新鲜感。

我没有简单地批评他“看不起平凡的岗位”，而是从他这个“不满足”中看到了杨嵩一种可贵的思维品质：希望创新。

是的，对杨嵩来讲，争当班干部，并不是仅仅锻炼胆量；当天天喊“立正”“稍息”因而日渐大方起来后，他就渴望一种工作的创造性。而且，作为教育者，所谓对学生能力的培养，与其说是手把手地训练，不如说是想方设法为学生提供机会：让学生“在游泳中学会游泳”。

我又给他出主意了：“1988 年元旦即将来临，你能不能想想办法搞一次活动，既有迎新内容，又与体育竞赛有关，而且要让同学们耳目一新？”

我和他一起探讨了多种方案，最后杨嵩决定举行一次“迎新室内田径运动会”。

室内田径运动会？这名称岂止是新颖，简直是令人费解！

然而，杨嵩毕竟是杨嵩。在 1987 年最后一天，我班的“迎新室内田径运动会”不但在教室里如期举行，而且大获成功。关于这次别开生面的活动，任何文字描绘都不足以表现出当时的热烈气氛。不过，我还是借我保存的一篇当年杨嵩写的题为《小小空间任驰骋》的作文中的有关记录，向可能感到好奇的读者介绍一下，在这“小小空间”，杨嵩是怎样组织同学们“驰骋”的。

本届运动会设有标枪、铅球、短跑、跳高、跳远等项目。不知情的人也许会疑惑：教室里怎么能投掷跑跳？嘿，这正是鄙人的发明！其实，所谓“标枪”，就是 50 厘米长的竹签，“掷标枪”就是立定掷竹签；所谓“铅球”，就是氢气球，“掷铅球”也就是掷氢气球；所谓“短跑”是跑 100 厘米，当然，得把双腿捆住……尽管如此，比赛场面仍然十分激烈精彩。你看掷“标枪”的同学，虽然只是一根细细的竹签，但比赛规则是肩膀不能动，只能小臂运动，所以有的男子汉虽有鲁智深一般的力量，却仍然哀叹英雄无用武之地。相反以细心灵巧著称的女同胞可就大显身手了。别看她们平时斯斯文文，可此刻她们细细的手指捏着细细的“标枪”，轻轻一扔，就超过许多男同学。不过在铅球比赛中，身材矮小毫无运动员应有的强壮体魄的尹德君，却以自己的灵巧为男同学赢得了一项冠军。……比赛项目都很“袖珍”，但气氛却不亚于奥运会：喝彩声、加油声、欢呼声，还有差一点就夺冠的叹息声以及心有余而力不足的捶胸顿足声汇成一片，也成了我班迎接 1988 年的迎新曲！

刚进入 1988 年，也就是杨嵩主持“室内田径运动会”后不久，他又迎来了一次机会，当然从事情后来的发展看，毋宁说这是一次考验。

华中某大学少年班的招生简章传到我校，我首先就想到杨嵩，不仅仅因为班上只有他的年龄符合条件，也不仅仅因为他的成绩拔尖，更主要的是我希望给他一次在更大范围内冲刺的机会，让他经受一次锻炼。

当杨嵩父母得知少年班招生的消息，也很想让杨嵩报考；杨嵩本人更是跃跃欲试。

但是杨嵩真的要报名了，我却有些犹豫了：他面临的功课负担实在太重了——他不过才学完高一上学期的课程，可是半年之后却要通过六门功课的高考。如果他这几个月的时间，不能很扎实地掌握有关课程的知识，那么不但考不上少年班，而且还会影响他以后的学习。

但是，杨嵩的态度很坚决：“李老师，让我试试吧！即使考不上，我也可以检验一下自己的自学能力啊！您不是经常要我‘战胜自我吗’？”

就这样，在高一下学期的四个月里，杨嵩一个人在家开始了艰难而顽强的跋涉。其间他所遇到的困难和他所表现出的毅力，非三言两语能够说清；不过，对此读者一定也不难想象。

当年参加高考，杨嵩以西南地区第一名的成绩被获准赴华中某大学复试。

一路过关斩将，复试也非常顺利。但是，就在杨嵩几乎就要跨过大学少年班门槛的时刻，却因招生过程中的某些原因，他被人为地拒之于少年班的门外！

应该说，在出征之前，杨嵩就想到过失败的可能性，但那种可能性不过是因为文化考试的失利；现在以这种原因而使理想成为梦想，不但杨嵩而且连他的父母和我都是不曾想到的。因而，对小小杨嵩来说，这个打击就不但是沉重的，更是残酷的。

而且，早在他报名之初，个别学校领导就劝阻过他：“应该清醒地认识自己的分量。不要过高地估计自己的水平，更不要头脑发热……”

因此，我非常担心杨嵩“无颜见江东父老”。

不过，从某种角度看，我又觉得对他这样一直很顺的学生来讲，这件事又并非没有一点积极意义。关键是我怎么充分挖掘这次“挫折”所潜在的教育因素。

自然又是一次震撼心灵的谈话：从“天降大任”到“好事多磨”，从韩信的“胯下之辱”到爱因斯坦的“第三个小板凳”，从信心、勇气、毅力到人格、胸襟与心理素质，从“这次应考至少让你看到了以前连你也不相信的智力、能力和潜力”到“当若干年后，你在事业上取得成功之时，再回头看今天的挫折，你就会发现这不过是人生长河中一个小小的漩涡而已”……

最后的结论是：“你应该感谢命运给了你这次打击，你应该把它当作一个新的起点！”

新学期开始了。高二年级按文理科分班上课。我班已被拆散：读理科的学生转入其他班，读文科的学生留下。分班学生名单是上期期末确定的，因为当时杨嵩正参加高考，学校便根据他的学科优势，将他分在了理科班。我也认为根据他的兴趣爱好、学习状况和智力特点，读理科是理所当然。

但开学第一天，杨嵩却找到我，要求留在我班读文科。我无比惊讶，他的解释却让我既感激又感动：“我不想离开您，而希望一直跟您到高中毕业。还有一个更重要的原因是，我想在文科方面加强一下自己的知识与能力。经过这近半年的自学，我已经把高中的数理化功课学完了，但我深感自己的文科素质还比较弱。您不是常常对我们说，未来需要的人才应该是知识广博、能力全面的吗？”

于是，在同学和老师惊讶的目光中，杨嵩留在了文科班。

接着，杨嵩又一个行动让大家看到了他确实没有半点受挫后的颓唐之气：他要求在新学年班委改选之际竞选班长！

这里，我还是引用当年杨嵩的同班同学郑洁的作文《新班长诞生记》，再现一下当时杨嵩的风采——

> 下面是答辩了。面对种种提问，两位同学胸有成竹，从容对答。
>
> “假如你们在上面讲话，下面的同学不听，怎么办？”一位同学问道。
>
> 潘芳奕说：“反正有纪律，该怎么办，就怎么办！”
>
> 杨嵩却说：“若大家不听，就说明我们的讲话没有切合同学们的心愿，那我们就应该改变说话方式和内容，让大家感兴趣！”
>
> 又是一阵掌声！
>
> 李老师发问了：“假如我出差不在班上，你们怎么办？”
>
> 这次杨嵩迅速接过话题，笑眯眯地答道：“你要走，就放心地

走。有了我这个班长，你这个班主任可以说是可有可无的了！”

全班哄堂大笑！笑声中，同学们的敬佩信赖之情油然而生。

最后，经过同学们投票，杨嵩当选为班长，潘芳奕任“第二把手”。然而，对他们来说，新的考验才刚刚开始……

以后的事实证明，杨嵩在竞选时的自信是不无道理的。有他这个班长，我这个班主任虽不能说是“可有可无的”，但确实轻松多了。仅仅是一年的时间，我和同学们明显地感到杨嵩各方面的进步是极为显著的。

而且，他的进步还在继续——到了高二下学期，他又当上了校学生会主席；到了高三，他被选为乐山市学联副主席……

他可没有把“学生官”当成“荣誉称号”，而是实实在在地体现出一种责任感和奉献精神。就任学生会主席不久，他就干了一件算得上是轰轰烈烈的“大事”。

当时，乐山一中外面一条叫致江路的街道，又脏又烂：晴天尘土飞扬，雨天泥泞难行，而且坑坑洼洼，连公共汽车也开不过来。这样一条严重影响周围居民生活，更影响全校学生上下学的街道，却由于种种原因长期得不到整治。

于是，杨嵩经过深入调查，决定代表全校师生投书报社。他先写了一份《关于申请整治致江路的呼吁书》，请我修改后寄到了乐山报社。然而过了很久没有回音。可他并不泄气，准备写第二封呼吁书。我提醒他：“何不直接给市长写信呢？”

他问：“这妥当吗？”

我说：“市长是市民的公仆，市民有困难找公仆怎么会不妥当？”

于是，他真的写了一封致市长的公开信，说明致江路早已变成了“制浆路”，并严重影响了周围市民生活特别是学生的学习，恳请市长督促一下有关部门，尽快整治该路段。

信写好以后，杨嵩突发奇想，来了个全校签名征集。于是，这封公开信后面便有了长长的而又沉甸甸的签名。

可是，信怎么才能让市长亲自收到呢？杨嵩又犯愁了：“总不能又投寄报社吧！”

“简单得很！”我又给他出了一个主意，“你亲自给市长送去！”

“这……”毕竟没有经历过类似的事，本来在我看来已经够勇敢的杨嵩却仍然有点犹豫。

我说："怕什么怕？主人见仆人，居然还要怕？"

杨嵩终于还是鼓起了勇气。

一天晚上，杨嵩费了不小的周折找到了市长的家。

开门的是市长夫人："你找谁？"

"我找市长。"虽然心怦怦直跳，可杨嵩还是故作镇定。

看着眼前这个似乎乳臭未干的孩子，夫人有些惊讶："找市长？找市长干啥？"

"我代表乐山一中的师生向市长反映情况，请求整治致江路。"杨嵩的心已经平静多了。

"哎呀！为这点小事就找市长啊！你应该去找有关市政部门嘛！"夫人把门关上了，末了补充了一句，"我们那位嘛，不在。"

被拒之门外的杨嵩可没泄气，他准备再跑一趟，直接把信送到市长办公室。

正好那几天我班要代表学校到市里参加"五四"歌咏比赛，市长将出席这次歌咏会。于是，比赛前，我见市长端坐在主席台中央，便对杨嵩使了个眼色："上！"

据杨嵩后来对我说，市长接过他的信，知道内容后，和蔼地拍着杨嵩的肩膀说："很好！我一定尽快过问此事。谢谢同学们！"

一个月以后，致江路焕然一新。

当杨嵩后来捧回"乐山市优秀学生干部"的荣誉证书时，我想起当初那个喜欢"阴到费"的小男孩，不禁感慨：对社会而言，教育当然不是万能的；但对学生而言，没有教育的确是万万不能的啊！

高中毕业，杨嵩被保送就读复旦大学经济学系。

那年，他只有 16 岁。

黄金涛：日记中的心路历程

黄金涛是我在成都玉林中学高九〇级一班所教的一个男生。后来高中毕业时，以优异成绩考上电子科技大学。但在高一时，他却绝对不是班上出类拔萃的学习尖子。他自控能力较差，这主要表现在两个方面：一是课堂上常常忍不住说小话，过后又后悔不迭；二是课余学习（特别是在家学习）往往容易受外界影响——比如电视的诱惑等——而分心。所以在高一高二时学习成绩一直处于中等状态。但我一开始，就是把黄金涛作为一名优秀学生看待的。他思想纯正，为人朴实，而且有着强烈的上进心。特别令我欣慰的是，他十分尊敬我，甚至可以说非常崇拜我，这使我对他的教育始终是建立在一种彼此高度信任的情感基础之上的。在和他三年的交往中，他和我从来没有发生过任何一次冲突。直到最近我因要写这本书，约他来聊一聊的时候，他还真诚地对我说：“在我的眼里，您极富个人魅力，我一直很喜欢您，很信任您。”他的父母不止一次地感叹：“我们二娃有幸遇上了李老师，李老师对他的影响真是太大了！”细细回忆起来，我对黄金涛的教育，其实从某种意义上，仍然是“战胜自我”的教育。当然，如果要说与对程桦、杨嵩等“优生”的教育有什么不同的话，那就是在教育手段上，我有意发挥了日记的作用。也可以这样讲，“日记”是我的教育载体，也是黄金涛“人格长跑”的记分牌。这次，黄金涛在谈到我对他的影响时，特意带来了他保存完好的高中生活日记，他说：“在我高中三年的思想发展中，发挥主导作用的是您，而发挥主要作用的，是这一本本日记。”

下面，我就选择一些有代表性的日记，加以适当的评注，以此展示我对黄金涛心灵的影响。

1992年9月1日

开学第一天，我有幸分在高一一班。说是“有幸”，主要是因为这个班的班主任和语文老师是李镇西老师。在我读初三时，他曾代了我们一学期的课，他给我和同学们留下了非常深刻的印象，他对同学真诚的爱和富有个性的教学方法，都让我们敬佩不已。现在，我又幸运地成了他的学生，将和李老师一起度过三年的高中时代，我想，我一定会在他的教育下，成为一名优秀学生的！

今天，李老师对我们提出了一个要求：每天坚持写日记。他说日记是道德长跑、意志长跑、人格长跑的记分牌，要我们通过写日记，养成每天“自省”的好习惯。我现在不敢保证自己能一直坚持把日记写下去，但是我将尽最大的努力，尽可能地在“人格长跑”的跑道上跑远一些。

（评注：从某种意义上说，教育的魅力就是教育者对学生的吸引力。当学生对教育者有了一种发自内心的崇敬甚至崇拜之情时，我们的教育已经露出希望的曙光。我当时要求学生写日记，固然有磨炼人格的意图，但更多的是从语文练笔的角度提出来的，但后来的事实证明，学生通过日记所获得的教育——主要是自我教育——远远超出了我的预料。而黄金涛是其中突出的代表。而且，直到现在，已是大学三年级学生的黄金涛仍然保持着写日记的习惯。）

1992 年 10 月 7 日

今天上课时自己显得过分活跃，虽不太严重，但不可放松警惕。其活跃表现为上课总忍不住说话，虽然自认为很小声，但也是违纪之行为，其动机无非是想表现一下自己所谓的“幽默感”——荒唐！望明日节制。

今天也有值得自我表扬的事：一是历史课上，我主动发言，勇气令我自豪；二是我终于把教室里的一盏灯修好了，虽然花了不少时间，但毕竟还是修好了，心中无限欣喜，并颇感自慰。

（评注：黄金涛上课爱说小话的毛病几乎一直伴随他到高二结束，为此，我没少找他谈心。其实，他并不是有意想违反课堂纪律，而且每次违纪后他都自责不已。我与他的谈心说的最多的话，就是“战胜自己”。他一方面爱说小话，但真正课堂举手发言又紧张得很，每每被抽起来，便紧张得要命。于是，我要求他把说小话的能量转移到举手发言上，鼓励的要点仍然是“战胜自己”！黄金涛最大的优点，是乐于公务，常常主动关心集体。修灯小事，可见一斑。）

1992 年 11 月 13 日

今天李老师总结开学以来的情况，要求凡是最近课堂纪律不佳的同学自己承认错误。于是，我给李老师写了一张纸条，承认了自己课堂说小话的毛病。我为我以前的行为感到可耻，也为我的诚实和改错之决心而倍感欣慰。这恐怕也是战胜自我吧！

（评注：记得当时我在班上表扬了黄金涛这种勇于承认错误的精神。虽然以后的事实证明，他并未彻底改正自己的缺点。然而我认为，学生老毛病重犯，不一定就是“说话不算数”。改正多年养成的坏习惯需要一个过程，教育者对学生应该有信心，更应该有耐心。）

1992 年 12 月 5 日

开学以来，李老师找我谈心说得最多的，就是“战胜自己”四个字。是啊，人之为人，就在于有毅力，有意志。谁不想成为有作为的人呢？谁天生就是坏蛋呢？但能否战胜自己，便成了一个人高尚与卑下的界限。

今天下午扫地时，心里一直想去打球，但仍然克制住了，扫地时一丝不苟，真正做到了“认真”二字。这当然是一件小事，但我很高兴自己能就这一点小事做到“认真”。我想，这也应该算是“战胜自己”吧！

（评注：尽管黄金涛现在仍然还谈不上在各方面战胜了自己，但他已经有意识地对自己提出了这方面的要求，并开始在一些小事上磨炼自己，我想，这就是他走向成熟的起点，也是我教育成功的起点。）

1993 年 2 月 27 日

今天下午，李老师就我的弱点再次与我谈心。他充分肯定了我的优点，他说他很赞赏我的正直与朴实；同时又诚恳指出了我的致命缺点：自控能力较差，有上进心却毅力不够。在谈心的过程中，李老师没有一句严厉的话，而是亲切地和我聊天，他兄长般的真诚，使我很感动，觉得李老师够“哥儿们”。将心比心，我也反省了自己过去的表现，尤其是老师多次批评过的课堂纪律。

我是理解李老师的！

（评注：黄金涛所说的这次谈心，现在我已完全记不起来了。但读这篇日记，我却很感动——为自己被学生理解而感动。教育离不开谈心，而让学生觉得“够哥儿们”的谈心最能打动学生的心灵。从这个意义上讲，教育的艺术有时就是谈心的艺术。）

1993 年 4 月 4 日

又是一个“后悔不已”：说是要向杨嵩学习，可今天又犯错误了！

数学课时，突然停电了。老师给我们送来了蜡烛。可是燃烧的蜡烛，却似乎具有魔力，深深地吸引着我。我很想玩蜡烛，但一想到“战胜自己”的话，我又极力克制自己的贪玩心理。遗憾的是，我并未坚持下来，后来我有时忍不住去吹别人的蜡烛，有时又看别人玩蜡烛。这样，既影响了自己的学习，又影响了别人的学习。过后我又在心里骂自己：唉，我又成了“语言的巨人，行动的矮子”！

（评注：黄金涛“后悔不已”，我却对他充满希望：能够对自己的过失“后悔不已”而不是“无所谓”，这本身就是了不起的进步。）

1993 年 10 月 17 日

今天是星期天，但我并没有因此为爱偷懒的我找睡懒觉的借口。我很早就起床了，然后坐在书桌前复习功课。天还没亮，整个家属区还一片宁静，外面一片漆黑，似乎只有我一个人在挑灯攻读。想到这，我竟感到一种骄傲和自豪！因为在这寒冷的早晨，谁不想多在温暖的被窝里舒服舒服呢？谁愿意迎着寒冷从温暖的被窝里爬出来学习呢？而我却做到了这一点！这难道不是意志的胜利吗？

（评注：记得后来黄金涛在一次作文中再次写到这个令他自豪的“星期天早晨”，我在班上读了他的那篇作文，并号召全班同学都向黄金涛同学学习。）

1993 年 11 月 2 日

今天，李老师给我推荐了一篇报告文学《指挥博士——中央乐团常任指挥陈佐湟纪实》，他让我好好读一读。我当然理解李老师良苦的用心，他是想在我心中再树立一个真正值得我们崇拜的英雄！

一口气读完陈佐湟的事迹，我重新思考“用脑科学”这个问题。是的，正如李老师所说，历史上凡是卓有成就的科学家、艺术家等，没有一个是“科学用脑”的！他的意思当然不是反对科学用脑，而是针对现在一些人学习极不刻苦却动辄讲“科学用脑”而说的。陈佐湟在美国留学时，一天只睡几个小时，过着“咖啡加闹钟”的苦行僧般的生活，却一举拿下了该大学空缺了 20 年的音乐指挥博士的学位！再看爱因斯坦、居里夫人、华罗庚、邓稼先等杰出人物，哪一个不是在“折磨自己”中走向事业的辉煌？所以，就我们中学生目前的情况而言，我们现在首先还是应该提出拼命精神，加倍努力，而不管是否“用脑科学”。

当然，这并不意味着我们一味蛮干。在发扬拼搏精神的前提下，我们还是应该总结科学的学习方法。对我来说，当务之急是提高效率。我最大的问题是学习时，效率观念不强，磨磨蹭蹭，时间一会儿就过去了，坐在书桌前几个小时，却不见有多大收获。今天，我决心抓紧时间。晚上，我把一只小闹钟放在桌前，指针的走动发出的声音如滴水一般，似乎在催促着我；我握笔的手不由自主地在本子上急速地“跑”过，去追逐时间。这才是抓紧时间，提高效率的感觉！

（评注：在教育的过程中，有时一位震撼学生心灵的英雄形象，远远胜过教师一大堆“苦口婆心”的唠叨。我至今珍藏着 1989 年第 11 期《文汇月刊》，上面刊载的《指挥博士——中央乐团常任指挥陈佐湟纪实》，是我后来每一届学生的必读教材。）

1994 年 1 月 5 日

对于“爱情”，像我这样大的孩子，实在难于启齿。偶尔看到电影里、电视里有关爱情的内容，也感到脸红。但我们这个年龄，有时又忍不住朦朦胧胧地想想这个我们根本无法想清楚的问题。今天，李老师却把这个敏感的话题搬上了讲台。他的《青春期教育系列讲座》正式开始了。李老师真诚坦然而又幽默风趣的讲述，让我们听得十分投入。听了之后，又陷入深深的思考，思考什么是真正的成熟，什么是真正的人生意义。我感谢李老师为我们提前打“预防针”，使我们在成长的路上走得更稳当。

（评注：当时，我之所以要给学生开设这个讲座，是因为我已觉察班上有个别学生在这个问题上把握不住自己。于是我想，与其被动地去扑“早恋”之火，不如主动地向学生正面进行青春期心理辅导。黄金涛的这篇日记和后来班上的风气证明，我的这个做法是明智的，也是有效的。）

1994年3月12日

语文课上，李老师继续为我们读小说《凤凰琴》。最近一个星期，他每天都利用语文课为我们读这篇感人的小说。

今天念的是小说的尾声。当张英才背上行李即将离开界岭小学时，余校长用嘶哑的嗓子对他说："今后你不管到了哪里，都别忘记在界岭山上有这样一座界岭小学。"念到这儿，李老师声音哽塞了，他半晌发不出声，转过身去背着我们擦拭眼泪。教室里鸦雀无声，每个人心里都沉甸甸的。我的鼻子也一酸，险些掉下泪来！泪水在眼眶里打转，热血在胸膛里沸腾。我控制泪水，深深吸了一口气，又分明听到气流在颤动，那是心灵在为之震动！

为了山区的孩子，我真是应该为他们做些什么。我想可以捐书，自己有许多现在不用的学习参考资料，都可捐出。当然，我更应该珍惜现在拥有的良好学习条件。看看他们，想想自己，净化灵魂，树立志向：发愤学习，考上大学，建功立业！为自己，也为他们，更为未来我的国家和民族！

（评注：我从来不认为一篇文章或一本书就可以取代对学生所有的思想教育，那未免把教育看得太简单了；但是，在有些时候，一篇文章或一本书的确可以起到某种"催化"作用，使学生思想的量变飞跃到质变。比如，对现在黄金涛来说，这篇《凤凰琴》就一下点燃了他沉睡的理想火焰。最近，他来看我时，还谈到这篇小说当年对他思想的震撼。）

1994年4月6日

不知是因为我的纪律比以前大大地好了，还是因为同学们有意想"以毒攻毒"，今天，我荣幸地被班上选为班委纪律委员，专门负责课堂纪律的监督，每天下午把当天课堂违纪同学的名字写在黑板上。

不管同学们是怎么想的，反正我现在是"有身份"的人了，我就要对得起这几十张选票！正好下午上自习课，我就勇敢地行使了一回"权力"。

刚开始上课时，纪律还不错。可到后来，就有人小声说话了，声音渐渐多了起来。我也渐渐不安起来。嘈杂的教室里只有我的脑子一片寂静，我没有管脑外的声音，只有"管，还是不管"的问号接二连三地打得我头晕。站起来吧，又怕众人看我、笑我，我天生的薄脸皮，从小就怕抛头露面，只恨不得用布遮了脸，什么都不管，什么人都不得罪。大喊一声“不要说话了”则更怕人笑话，无人理会，讨个“假正经”的名声，那可更可怕！但是，周围的说笑声却不停地传来，我感到十分刺耳。如果我就此沉默，当然没有人会笑我“假正经”，但会有更多的人在心里蔑视我：我们白选你当纪律委员了！我终于站了起来，大喝一声：“不要说话了！”令我吃惊的是，我这一声还真管用，周围的声音都平息了，直到下课，教室都是安安静静的。

这也应该叫“战胜自己”吧？

（评注：那一周的周记，许多学生都不约而同写到黄金涛的“大喝一声”，并为他的凛然正气所感动。记得当时我特意把同学们的周记拿给他看，鼓励他继续发扬正气。一学期后，黄金涛继续当选班委，不过他的职务换成了体育委员。于是，在每天我班课间操的队伍中，总有黄金涛巡视时那威风凛凛的身影。只要有谁不认真做操，他便在班上黑板一角记下姓名让其曝光，他还为这个“曝光角”取了一个幽默的名称：“今日病夫”。）

1994 年 5 月 1 日

今天是全世界劳动人民的节日，我却“节日”不起来。半期考试，我考得很不理想。虽然我一再告诫自己：“过了的事就不要老去想了！”但心里始终忘不掉。就像病人去了盲肠，却总要在腹部留下一块不大不小的伤疤。我这人好面子，裤裆破了，便赶忙夹紧了双腿，别着脚走路，脸上带着让人迷惑的笑，眼睛总盯着别人的脸孔，心里却嘀咕着别人是否见丑了，或是听见线绷断的声音了……总之心中的阴影久久挥之不去。

唉，我不知何时能走出失败的怪圈？

（评注：说实话，黄金涛的自控能力已大大提高，但科学的学习方法还没有转化为自己良好的学习习惯。他很苦恼，在这次考试后，他主动找到我，请求我帮助。我给他提出了“每日十问”的要求，即每天晚上睡前问自己十个问题：一问今天在家早读外语没有？二问今天上课开小差没有？三问今天学习上提出什么问题没有？四问今天的功课复习没有？五问今天预习明天的功课没有？六问今天做过闲事没有？七问今天“过电影”没有？八问今天计划完成没有？九问今天有未弄懂的难题没有？十问今天有无浪费的时间？我要求黄金涛把这十个问题制成表格，每天按实际情况填写。最后我对他说：“一两天做到这每日十问并不难，但关键是要坚持下去，唯有这样，你才能真正步入学习的良性循环。”）

1994 年 5 月 17 日

出差几天的李老师，今天又回到了我们中间来了。他问我们这几天表现怎样，大家自然是异口同声大叫“好得很”。他似乎有点不相信，便走访诸位科任老师，结果大喜。我们当然更是十二万分的自豪！因为我们在没有班主任的情况下保持了良好的纪律。我们都逐渐在思想上向李老师所说的真实、真诚靠拢。李老师又在班上搞“最近班上最守纪律的同学”的调查，结果，我荣幸地榜上有名！我以此为最大的荣誉，因为我在以前总是爱说小话，屡屡课堂违纪被老师批评。现在，我可以毫无愧色地对自己说：我是一个守纪律的学生，我保持了自己的进步，我战胜了自己！

说实话，今天我受到的表扬，比我考试取得了好分数还令我高兴。因为道德的殊荣远比成绩的殊荣更可贵；同样地，道德的沦丧比成绩的下降更可怕！

（评注：经过我的引导，更通过黄金涛本人的自我教育，他终于彻底改变了上课说小话的缺点。更令我欣慰的是，在改正缺点的过程中，他逐渐成熟起来。在以后的前进道路上，也许还会遇到这样那样的困难，但是，对他纯正的品质，我是可以放心了。）

1994 年 6 月 10 日

如果说，前段时间我的“每日十问”多少有些完成任务似的被动的话，那么，现在我已逐渐养成习惯。这种习惯促使我每天的学习都很有规律。更让我高兴的是，这一良好习惯（其实也是良好的方法）使我的学习明显有了进步。我将继续坚持下去。真感谢李老师！感谢他用这么看似简单的“每日十问”，就把我的学习状态纳入了良性循环，更使我的学习效率大大提高。不知这是不是李老师的发明，如果是的话，他真应该获诺贝尔奖！

（评注：真理总是朴素的。教育科学有时其实很简单，就是把教师的教育意图尽可能转化为学生的自我要求，再设法让学生坚持下去以形成习惯。）

1994 年 7 月 5 日

还有一年就要高考了，可我在最近的期末考试中却失败了。李老师帮我总结了原因，是我太看重考试，太急于求成，导致应试心理素质太差。李老师又送了我一句朴素的话：“把考试当练习，把练习当考试。”他解释说，把考试看淡一些，“不就是一次练习吗”，丢掉任何患得患失的思想包袱，可能反而考试时会发挥得好一些；而对平时的每一道练习，都要当成考场上的试题，一丝不苟，而且要有时间观念。这样，真的到了考场，也就不会紧张了。

我完全理解了李老师这句话的意思，而且我想，只有平时把练习当考试，到时才能把考试当练习。

（评注：经过两年多的教育，我自认为黄金涛进入了“优生”的行列，但要让他的学习成绩稳定下来，还需加强他的学习心理的优化，包括考试心理。）

1994 年 9 月 1 日

今天是高三学年的第一天，从今天起，整整一年的时间，我们将在紧张的拼搏中向高考冲刺。说不清是恐慌还是振奋，也许都有一点吧！不管怎样，我对这一年的学习将全力以赴，争取考上重点大学，这是我人生理想的第一个台阶。

第一节下课后，李老师把我叫到办公室，笑盈盈地送我一本笔记本：“今天是你 17 岁生日吧！我给你写了一首小诗，连同这本笔记本，算是给你的生日礼物！明年 7 月，你就要参加高考了，衷心祝愿你明年能以一张大学录取通知书作为自己 18 岁生日的礼物！”我非常激动，不知说什么好，只是不停地说：“谢谢！谢谢李老师！……”我心中涌起一阵激动：这是我进高中以来，李老师第三次赠给我生日礼物了！我不知说什么好，只是喃喃说道：“谢谢！谢谢李老师！”

回到教室，我打开笔记本的扉页，上面是李老师潇洒的行书——

也许……

——贺金涛同学17岁生日

名字也许太普通，
人格永远不会平凡；
生活也许较清贫，
事业永远不会黯淡；
歌声也许会暂停，
旋律永远不会中断；
理想也许还遥远，
追求永远不会遗憾！

你的朋友李镇西
1994年9月1日

我明白李老师诗中的含义，他是告诉我，人生的意义更多的在于为理想的追求，而不仅仅在于追求的结果。放心吧，李老师！我会用行动回答您对我的期待的。

（评注：这首诗是写给黄金涛的，也是写给我自己的，后来我又把它作为毕业赠言送给了全班学生。我想以此告诫我和我所有的学生，理想的追求比追求的理想更重要！在这个日益物质化、实用化的时代，人们急功近利地追求“结果”，却放弃了“过程”中更有意义的价值或者说更有价值的意义！当然，把这首诗写给黄金涛，也算是我对他纯正人格的评价；同时也表达了我对他的一种含蓄的提醒：即使是对高考这样的重大关口，也不妨以平常心待之，它不过是人生长河中一段湍流而已，而绝不是最后的港湾。无论成功或失败，都只是“过程”中的一个环节。

一年以后，黄金涛以优异成绩考上成都电子科技大学。临行前，他和学生们来看我，并送给我一张签有学生姓名的尊师卡，我打开一看，首先映入眼帘的是黄金涛代表全班学生写的一句话：“镇西兄——血脉虽不相连，心灵永远相通！”）

第八章 转化『后进生』

即使是某些教育者心目中“一无是处”“不可救药”的学生，其心灵深处或多或少也有着美好道德的萌芽，因此，对“后进生”的成功转化，与其说是教师向他们“灌输”（即使是很巧妙的“灌输”），不如说是引导他们发现自己身上的善良之处、高尚之处，帮助他们树立“我是有缺点的一个好人”的道德自信。

转化“后进生”是最好的教育科研

1995年8月底，我刚刚送走一届高三毕业班。高考成绩的辉煌，让我一下子引人注目起来。但我在兴奋的同时也在思考：我事业新的“增长点”在什么地方？

我把眼光投向了“后进生”。

我认为，既然素质教育充满了对人的尊重，那么这里的“尊重”首先体现于对“后进生”的尊重。我认为，搞素质教育如果离开了对“后进生”的研究与关注，是不可思议的。理由很简单：“素质教育的要义第一是面向全体学生。”（柳斌）而对多数学校的多数班级来说，“面向全体”就必然面向为数不少的“后进生”。或者换句话说，只要有哪怕极少数的“后进生”在我们教育者的视野之外，那么，我们所标榜的任何“素质教育”都不是真正上的素质教育！

这就是我决定关注“后进生”的原因。

当时我所在的学校是一所普通中学，生源不是特别好，尤其是高一生源很不理想——即使本校初中毕业生中的优秀学生，也有相当一部分学生不愿报考本校高中而选择市内一流重点中学。在应试教育的背景下，不理想的生源意味着学校生存竞争的危机。为了改变这种不利状况，学校领导决定培养自己的高一优质生源——从初一新生进校开始，开办关于素质教育的“六年一贯制实验班”。

其实，所谓“六年一贯制实验班”，就是“优生班”。当然，这里的“优生”更多的是指成绩拔尖的学生。学校是这样操作的，初一学生刚进校便参加全年级统一的分班考试，然后将考试分数最靠前的几十名学生编在一个班，“六年一贯制实验班”便建成了。所谓“六年一贯制实验班”的“六年”，指的是从初一到高三的整个中学阶段。学生一进入这个班，便意味着他初中毕业时无须参加中考，便可以直接升入本校高中——当然，由于学生没有中考成绩，他也不可能进入其他高中就读而只能留在本校。按道理，学生初中毕业时有权选择新的高中，是否留在本校应该完全取决于学生本人的自愿。但是，学校在组建“六年一贯制实验班”时，便和每一个入选的尖子生签订“自愿协议”，这个“协议”表明，学生在“自愿”选择进入“六年一贯制实验班”的同时，也“自愿”放弃了三年后初中毕业时选择就读其他高中的权利，而“自愿”留在本校高中就读——也就是说从表面上看，每一个进入“六年一贯制实验班”的学生都是“自愿的”。

学生为什么会“自愿”呢？这里面有一个关键的因素：学校承诺将选派最优秀的教师担任“六年一贯制实验班”的班主任和科任老师，对学生进行全面的素质教育。这意味着，如果一个“优生”不“自愿”进入“六年一贯制实验班”，将意味着他初中三年失去享受优秀教师教育的机会。“尖子生”及其家长面对着学校的承诺，当然要选择“自愿”加入“六年一贯制实验班”！

所谓“六年一贯制实验班”，真正的目的是留住优秀生源，保证学校的高考升学率！我这里无意批评编“六年一贯制实验班”的想法和做法，相反我非常理解学校领导的这一举措。在严酷的竞争面前，学校领导不得不首先考虑学校的生存和学校老师们的切身利益！说实话，如果我是校长，我说不定也会这样做的。

我只是在想，抛开升学率的考虑，如果真的要搞素质教育方面的“实验”，是不是把成绩最差的学生集中编在一个班，更有价值一些呢？

我有一个在别人看来很偏激的观点，把优秀生拿来做“素质教育实验”不是真正的“教育实验”。我始终认为，所谓“优生”绝不单单是老师教出来的！“优生”之所以能够考上大学，除了学校教育，还有两点非常重要——家庭教育背景和学生本人的状况（天赋、基础、态度等）。如果从“应试教育”的角度看，这样的学生实在没有什么“实验”价值，因为他们不“实验”一样能够考上大学——还用得着“实验”吗？而如果从素质教育的角度看，单单把优秀学生拿出来“实验”更是很荒唐的——难道素质教育仅仅是针对成绩优异的学生吗？难道只有成绩优异的学生才配享受素质教育吗？难道素质教育的第一要义不是“面向全体学生”吗？

所以，1995 年 8 月，当学校决定继续在新的初一年级开办“六年一贯制实验班”并决定让我担任该班班主任和语文教师时，我给学校领导提出了一个大胆的建议：能否将同一次分班考试中的最后几十名学生——也就是俗称的“后进生”——编成一个班，搞真正的素质教育实验？

刚开始，学校领导表现出了某些担心，比如将“后进生”编在一个班是否能够保证良好的课堂教学秩序，编一个“后进生班”会不会让社会认为学校打着“教改实验”的幌子而实际上是不管这些“后进生”了，等等。我对学校领导说，消除这些担心的最好办法，是选派最好的老师到这个班去任教！而且，我明确表示，我愿意担任这个班的班主任和语文教师！

经过反复论证，学校领导终于支持我的想法，决定先按入学分班考试把全年级400多名学生中的最后27名学生编入我班，然后再以“抓阄”的方式确定了我班的另外30多名非尖子生。这样，一个特殊同时也是真正意义上的“实验班”便成立了。我也如愿以偿地当上了这个班的班主任和语文老师。

可是，学校也舍不得放弃“六年一贯制实验班”，因为毕竟升学压力实在太大。这好办，两个实验班同时存在，同时推进教育实验！而我则同时担任两个班的班主任工作和语文教学——两个班的学生总数131人！

我的这一做法，自然众说纷纭，要么说我“标新立异”“好出风头”“逞能”，要么夸我“高尚”“无私”“乐于奉献”“勇挑重担”……面对种种说法，我均淡淡一笑。“走自己的路，让人说去！”

其实，即使是真心夸我的人，也没有真正理解我。记得当时有一位年轻教师在向我表达敬佩的同时也问我为什么要“自讨苦吃”，我是这样半开玩笑半认真地回答她的：“纯属个人爱好！既与‘逞能’无关，也与‘高尚’无关！因为我的爱好就是研究‘后进生’！”

这是我的心里话。人们常说，“名师出高徒”，其实不是，在应试教育背景下，更多的时候是“高徒出名师”——如果一个老师教一个“优生班”，他的学生考上大学的当然更多，他自然也就“有名”了；如果这位老师能够在转化“后进生”方面也取得卓越的成绩——这里的“卓越成绩”不一定是指将“后进生”都送进大学，而更多的是指让每一个“后进生”都在原来的基础上有较大的提高——那么，他才是真正的“名师”。

而我愿意成为这样的“名师”！

需要特别说明的是，我不反对对优秀学生进行真正的教育实验，我只是反对以“素质教育实验”为招牌进行应试教育，虽然我刚才说了，我能够理解领导的苦衷。实际上，在超常儿童教育、英才教育方面，也有许多有价值的教育科研——如果以后有机会，我也愿意专门教教优秀学生，以进行相关的教育实验。但在当时，我更愿意研究“后进生”。

因为在我看来，转化“后进生”是最好的教育科研。一般说到教育科研，有的老师总是想到向“上面”要“课题”，而且课题的级别（市级、省级、国家级）越高越好，其实这种认识是片面的。能够拿到“上面”下达的课题当然很好，但没有机会参与这些课题一样可以搞科研。有人会问：“没有人给我课题，我怎么搞科研呢？”我说：“对于一线的老师来说，最好的课题就是带着一颗思考的大脑从事每天平凡的工作，我们遇到的每一个难题就是最好的科研课题！”是的，“把难题当课题”，多年来我正是这样做的！而对于每一个老师来说，教育教学中最最头疼的莫过于“后进生”转化了，因此，研究并转化“后进生”便成了最有价值的教育科研。只要想想，关于“后进生”还有那么多的未知数等待我们去解开——“后进生”产生的原因、他们的精神世界、他们的学习心理及习惯、他们的兴趣爱好以及转化“后进生”的种种对策……我们就会感到一种来自教育的诱惑，任何一个有事业心的教育者都难以抵挡这种诱惑！——面对一个个“后进生”，我们将可以进行多少教育思考并从事多少教育实验呀，又可以写出多少源于实践教育论文乃至教育专著呀！我也正是用这种“诱惑”去打动说服其他优秀的科任老师来和我一起教“后进生”的——我对他们说：“我们一起搞教育科研吧！”他们便欣然地和我走到了一起！

后来的事实证明，因为担任这个特殊的“实验班”教学，因为我们天天都和“后进生”打交道，我们的确在教育科研上取得了丰硕的成果——三年后，不但这个班的学生在总体上取得了很好的成绩，而且我们自己也发表了有关“后进生”转化的教育论文。

让“后进生”享受成功

尽管在接受“后进生”实验班之前，我和我的同事已经有充分的思想准备，但当我们面对面地接触这些学生时，才真正切身感到了研究和转化“后进生”的难度，远远超出我们事前的预料。然而，无论遇到什么困难，我们都没有退却，而是全身心地投入到了孩子们当中，去感受他们的精神世界，进而引导他们走向进步和成功。

那段时间，我经过走访孩子们的家庭和他们的小学老师，以及问卷调查，同时和他们反复谈心，我逐步摸清了这些“后进生”产生的主要原因，当时，我为此还写下一则教育笔记——

一、家庭方面的原因

1. 教育方法不当。要么是溺爱，让孩子从小就在百依百顺的“温柔”中习惯于“朕即真理”；要么是粗暴，使孩子在呵斥和棍棒中学会仇视一切“教育”；要么就是放任，孩子在“自由”中疏远了棍棒也疏远了感情，养成了懒惰也养成了散漫。

2. 家长行为不正。“家长是孩子的第一任老师”已是人人都懂的道理，但为数不少的“第一任老师”却不知不觉地以自身并不美好的言行影响着孩子。胸无大志、工作懒散、趣味低级、生活平庸、言谈粗俗、热衷赌博、沉迷色情，如此等等都是在对孩子进行启蒙教育。

3. 家庭离异。真诚和睦的家庭，不但是孩子生活的温馨港湾，而且从教育的角度看，更是他们健康成长必不可少的良好环境。相反，夫妻经常打架吵架，无疑会在孩子心中投下生活的阴影，扭曲他们的道德是非观念。由父母离异而造成的家庭破裂，使一些子女失去了应有的家庭温暖和教育，心灵的创伤、感情的失落、畸形的教育，使不少孩子渐渐成为学校中的“后进生”。

二、学校方面的原因

1. 教师的歧视。这是我在一次对“后进生”的问卷调查中获得的“惊人”发现。相当多的“后进生”诉说，他们从小学起就被老师冷落、辱骂，甚至体罚。这种歧视，不一定是教师的自觉所为，但后果却是不但使这些学生丧失了自信更丧失了自尊，更严重的是在他们心中播下了对教师乃至对教育的敌意。

2. 教学的失误。这主要表现在教师教学上的“一刀切”。“因材施教”是古已有之的教学优良传统，但一些教师在教学中总习惯于让所有学生“齐步走”，不断积累的学习成绩差异使越来越多的学生沦为“后进”。

3. 多次尝试失败。人们常说：“失败为成功之母。”但对相当多的“后进生”而言，失败是失败之母。面对他们第一次“失败”，教育者并未予以应有的心灵抚慰和学习帮助，致使沉重的自卑感成了第二次失败的前奏。如此恶性循环，本来可以学得不错的学生，成了教师眼中的“瘟猪子”！

三、个人方面的原因

1. 街头结交。不正当地交友，因而染上社会恶习，是一些孩子成为“后进生”的重要原因。

2. 身体状况。体质较弱或身体某些方面的疾病，自然会导致孩子的学习成绩不佳，以致成为“后进生”。

3. 智力状况。个别学生反应迟钝、接受能力较弱，也是他们学习落后的原因。

我粗略地将“后进生”的成因作了个大致的划分后，初步认为，在家庭、学校和个人三者中，来自家庭和学校的原因占主要地位，其中最主要的原因首推家庭。但我对科任老师们说，作为教育者，我们在研究“后进生”时，却应该也必须把着眼点放在学校教育方面。

作为班主任，我在转化“后进生”时，首先把他们放在整个集体教育中来考虑。在转化“后进生”的具体过程中，我特别注意以下几点：

1. 注重感情倾斜。教师对“后进生”真诚的爱，是转化他们的第一剂良药。“后进生”们几乎是从受教育起就伴随着呵斥、嘲笑、辱骂甚至体罚，因此，面对他们，我总是怀着强烈的人道主义情怀给他们以心灵的呵护，帮助他们树立起人的尊严。我要特别强调的是，首先这种“爱”不是故作的特殊的“偏爱”，而是自然而然的和其他学生一样平等的爱。不然，“后进生”仍然会觉得老师对他是另一种形式的“另眼相看”。其次，这种“爱”不应该仅仅来自老师，还应来自学生集体，要让“后进生”感到不但老师没有歧视他，而且同学们也在真诚地尊重他，进而唤起他对集体的热爱之情，并把这种感情转化为上进心。

2. 唤起向上的信心。苏霍姆林斯基有句名言：“真正的教育是自我教育。”我想，这对“后进生”同样适用。每当我自己感到学生不听我的话时，就问自己：“我的这些话，是否点燃了他心灵深处向上的愿望和信心？”无数事实证明，只有当学生自己有强烈的上进愿望和信心时，他的进步才会出现并得以持久。所以，从某种意义上讲，所谓“转化后进生”，更多的时候就是不断设法唤起他向上的信心。

3. 引导集体舆论。每当读到或听到关于某一位班主任如何如何长期无微不至关心或苦口婆心帮助某一“后进生”的经验时，我总是纳闷：怎么帮助“后进生”成了教师一人的孤军奋战呢？集体的力量在什么地方呢？事实上，比起教师单枪匹马的操心，学生集体的健康舆论更有利于“后进生”的转化。因此，我一直非常注意尽可能把自己对某一学生的批评、表扬、鼓励、关心、帮助变成集体对这个学生的批评、表扬、鼓励、关心、帮助。

4. 讲究有效方法。我这里没有说“科学方法”而说“有效方法”，当然不是不讲“科学”，而是更强调“有效”。“有效”的方法往往包含有“科学”的因素，但有时“科学”未必“有效”（比如缺乏可操作性、缺乏具体针对性等）；另外，这里的“有效”，还包含有“艺术”的意思（让我们的方法更新颖而使学生易于接受）。总之，转化“后进生”除了耐心细致的思想教育，还必须有“十八般武艺”的行为引导、规范甚至必要的制约。

在转化这个班的“后进生”过程中，我采用过的比较有效的具体方法有：

1. 写家校联系本。让“后进生”为自己确定一个“帮助人”，让这个“帮助人”每天将“后进生”的当天表现（纪律、作业、进步、问题等）写在家校联系本上，然后让“后进生”带回去给家长看。

2. 填报喜单。每当新学期开始，我便印制好一沓学生进步报喜单，然后在每周末发给本周进步明显的“后进生”，让他们带回去向家长报喜。

3. 游玩。我常常利用节假日，邀约班上的“后进生”和他们的“帮助人”一起去公园或野外游玩，有时我还把这样的活动当作对进步学生的奖励。当学生忘记了我是他们的老师而和我摸爬滚打时，我的教育已成功了一半。

4. 集体评议。不定期由全班学生评选“最近表现最差的同学”，再让班长当场公开结果，并对有关同学提出批评和希望；然后过一段时间，再在班上评选“最近进步最大的同学”，仍由班长当场公布结果，并对进步大的同学发奖或发报喜单。根据我的体会，这样前后两次评选活动的当选者往往是同样的学生。

5. 写“每日九问”。引导“后进生”养成每天“自省”的习惯：一问今天影响同学学习没有？二问今天上课开小差没有？三问今天学习上提出什么问题没有？四问今天的功课复习预习没有？五问今天做过什么不文明的事没有？六问今天说过脏话没有？七问今天战胜弱点没有？八问今天有进步没有？九问今天有什么遗憾没有？

6. 写《灵魂的搏斗》。引导“后进生”自己战胜自己并体验其中的乐趣。我常常在某一“后进生”做了一件他以前不容易做到的事之后，请他写《灵魂的搏斗——记一次“战胜自我”的经过》，然后在班上朗读，以激励更多的学生。

7. 安排当干部。为了让“后进生”也有体现自己尊严和才能的机会，我有时鼓动班上同学选他们当班干部，或者给他们安排一个“助理”“干事”之类的“职务”。他们一旦有较好的工作成绩，即让全班同学给他们以褒扬和鼓励。

8. 对手竞赛。让每一个“后进生”都找一个与自己各方面情况接近的同学作为竞争对手，在纪律、学习等方面展开比赛，并定期让全班评比。

9. 学生作文表扬。经常向全班学生布置写《同学进步大》的作文，后在班上大张旗鼓地朗读或张贴这样的作文，以形成一个催人向上的集体舆论氛围。

10. 推荐好书。有针对性地给有关学生推荐有益读物，并定期和他们一起讨论阅读体会，以引导他们形成健康的精神生活。

转化“后进生”，当然不仅仅是思想品德教育和行为规范养成，还有一个很重要的方面，便是抓学生们的学习习惯并尽可能提高他们的学习成绩。这是难点，但也是重点。我和我的同事在这方面同样倾注了大量的心血。

一般的教师往往认为，“差生”的学习之所以欠佳，是因为其行为习惯不好。这种认识当然不错，但并不全面。通过我对“差生”的观察与研究，发现相当一部分“差生”的行为习惯不好，其实是由其学习成绩欠佳造成的——尤其是小学生和初中生。由于家庭文化背景、个体智力状况以及学生性格差异等因素，某些学生在学习上落下一大截：知识欠缺、能力低下、学习成绩分数总是不及格……试为这些学生设身处地地想一想，面对老师讲授的知识他一窍不通，面对老师布置的作业他束手无策，他能不胡思乱想、调皮捣蛋吗？因为学生首先是人，需要一种精神寄托。既然无法在学习中找到自己的精神乐趣，这些所谓的“差生”必然会通过其他令教育者头疼的不良行为来体现自己的存在。

由此看来，欲转变“差生”，除了加强深入细致的思想教育和科学严格的行为规范外，还应帮助“差生”获得学习上的成功感，并以此树立起一种健康而稳定的精神追求。说到让“差生”获得成功感，不少教师会感到难以企及。的确，在现行教育体制中，要让所有“差生”“达标”（主要是“达”中考和高考之“标”）几乎是不可能的。但是，这并不意味着我们的教育注定要让一部分学生失去成功的欢乐，乃至失去人的尊严！既然孔夫子早就提出“因材施教”，既然苏霍姆林斯基曾多次谆谆告诫教育者“要让每一个孩子抬起头来”，既然我们的社会主义教育——特别是九年义务教育是面对所有学生，那么，我们就没有任何理由不充满真诚地帮助每一位学生获得求知的乐趣进而享受成功的快感。

这里又自然涉及一个关键的问题，即何为“成功”？我和我的同事进入了深入的思考和研究。我们逐步达成这样的共识：不同的人，其一生的成功标志不可能一致；同样的道理，对于不同的学生，衡量其成功的标准也不应是同一尺度。根据苏霍姆林斯基的“个性发展”理论来看，每一个学生都是一个“独一无二的个性”。苏霍姆林斯基认为，教育者的明智，就在于他能从似乎都“差不多”的学生中，发现每一个人特有的兴趣、爱好、特长和志向，大胆地让每一个人的才能得到尽量的发展。苏氏并不以及格率和升学率来衡量自己教育工作的成败，他感到满意的是：他的每一个学生都成了全面发展的人、“合格的公民”，每一个人都在生活中找到了他的条件许可的合适的地位：能够成为科学家的成了科学家，能够成为集体成员的成了有道德有知识的普通劳动者。（参见《给教师的建议》）这里的“每一个学生”当然包括我们所说的“差生”。如果我们把苏霍姆林斯基这一闪耀着人性光芒的教育思想用于指导我们的日常学科教学，那么，教师就应该千方百计地让每一位学生在各科学习的每一个阶段都学有所乐、学有所得，不断增强学习兴趣和信心，积极主动地获取新知，使所有学生——特别是“差生”平等地分享学习成功的欢乐。

正是基于这样的思考，我和我的同事们尝试着在教学中采用“分层递进教学法”。

所谓“分层递进教学法”，即根据学生不同的学习基础编成不同的教学组，采用鼓励性、激励性的“因材施教”，让每一个学生都能在自己原有的学习基础上有所提高。我们把学生分为四个教学组——“带头组”（学习能力最强，知识基础最好）、“普通组”（学习能力中等，知识基础一般）、“提高组”（学习能力较弱，知识基础较差）、“基础组”（学习能力极弱，知识基础极差），语文、数学、外语三门主科教师在课堂教学、作业要求、测验考试等各个教学步骤中体现出四个层次，以体现出教学鲜明的针对性。每个学生所属的四个教学组不是固定不变的，随着学习的进步，每个学生都可能按“基础组→提高组→普通组→带头组”递进流动（当然，对个别学生而言，也可能出现与之相反方向的流动）。

实施“分层递进教学”，教师教学的艰巨性复杂性大大增强——每上一堂课，须备四套教案，而这四套教案又是在同一节课内“立体”操作完成；布置作业，须在质与量方面提出四种不同的要求；单元测验和半期、期末考试，教师要命制四套难度不等的试题……但是，对学生而言，这种“分层递进教学”极大地调动了他们的学习兴趣，并增强了他们——尤其是“差生”的学习信心，从而激发起所有学生的学习热情；每位学生都有学习上的成功感，这种成功感又激励着他们向新的学习目标迈进。就整个班级而言，“分层递进教学”促进了班级浓厚学习风气的形成，进而推动了整个班风的明显好转——连原来学习最差、最不想学习的学生都开始把兴趣转向了学习，课堂上调皮捣蛋的学生自然就少了。

“分层递进教学”尝试的成功给我和我的同事以极大的启示，让每一位学生享受成功，使他们从学习中体验有所发现、有所创造的快乐，这既是教育者教育艺术的体现，更是我们充满人性的教育所应达到的目的之一——因为“正是这种有所发现的欢乐，正是这种靠着自己的努力完成作业的欢乐，乃是人的自尊感的源泉”。（苏霍姆林斯基：《给教师的建议》）

把更多的关爱给“后进生”

这个特殊的“实验班”带给我许多教育观念的积极变化。不是从书本上而是从实践中，我逐步认识到，转化“后进生”的途径、方法当然是很多的，但其基本的教育思想却应该充满“民主、科学和个性”的精神。

一、民主：用心灵赢得心灵

爱，是教育的前提；但是，对“后进生”来说，这种“爱”应该是真诚的。换句话说，教育者对“后进生”的爱，决不应是为了追求某种教育效果而故作姿态的“平易近人”，而是教育者真诚人道主义情怀的自然流露。当我们自然而然地把“后进生”看作朋友时，这些顽皮的“后进生”也会不知不觉地把我们视为“哥儿们”。我喜欢与“后进生”“吃喝玩乐”：星期天，和他们一起去公园，在草坪上摔跤、斗鸡；假期，和他们一块儿徒步去郊外旅游，在田野追逐；他们有了学习上的进步，我带他们去吃火锅以表庆贺……也许会有教育者指责我的教育“太庸俗”，但我认为教育能够真正走进学生的心灵，不但是无比幸福的，也是无比高尚的！也可能会有人敬佩我善于给“后进生”们带去欢乐，我会说：“不！不是我给他们带去了欢乐，而是他们给我带来了欢乐；或者说在没有师生界限的交往过程中，我们获得了共同的欢乐！”

当孩子们与教师产生了朋友般的依恋之情后，点燃学生心中“想做好人”的愿望，便是教师实施教育的关键。苏霍姆林斯基多次谆谆告诫教育者：不能让儿童那种“成为一个好人”的愿望的火花熄灭。而且长期与顽童们打交道的经历告诉我，即使是某些教育者心目中“一无是处”“不可救药”的学生，其心灵深处或多或少也有着美好道德的萌芽，因此，对“后进生”的成功转化，与其说是教师向他们“灌输”（即使是很巧妙的“灌输”），不如说是引导他们发现自己身上的善良之处、高尚之处，帮助他们树立“我是有缺点的一个好人”的道德自信。我经常与“后进生”谈心的话题，便是让学生谈“我有什么优点”；如果某一“后进生”因为长期受斥责而丧失了道德自我肯定的勇气和能力，我便让全班学生帮他找优点。注意，教师这样做，绝不仅仅是一种教育技巧，而首先是一种对“后进生”由真诚热爱而产生的真诚信任。

当然，比起其他学生，“后进生”犯错误的时候要多一些，教育者很难做到不对他们发怒；但是，“一个好的教师，就是在他责备学生、表现对学生的不满、发泄自己的愤怒（教师也有权发泄他的愤怒，任何一个有涵养的、受过教育的人也在所难免）的时候，他也时刻记着：不能让儿童那种‘成为一个好人’的愿望的火花熄灭”。（苏霍姆林斯基）我这里还想强调的是，在批评教育的问题上，师生同样是平等的：教师当然可以批评学生，学生也可以批评教师；教师如果批评失误，应该尊重学生申辩或解释的权利；如果冤枉了学生，教师应该公开主动认错。有一次上课，我看到一位因平时上课极爱说闲话而被我经常苦口婆心教育的学生，又在向周围同学说着什么，我一怒之下声色俱厉地把他痛斥了一顿，当时他红着脸低着头承受着我的批评；可是课后，有学生来告诉我，说那个同学刚才是为同桌念黑板上的板书（同桌眼睛近视而又忘戴眼镜了），并不是有意说话。我顿时惭愧极了，立即回教室当着全班学生向那个学生认错，并决定替他当一天值日生，以表达我的歉意。这事让学生们很感动，我却说：“学生认错，大家习以为常；为什么老师认错，同学们就格外感动呢？错误面前，也应该人人平等！”

二、科学：把教育主动权交给学生

前面谈到的学生心灵深处美好道德的萌芽，是学生自我教育的内在依据。但是，对“后进生”而言，这些“萌芽”往往被各种缺点的“杂草”掩盖着。教育者的明智和机智，在于引导“后进生”经常进行“灵魂的搏斗”——不但善于发现自己的可贵之处，更勇于用“高尚的‘我’”战胜“卑下的‘我’”。

要求“后进生”在一个早晨就根绝所有坏习惯，显然是不可能的；但我们可以让他们通过自我控制而逐步减少犯错次数。有一位“后进生”上课特别爱唱歌（虽然有时候只是小声哼哼），他知道同学们对他这个坏习惯很反感，自己也很想改正，但缺乏信心。我对他说：“你现在是每堂课都要唱歌，影响同学们学习。这样吧，你先试试尽量争取每天有一堂课不唱歌。如果没做到，我暂时不批评你，但如果哪一天做到了有一堂课没唱歌，你就来给我报个喜，好吗？”第一天，他没来报喜；第二天他来报喜了，而且特别兴奋；第三天和第四天他又没来报喜，我知道他未能战胜自己，但仍然耐心期待着；第五天，他又来报喜了。尽管一周之内他只有两天报喜，但我仍然给他以热情的鼓励。就这样，他犯这个错误的频率逐渐减少；半期过后，他基本上改正了这个坏习惯。在表扬他的时候，我向全班强调的是，他有“战胜自己”的勇气和毅力。

引导学生自我教育，也包括利用学生集体的健康舆论对集体中某个或某些“后进生”施与积极的影响。在这种情况下，教师要善于巧妙地把自己表扬或批评转化为集体舆论的褒贬，让集体的每一个成员（不只是“后进生”）都意识到：自己有了进步，是全班的光荣；自己犯了错误，是全班的耻辱。我多次在新学期第一天开始让几个“后进生”中进行“看谁进步大”的比赛，半期语文考试时，让全班学生以《进步大》的作文进行投票——由于学生的作文只能写一位同学，这就使参加“后进生”的比赛具有了竞争性，而且这种竞争随时是在学生集体的监督之中；由于学生的“选票”是考试作文，他们自然会认真对待，而这种“认真”必须体现为平时对那几个“后进生”的细心关注。这种教育技巧，我在对历届学生的教育中都运用过，可以说是屡试不爽。其成功的原因，就在于其中蕴含着一条朴素的教育科学规律：“真正的教育是自我教育。”（苏霍姆林斯基）

但是，必须指出，“后进生”的“自我教育”很难一劳永逸，相反，这是一个充满反复的长期教育过程。教育者期望通过一次谈心、家访、班会或听英模报告，便使“后进生”从此成为一名优秀生，无疑是把教育想得太简单了。“犯错—认错—改错—又犯错—又认错……”这是“后进生”普遍存在的循环。教师因此斥责学生“屡教不改”“光说不做”“本性难移”等，是极不公正的。教育者应该容忍“后进生”的一次次“旧病复发”，与此同时，又继续充满热情和信心地鼓励学生一次次战胜自己，并引导学生从自己“犯错周期”的逐步延长或者错误程度的逐渐减轻的过程中，看到自己点点滴滴的进步，体验进步的快乐，进而增强继续进步的信心。我从来不对“后进生”提“下不为例”之类他不可能做到的要求，相反，我专门印制了“报喜单”，如果某位“后进生”觉得自己在某一周犯错误的次数减少了甚至没有犯错误，都可以主动到我这儿来领一张“报喜单”，拿回去向爸爸妈妈报喜。

实践证明，把教育主动权教给“后进生”，让他们在自我教育的同时又接受集体的监督，既允许其反复，又鼓励其进步，这最能体现“以教师为主导，以学生为主体”的教育科学。

三、个性：不以分数论英雄

苏霍姆林斯基告诉教育者：“不要让上课、评分成为人的精神生活的唯一的、吞没一切的活动领域。如果一个人只是在分数上表现自己，那么就可以毫不夸张地说，他等于根本没有表现自己，而我们的教育者，在人的这种片面表现的情况下，就根本算不得是教育者——我们只看到一片花瓣，而没有看到整个花朵。”因此，我们不应该把“后进生”看作思想品德坏、学习成绩差的群体，而应该视为一个一个具有自己丰富而独特精神世界的“个体”。没有健康愉快的精神生活的人，是不幸者；而我们眼里的“后进生”，几乎都是这样的不幸者！由于在智力水平、行为习惯、知识基础、家庭背景等方面的差异，“后进生”很难在短时间内与班集体同步，于是心灵的悲剧便发生了：自卑自贱但表面上满不在乎，上课无法听懂又不得不日复一日地坐在教室里，作业往往做不出便只好胡乱应付因此自然常被各科老师斥骂，受尽了同学们的白眼于是处处与集体作对……

“尊敬的教育者们，请时刻都不要忘记：有一样东西是任何教学大纲和教科书、任何教学方式都没有做出规定的，这就是儿童的幸福和充实的精神生活。”（苏霍姆林斯基）要求所有学生必须在同一时间内，达到思想道德、文化学习的统一标准，这是许多“后进生”根本没有“幸福和充实的精神生活”的主要原因之一。而转化“后进生”，从某种意义上讲，就是还他们以本来应该拥有的“幸福和充实的精神生活”——这，又必须从每一位“后进生”独特的精神需要入手。平时上课老坐不住的陈元兵，有一次课堂上居然偷偷地在抽屉里“研制”炸药，结果引燃了书包，差点儿造成恶性事故。我严肃批评教育他后，主动给他介绍一位化学老师，让陈元兵“好好从基础学起”，结果他不但课堂“老实”多了，而且居然逐渐迷上了化学。伍锐课堂上耍蛇，吓得全班同学不敢进教室；我介绍他与生物老师交朋友，后来生物老师叫他当科代表，还让他参加了生物课外兴趣小组。文建国上课从来不听讲，说是“听不懂”，但他对小制作特别入迷，所有的零花钱几乎都用来买车模零配件，于是，我专门嘱咐物理老师，叫他指导文建国搞各种小制作，并让其参加各种小制作比赛。万同一上课便睡觉，我也看不出他有啥兴趣爱好，于是，我给他推荐既有教育意义又有精彩情节的长篇小说《烈火金钢》，叫他在课堂上抄这部小说；两年过去了，他已抄了 11 本作文本……

曾有同事对我的这些做法不理解：“这些学生的学习本来就够差的了，你还如此迁就他们，毕业考试怎么办？”我的回答是：“我不这样做，他们仍然毕不了业；而根据他们的个性，发展其爱好，这不但能使他们或多或少学点知识，而且还能引导他们的做人之道。”后来这些学生的表现和发展，不但证明了我的这些尝试的成功，更进一步印证了苏霍姆林斯基的这段精辟论述：“我在学校里对儿童、少年和青年的几十年工作，使我得到一条深刻的信念：人的天赋、可能性、能力和爱好确实是无可限量的，而每一个人在这方面的表现又都是独一无二的。自然界里没有一个这样的人，我们有权利说他是‘无论干什么都不行’的人。共产主义教育的英明和真正的人道精神就在于：要在每一个人（毫无例外地是每一个人）的身上发现他那独一无二的创造性劳动的源泉，帮助每一个人打开眼界看到自己，使他看见、理解和感觉到自己身上的人类自豪感的火花，从而成为一个精神上坚强的人，成为维护自己尊严的不可战胜的战士。”

我的“后进生”转化手记

读苏霍姆林斯基的书，我被教育家每天坚持写教育手记的精神所感动。他身为校长，先后曾为 3700 名左右的学生做了观察记录；他在自己的教育日记中记载了许多学生的成长经历，因而他甚至能指名道姓地说出 25 年中 178 名“最难教育的”学生的曲折成长过程。

我决定向苏霍姆林斯基学习，在带这个由“后进生”组成的“实验班”的过程中，也坚持写教育手记。我当然不可能对班上每一个学生都写教育手记，但我选取了几个特别典型的孩子，每天观察他们的变化，并把我和他们交往（包括教育和引导）的过程忠实地记录下来。当时，我并没有什么功利的目的，只是想通过写这种教育手记，积累教育经验，为日后研究转化“后进生”的规律提供素材。

说实话，写这样的手记是很累的。每天晚上坐在电脑前，脑子里回忆这一天的经历，然后选取和“后进生”打交道的事情，一一记录下来。少则三五百字，多则好几千字。常常写到深夜。但正是这种写作，让我感到了教育的乐趣——因为我能如此细腻地感受学生的变化，体验教育过程的艰辛与快乐。

关于万同的教育手记我写得最多也最完整，前前后后我总共写了将近四万字。还没有写完的时候——也就是还在教育万同的过程中，《四川教育》的编辑偶然听说我在写教育手记，便拿去看，他们一下子便被吸引了，决定在杂志上连载。于是，过一个月我便把新写的教育手记给他们发去。结果，我的手记连载引起了读者很好的反响。我曾接到一个读者的电话：“李老师，我读到了你在《四川教育》上连载的教育中篇小说，太精彩了！”我赶忙解释：“不是中篇小说，就是我的教育手记。完全是真人真事，这个学生现在还在我班上呢！”他居然有些不相信：“是吗？那情节怎么那么曲折呢？”我笑了：“这样给你说吧，‘后进生’对我来说，每天都充满悬念——我不知道他们将要给我惹什么祸！我忠实地记录我和他们打交道的经过乃至细节，这样的文字当然胜过任何人为编造的小说和电视剧！”的确是这样的。每天写的时候，我只是记录当天他的表现或者我和他打交道的事，但几年过去了，回头看这些文字，真还是曲折动人——因为这是转化‘后进生’艰难历程的忠实记载，也是我教育生命的自然流淌。这是我一笔无与伦比的教育财富！

我和万同的故事

我当了一回“福尔摩斯”

下午，学生们正在上体育课时，游贤来向我报案：“李老师，我的随身听被人偷了。”

我问：“怎么回事儿？说具体些。”

“今天，我背着家里把随身听带到学校来。上体育课前，我把它放在教室我的课桌抽屉里。刚才我回教室拿乒乓球拍，发现随身听不见了。”

我又问：“你想想，有谁知道你带了随身听到学校来？”

他说：“好些同学都知道。”停了一下，他又说：“李老师，我的随身听可能是社会上的人偷了。”

“为什么呢？”我感到有些不解。

“万同说，他刚才看见有几个不三不四的人在我们教室外面游逛，可能是那几个人偷了。”

“现在万同在哪儿？”

“他说他去帮我追那几个人去了。”

我想起来了，上体育课不久，万同就来向我请假，说他病了，要提前回去打针，我便同意了。

“他怎么追得上？”我又对游贤说，“你看，这怎么好清查呢？记住，以后不许把这些贵重的东西带到学校里来！”

这是学生进初中第一天上课发生的事。游贤在这第一天便损失了一部价值几千元的随身听；我在这第一天，便遇上了这么一桩“大案”。

第二天早晨，游贤又来向我报告：“今天万同一到学校便叫我把随身听的使用说明书送他。他说他奶奶也给他买了一个随身听，但说明书弄丢了。”

我一下来了兴趣：“万同还说了些什么？”

“他说：‘反正你的随身听都被人偷了，说明书也没用了，干脆就送我算了。’”

我猛然茅塞顿开！遂当机立断：“你马上把万同叫来。”

一分钟之后，万同坐在了我的面前。我请游贤退出办公室后，便仔细打量起万同来：蓬乱的头发，似乎从来没有梳理过；黑黑的脸庞，好像左脸颊上还隐隐约约有一块疤痕；由于下嘴唇比上嘴唇突出，所以随时都给人一种赌气的感觉；眼睛不大，眼神看不出有半点天真，却闪射着与他年龄不大相称的老练。此刻，这双老练的眼睛正坦然地迎着我对他审视的目光，也审视着我。

“今天，公安局的到学校来了。”我一直目不转睛地盯着万同，严肃而缓缓地说道。

他老练的眼光顿时闪烁出一丝惊慌，但仍然死死地与我的目光对视。

我继续不紧不慢地对他说：“昨天，游贤的家长去报了案。公安局的人来学校后，先到政教处……”

万同的眼睛仍死死地盯着我，但眼光已是一片呆滞，仿佛他已没有了知觉。

他的眼睛已完全告诉了我他此刻的内心。我于是接着说：“公安局的人说，破这个案子不过是小菜一碟。”

他终于垂下眼帘，说：“我是与游贤开玩笑的。”

我顺着他的话说：“就是嘛，我也在想，这里面肯定有些误会。所以，我才对公安局的人说，先让我来处理这件事。”

他于是急忙申辩：“我的确不是想偷，我真的是和他开玩笑的！”

“我也想万同是不会做那种事的。”我语气更加缓和了，“但是，你这个玩笑可开大了，把公安局都惊动了。这样吧，我去向公安局的人澄清这个误会。你呢，下午一定记着把游贤的随身听带来交给我，由我还给他。好吗？”

他如释重负地点了点头。

下午，我把随身听还给游贤时对他说：“万同是跟你开了个玩笑，你应该原谅他。而且，你一定不要对班上任何同学讲这件事，以免万同背思想包袱。”

游贤拿着失而复得的随身听高高兴兴地走出了办公室。我却找出了万同的家庭情况登记表仔细研究起来：在父母情况的“备注”一栏中，写着“父母已离异，现随母”一行字。

“哦！原来这个万同是离异家庭的孩子。这种家庭，一般不会有太好的教育环境……”我不禁若有所思起来。

唉！随身听一“案”我倒是火速“破获”了，可我与万同的“较量”才刚刚拉开序幕啊！放下万同的家庭情况登记表，我不由得重重地叹了口气。

“新官”未能烧到“三把火”

然而，开学第一周的周末，万同却让我刮目相看。

在第一次班会课上，我让学生们评一评：在第一周，谁为我们这个新的班集体做的好事最多？

多少有些出乎我的意料，不少学生都提到万同——

有的说：“每天下午放学以后，万同都主动留下来和值日生一起打扫教室。”

有的说：“每天早晨，万同来得最早，来了以后便做早扫除。”

还有的说：“有一次，万同还从家里拿来钉锤修理班上的椅子。”

……

学生们当然不知道随身听的“案子”，但他们说的也是事实。所以，万同理所当然地受到了表彰。

多年养成的教育敏感使我意识到，教育良机来了。于是，放学后，我把万同留下来谈心。

我先问万同：“还记得李老师和你们第一次见面时，送你们的第一句话吗？”

“好像，好像是——”他回忆着，“是，‘让人们……’，好像什么‘幸福’吧？”

“是‘让人们因我的存在而感到幸福’！”我对他说，“请重复一遍。”

他一字一顿地认真重复道：“让、人、们、因、我、的、存、在、而、感、到、幸、福！”

“很好。但别再忘记了。”我又问他：“懂这句话的意思吗？”

“懂，但是说不出来。”他憨厚地笑了笑，显出了几分难得的天真。

“比方说，”我努力用他能理解的语言解释说，“这个星期，你多次主动打扫教室，同学们就因你的存在感到了班集体的温暖；又比方说，你主动帮同学修理坏了的椅子，那位同学就因班上有了你而感到了幸福！”

听了我的话，万同的脸上泛出了感动而又有些不好意思的红晕。

“可是——”我把话题一转，“那天，你把游贤的随身听拿了，他就因为你的存在而感到痛苦，甚至可能对咱们班级也产生了不好的印象。你说是不是啊？”

万同不由得低着头轻轻地点了一下。

“所以，李老师希望你永远做一个能让别人感到幸福的人！”我双手拍着他的两肩，郑重地说。

他抬眼望着我，又重重地点了点头。

几天后，班里选举临时班委时，万同把又黑又脏的手举得很高很高——他迫切要求当清洁委员。于是，全班同学当然鼓掌通过。

万同就任清洁委员的第二天，便遇上“创卫”迎检大扫除。他不但“身先士卒”——为了擦干净黑板上方的积尘，他竟叠桌架椅地“高空作业”，而且打扫完本班教室后，还邀约上几位同学到其他教室去帮别班同学搞卫生。

当天，我班的卫生得了个年级最高分！

然而，“新官”上任还未能烧到“三把火”，就引燃了许多同学对他的愤怒之火——

他课堂纪律实在太糟糕：不是与同学说话，就是趴在桌上唱歌，甚至还与后面的同学打闹，总之，几乎没有一分钟的安稳，真使人疑心他凳子上有钉子或者他屁股上长有疮。

第一次语文单元测验，他仅得了 17 分！

自然，在正式班委选举时，尽管他仍然高举要求“连任”的手臂，全班绝大多数人没有把选票投给他。

“哼！有啥了不起？老子本来就不想当这个狗屁干部！”一下班会课，他又恢复了一脸的“痞气”。

未曾料到的“知名度”

我决定对万同进行一次家访。

于是，一天下午放学后，我揣上学生花名册骑车出了校门。

他在花名册上填的家庭住址是“华西街 52 号 16 幢三单元六楼 × 号”，

可是，我在华西街来回骑了几转仍然晕头转向：因为有“华西上街”“华西中街”“华西下街”，而这三条街的每一个52号都没有什么“16幢”！

我只好从华西上街开始向居民打听。华西上街52号是一家抄手铺，我先问一位老板模样的汉子附近有没有“16幢”。他反问我找哪条街啥门牌号哪个人。我只好又把“华西街52号”重复了一遍，并照着花名册上说了万同填的其母姓名“田翠芬”。他摇摇头：“不认识。她是华西上街、中街还是下街嘛？”

我当然也说不出来。这时，店堂里面一位刚吃完抄手的老太婆放下碗，转过脸来，用“分析敌情”的眼光打量我：“你，是她的啥子人嘛？”

我一下笑了起来：“我是她儿子的班主任。是来家访的。”说着，我把手中的花名册递给她看。

老太婆居然拿过花名册，贴着鼻子尖“研究”起来，大概是在鉴定其真伪吧。然而，当她抬起头来时，脸上却堆满了感动：“哦，当真是来家访的嗦？这年头，家访的老师还真难找。”接着，她又道歉般地解释道：“严打期间，不能不警惕点。”然后，好像是为了弥补什么似的，她竟主动帮我分析起来：“田翠芬，田翠芬……这个名字我倒没听到过。哎，她的娃儿叫啥子名字？”

我已不抱任何希望，但实在不忍拒绝老太婆的热情，便说：“万同。”

“哎呀！万同？”她居然惊叫了一声，“你说的就是同娃儿嗦！”

老板扛了一袋面粉过来，重重地放在案桌上，也长长地吐了一口气：“唉，你不早点说是找万同……”

我似乎绝处逢生：“你们认识万同？”

老太婆好像很奇怪我提这个问题：“这附近几条街的人哪个不晓得同娃儿？”

老板一边和面一边说：“老师，这同娃儿烦人得很哟！年纪不大，却常跟街头那些不三不四的痞子混在一起，经常打架斗殴，染了一身匪气……”

“不过话又说回来，”老太婆截断老板的话说，“这娃儿也造孽！几岁的时候，父母就离了婚。他先是跟着他爸，后来他爸又结了婚，后妈对他不好，他就回到妈这儿来。但是他妈也结了婚，后爸不愿认他这个儿，他又只好去找爷爷。不久，他爷爷又死了，于是他又回来找他妈……唉！造孽，造孽！有好长一段时间，他还没有人管，孤儿一样……”

听到这里，我更急于想找到万同家了，便问老太婆：“他就住在这条街吗？”

“哪儿这条街哟！”她摆了摆手，又给我比画着说，“他住在华西后街。喏，从这儿往前走，一直走完华西下街，然后左拐进一个小巷，走大概一百米，再……唉，我也说不清楚！反正，你到那一片去问，只要说‘万同’，多半都晓得。”

小小万同在这一带居然如此“家喻户晓”！看来在这之前我还小看了他。虽然他在填家庭住址时，字写得歪歪扭扭，还少写了一个关键的“后”字，害得我家访时几乎走投无路，但此刻，我觉得刚才“华西街”上的几趟徘徊一点都不冤枉！

果然，凭着万同的“知名度”，我很顺利地叩开了他的家门。

门是虚掩着的，敲了几声没人应，我干脆推开门进去了。里面光线很昏暗，屋内的生活用品破损陈旧，而且摆放凌乱：我疑心自己走进了一家废旧物品收购站。在昏暗的光线里，一中年妇女半躺在床上，未经梳理的头发遮住了她半张脸。这大概就是万同的母亲了，因为她听了我的自我介绍后，便对正在阳台上摆弄汽车模型的万同吼道：

“狗日同娃儿瓜娃子，还不给你们李老师倒杯开水！”

然后，她拢了拢头发，欠起身子向我抱歉：“不好意思，李老师！我前几天把脚杆摔坏了……”她又着急地问我：“同娃儿在外头又摆了啥子摊子哇？”

“没有，没有。”我接过万同端来的水杯，让他坐在我身边，“我是来作一般性家访的。”

“哎呀，同娃儿小学读了六年，从来都没有老师来家访过。我倒是三天两头被老师叫去学校挨训——都是因为狗日同娃儿不给老娘争气！”

说着说着，她向我倒起了一肚子的“苦水”：前夫在外面“乱搞”，两口子经常打架，离婚，另结婚，后来这个男人很讨厌同娃儿，又喜欢赌钱，输了便醉酒，醉了酒便打她，目前，正在闹离婚……

“其实，我不敢和他离，”她很响地擤了一把鼻涕，并熟练地揩在床单上，继续说道，“因为离了后，我就没有任何经济来源了。我是前几年‘农转非’的，没有工作，身体又不好……”

话题转到万同上，她就开始骂“狗日不争气的同娃儿”了：其神态之凶神恶煞，使我怀疑她是不是万同的亲妈；其语言之不堪入耳，让我脸红耳热；同时，生怕坐在一旁的万同跳将起来和她对骂——然而，万同居然神情自若，俨然受辱不惊！

……

出了万同的家，已是万家灯火。仰望夜幕，圆月如轮——我一下子才想起来：

哦，今天是中秋节！

他给自己找了个“帮助人”

我几乎每天都要接到对万同的“举报”——

“李老师，万同一上课就摇我的桌子。”

“李老师，万同把撮箕、扫帚搁在教室门上面，同学一进教室便挨砸。”

“李老师，万同抢我的钢笔，我叫他还我，他就说要放我的血。”

“李老师，万同今天自习课上拿出一张女同学的照片，向我们炫耀说是他的女朋友。”

……

我班第一次试行无人监督考试，全班绝大多数同学经受住了考验，就万同一人偷偷翻书作弊。气得我当即上报政教处，给了他一个警告处分！

看来，是得采取措施了！这天，我初步打算下午放学后，把万同留下来，狠狠批评一顿，然后在班上给他指定一名“帮助人”，督促其每天在校遵守纪律。

但是，在去教室的路上，我脑子里闪过一个念头：这个教育措施可不可以换个角度来实施呢？我决定试试。

走进教室，我对学生们说：“这段时间，一些同学表现很不好，为班上抹了黑。当然，也许这些同学已经感到惭愧了。今天我准备留下一些同学谈谈心。这样吧，凡是觉得自己最近表现不好，而又愿意接受李老师帮助的同学，请举个手。”

几个比较调皮的学生陆陆续续举起了手，我看了看万同，他却没有举手，但他有一只手扶着脑袋，好像欲举又止。

我知道他此刻的心理状态，便有意问大家：“还有没有啊？”

学生们的目光都不约而同地射向万同。万同埋着头，迟疑了一下，终于把手举了起来！

“好，这些同学主动请求李老师的帮助，他们是高尚的！”我对全班学生说道，“让我们用掌声鼓励他们的勇敢！”

教室里响起了热烈的掌声。

我说：“李老师将满足每一个举手同学的愿望，尽量帮助他们。今天，我就先留万同同学谈心。”

万同在我办公室温顺地坐下了。此刻，在我的眼中，他不是被我当着全班同学“揪”出来的“后进生”，而是主动请求我帮助的渴求上进的学生。

我和蔼地问道：“你是不是表现不好啊？”

“就是。”他重重地点了点头。

“怎么样的不好呢？”我仍然很和蔼地问。

“我上课老坐不住……还爱欺侮同学……还，还骂人。还有，还有……”他很认真地边想边回答。

“你是不是进中学才这样的啊？”我又问。

“不是。我小学就一直是这样。”

“你说说，小学时你犯了错误，老师怎么教育你呢？”

“扇耳光！”他不假思索地说道，“还有吃粉笔，还有用透明胶布把嘴贴上，或者把我撵出教室……”

我心里一惊：居然有这样的老师！不过，由此也可看出小学的万同是何等地让老师伤透了心。

我问万同：“那么，你希不希望李老师也这样体罚你呢？”

“当然不希望啦！”

“好，李老师向你保证，无论你今后犯了多大的错误，我也决不会打你，也不会用不文明的语言骂你。”

他抬起了头，很感动地看着我。

“可是——”我话题一转，“为什么从小学到现在，你老是改正不了自己的缺点呢？请继续说实话。”

“我实在是控制不住自己，真的。”他眼里闪烁着真诚的苦恼，“有时我上课时提醒自己，一定要管好自己，可过一会儿又忍不住动了起来——我真恨自己！”

无论是课堂上的“声东击西”，还是课间的霸气十足，那个万同无疑是真实的；而这时候，满脸纯真说“我真恨自己”的万同也是真实的。如果教育者否定学生的两重性甚至认为学生的真诚不过是在演戏，那么，教育者不但低估了教育的复杂性，而且还会伤害了学生心灵中渴望做“好人”的道德萌芽。

我决心尽最大努力扶持万同心灵中这棵弱小的萌芽！

“好吧，我们现在一起来想想办法，怎样才能使你控制住自己。”我说。

万同想了想，说：“李老师，您和我一起上几堂课吧！随时提醒我。”

我笑了，反问道：“那我还备不备课，改不改作业了呢？”

他也笑了，又说：“这样吧，您在教室后门上掏个小洞，这样可以悄悄地在外边看我的表现。”

“我不想当特务。”我说。

“那您说怎么办？我听您的。”他用期待的眼睛看着我——此刻的万同真是可爱极了！透过他的眼睛，我看到善良的星星之火正在他心灵深处燃烧。

“我给你找了两位老师，让这两位老师随时提醒你别违反纪律。”我严肃而诚恳地对他说道，“一位就是你自己——每个人的上进心和意志都是自己最严厉的老师；另一位呢？是你的同学——我打算给你安排一位‘帮助人’，由这位同学随时注意你的表现并提醒你改正。之所以叫‘帮助人’，是因为这位同学是出于对你的爱护而帮助你进步的。你不是想叫李老师和你一起上课吗？你的‘帮助人’就相当于李老师。”

万同很高兴，连忙问我：“李老师，你快说，我的‘帮助人’是谁？”

看着他那急切的样子，我脑子里又转了个弯：与其由我给他指定“帮助人”，不如让他自己给自己找“帮助人”，这样他在教育过程中的主动性更强，效果可能会更好些。于是，我说：“这个‘帮助人’，由你自己在班上找。条件是：1. 你最信任的人；2. 他比你表现得好；3. 他又坐在你附近。”

他认真地想了一会儿，说：“就请我的同桌同学袁夏，行不行？”

“你自己觉得行就行。”我又告诫他说，“不过，袁夏是个女同学，你可不能欺负她呀！”

“保证不会！”

我又说：“袁夏怎么‘帮助’你呢？她每次上课就要提醒你好好学习，不要违纪；每天下午放学时，在家校联系本上向你的妈妈写上你当天在校的表现。”

“啊？”他十分不愿意“帮助人”写家校联系本，因为他担心自己表现不好而被家长知道。

我耐心地对他说：“前不久，我七岁的女儿因腿病住进了医院。医生说，为了治好她的腿，必须做‘牵引’，就是把腿固定起来，一动不动。这是很痛苦的。我女儿哭着求医生别做‘牵引’，但为了疗效，医生非这样做不可。一周以后，我女儿腿病大有好转，现在已经出院了。你想想，假如我当初因为心疼女儿而不同意给她的腿做‘牵引’，那么，也许我女儿现在还躺在医院里哭呢！”

万同懂了我的意思，说："写就写嘛。"语气中还是有一点不情愿。

我又说："其实，你不要把联系本想象成告状本。你的进步和其他好表现，'帮助人'也应通过联系本向你妈妈汇报。"

万同完全同意了我的意见，爽快地说："好吧！就从明天开始，我就让袁夏随时监督、帮助我。"

最后我说："今天，是你自己要求李老师帮助你，又是你自己给自己找了一位'帮助人'。我相信，从明天起，你一定会有一个新的开端！"

第二天下午放学后，袁夏同学在万同的家校联系本上这样写道——

阿姨：

万同请我做他的"帮助人"，督促他遵守纪律。以后我每天都会给您汇报万同的在校表现。万同今天大有进步，语文课还主动举手发了一次言，受到李老师表扬。但他地理课表现不太好，用钢笔在前面同学的背上乱画。希望他改正。

《烈火金钢》手抄本的诞生

"帮助人"使万同的纪律明显好转，连续两周班里评比"进步最大的同学"，万同都名列榜首。

不仅仅是纪律有进步，而且他又恢复了对班级事务的热情。为迎接上级检查，学校要求各班美化教室，我便请学生们上街买几幅科学家的肖像来贴在教室墙上。万同非常积极，中午放学后连饭也不回家吃，便骑车直奔新华书店。下午上学时，他气喘吁吁地给我一张斯大林的画像："李老师，这是我买的科学家挂图。书店只剩这一种了。"

虽然我哭笑不得，但还是在班上表扬了他"关心集体"。

然而，好景不长——

这天，袁夏交给我一张糖纸："李老师，您看——这是万同上英语课时偷偷贴在我背上的！"

紧接着，英语老师也告诉我："这个万同，上课从来不听讲，这段时间虽然很少影响其他人了，但是，上课他总在搞小动作。"

看着袁夏留下的这张糖纸，我心里很不是滋味：万同学习成绩太差，必然对学习感到痛苦，最后，他的所有兴趣就只能集中在这小小的糖纸上了！换句话说，如果不让他在学习上产生愉悦感，那么，仅仅靠意志来维持良好的纪律，是不可能持久的。

星期日，我约上万同等一群调皮学生去杜甫草堂游玩，万同高兴得脸上绽出了平时在校园里很难看得到的天真笑容。在湖边，他硬要拉我与他一起划小船，还主动去把船票买了。于是，我和他跳上了晃悠悠的小船。

“万同，你上课为什么老要搞小动作呢？”柳荫小桥下，我一边划船一边和他聊了起来。

“我听不懂。”他回答得很干脆，一点没有我想象的“苦恼”。

“有没有能听懂的课？”

他想象了一下，说：“语文和英语能听懂。”

我感到吃惊：“你真的能听懂英语？”

他点点头：“嗯，反正跟着老师读就是了嘛！”

原来如此——他认为只要跟着读，就算听懂了。

我又问他：“哪些课你最听不懂？”

“数学，还有地理……其他课我都听不懂。”停了一会儿，他又说：“确实听不懂。”

我顿时对他产生了深深的同情：听不懂课而又必须坐在教室里，而且还不许做其他事，这是多么痛苦的事啊！可万同却日复一日甚至年复一年地在忍受着这种痛苦。

“这样好不好，万同——”我认真地对他说，“我给你一本反映抗日战争的小说《烈火金钢》。以后只要能听懂课，你就认真听；遇到听不懂的时候，你就看《烈火金钢》，好吗？”

“您同意我上课看小说？”万同望着我，好像不相信我的话。

“是的！如果你真的听不懂的话。”

万同竟高兴得跳了起来，小船随之一倾斜，他没立稳的身子眼看就要落水，我一下把他拉住，他才免于“堕落”！

离开杜甫草堂时，万同不住地问我：“李老师，您什么时候把《烈火金钢》给我呢？”

“明天就给你！”看到他愿意读书，哪怕是课外书的积极性，我也有点兴奋了。

果然，以后好几天，万同在课堂上不再捣蛋了：别人听课，他读小说——大家“井水不犯河水”。

然而，似乎只是昙花一现，过了不久，学生们又来向我反映万同上课“坐不住”了。

我把万同找来:“怎么?老毛病又犯了?”

“我不想看《烈火金钢》了。因为好多字我都不认识。”万同说。

哦,原来是这样。确实,以万同的语文基础,他看《烈火金钢》这样的“大部头”的确有些困难。于是,我又与他商量:“这样好不好?你抄《烈火金钢》吧!在抄的过程中,如果有不认识的字,你就写在一张纸条上,拿来问我。好吗?”

“好吧!”万同立刻去学校小卖部买了一本作文本,我工工整整地为他写封面——科目:《烈火金钢》;姓名:万同;教师:李镇西……

这以后,万同不时到办公室来请教生字;我呢,在教他认生字的同时又检查他手抄的《烈火金钢》。他写的字不算好,但一笔一画都十分认真。

有的老师知道了,不无担心地对我说:“你让万同抄《烈火金钢》,他怎么能够通过初中毕业考试呢?”

我说:“他不抄《烈火金钢》,也很难初中毕业,而且上课还要去干扰别人,很可能使更多的人不能初中毕业。让他抄抄小说,他脑子里多少可以装些抗日英雄的形象,何况还可以练练字,并多认几个字呢!”

在很长一段时间里,我没听到有人来告万同的“状”,因为他上课有事做了呀——别人在思考几何难题或做物理题的时候,他却正在奋笔疾书,沉浸在半个世纪以前冀中平原的抗日烽火之中……

“未娶媳妇就想不认娘”

“李老师,同娃儿出走了!”电话里,万同母亲的声音带着哭腔。

我一惊:今天下午放学时,万同还拿了一本新作文本给我写封面。当时,他高高兴兴地告诉我,他第一个作文本的《烈火金钢》已抄完了。怎么一回家就出走了呢?

我忙问他母亲:“什么时候走的?”

“大概八点钟。”

我一看表,此刻是九点过四分。放下电话,我马上便赶往万同家。

据他母亲说,下午,她收拾万同的桌子抽屉时,发现了一封信,是万同小学时一位叫司婷婷的女同学写来的。晚饭时,她便问万同怎么回事,并叫万同不要和这位女同学来往。万同当即就大耍脾气,说:“你少管!”吃完饭以后,他母亲出去染发,回来便不见万同。但桌上留有一张纸条,说他找司婷婷去了。

我拿起那张没有称呼也没有落款的条子看了起来——

十二年来，你很少关（管）我，你和爸立（离）昏（婚）时，你们两个都不要我，我像古（孤）儿一样。还是司婷婷对我好，我就是要和他（她）好，这是我们之间的事，我不要你关（管）我们的事。我走了，去我（找）司婷婷。

我又看了看司婷婷的来信，上面写满了从言情小说里抄来的爱情词语，赤裸裸地希望和万同“生不同侵（寝）死同八（穴）”。

万同母亲又一把鼻涕一把泪地哭诉，说司婷婷“小小年纪就不学好，跟她不要脸的妈一个样”，说她的“同娃儿”如何“媳妇都还没有娶就想不认娘了”，又说她怎么怎么“命苦”……

我劝道：“好了，好了，先找人要紧。——司婷婷住在哪里？”

她含糊其词地说了好几个地址，最后又补一句“其实我也搞不太清楚”。

但我还是按着这几个“不太清楚”的地址，骑车穿行于大街小巷，直到深夜十一点过，仍一无所获。

当晚，我躺在床上，老想着万同这件事，久久不能入眠。后来迷迷糊糊地在梦中把万同找到了——他在一个建筑工地的砖堆上缩成一团，瑟瑟发抖……

第二天上午十一点半，我刚上完课，办公室的老师告诉我，刚才距本市 19 公里处的一物资仓库打来电话，说我校初一一个叫万同的学生，昨夜游荡到那里，被治安联防队员收留，请学校速去领人。

我随即给万同母亲电话通报了这个情况，然后迅速叫了辆出租车，二十几分钟便赶到那个仓库。

接回万同，他却怎么也不肯回家。已是吃午饭的时候了，我只好先带他走进一家餐馆。

“你不是说去找司婷婷吗？怎么朝外地跑，而且是一个人呢？——我希望你对我说实话。”饭桌上，我严肃地问他。

“我没找到司婷婷，又不愿回家……我便想去乡下找我奶奶。走着走着……我就找不着路了……”他一边大口大口地吞咽，一边回答我。

“你为什么这么恨你妈呢？”

“听我奶奶说，原来我爸我妈离婚时，他们都不要我。”说着说着，他眼圈有些红了，赶紧埋头扒饭。过一会儿，他又接着说：“现在，她又经常出去或邀约一伙人来搓麻将，常常闹个通宵。有时输了又交不出钱，就被人家打；她挨了打就回来骂我出气……”

听了他的话，我很长时间一言未发。

从餐厅出来，我对他说：“你必须回家。不管怎样，她还是你的母亲，而且，她现在还与你相依为命。昨天，给我打电话时，你妈都哭了，可见她从心里还是很爱你的。这样，我先给你妈打个电话，劝劝她。”

在电话里，我严肃地对万同母亲说：“万同找回来了，但我不能保证他以后不会再次出走。当然，我会继续教育他。但是，我希望你不要再赌钱了，至少不要在家中搓麻将，更不要拿万同出气。”

“我没有拿他出气啊……”她支支吾吾地说，“搓搓麻将有什么关系嘛！”

我继续说：“我无意干涉你的生活方式，但万同不仅是你的儿子，也是我的学生，我有责任为他争取一个良好的教育环境。”我舒缓了一下语气：“我也是真心诚意为你好。”

“好吧，我以后注意点。”她总算答应了我，虽然不是十分情愿。

在送万同回家的路上，我提到司婷婷：“大道理我不多讲。如果你信任李老师的话，咱们另外抽个时间好好聊聊。现在，我只希望你至少做到也必须做到，暂时别和她来往，好吗？”

他想了想，终于点了点头。

但是，目送着他的身影走进他家的单元楼时，我的心情仍然十分沉重。

说实话，虽然司婷婷向万同表白“爱情”，万同也扬言“就是要和她好”，但我并不认为小小万同真会与那个司婷婷“早恋”，更不会有真正意义上的“爱情”；然而，这事却提醒我：万同是一个精神和感情的双重孤独者！——从小几乎没有什么亲情之爱，读小学起便总是生活在集体舆论的对立面，成绩太差使他很难从中体会到学习的乐趣……干涸的心田，渴望真情的雨露，可是，谁来满足万同作为一个“人”的最起码的精神需要和感情企盼？

而离开了对学生心灵的尊重，还有什么教育可言？

“我们才是你真正的哥儿们”

万同在社会上曾有许多哥儿们：有的是他原来小学的辍学同学，有的是他流浪时的“患难之交”，还有一些是街头斗殴时“不打不相识”“越打越亲热”而结拜的“师兄师弟”。

刚进初中时，这些小痞子还不时来找他。经我多次教育，万同与他们的往来渐渐稀少。这天，万同放学回家，却被他昔日的“兄弟伙”暴打一顿。

消息是游贤打电话告诉我的。当时，我刚洗了澡，端上一碗稀饭喝。放下电话，我立刻赶往现场——西南民族学院。

原来，这一段时间，这伙人天天都在万同放学回家的必经之路——西南民族学院侧门守候万同，约他去“玩”。万同都以“没时间”推辞了。今天，万同和游贤回家走到这里，他们又围着万同，硬要拉他一起去打台球；万同不肯，这伙人便要他“缴纳管理费”！结果发生摩擦，最后，四五个人用拳头、木棍把万同“教训”了一顿。游贤吓得直奔电话亭，拨通了我的电话。

我赶到时，万同正在路边蜷成一团蹲着，一些过路群众已经抓住三个十五六岁的打手。知道我是被打者的班主任后，纷纷向我诉说刚才的惨状：

“这些二流子简直没有人性，把他围住拳打脚踢！”

“我们大家都吼起来了，这一伙人赶紧跑了。我们抓到了其中的三个。”

我把万同扶起来，他的前胸衣服被撕破了，面部流着血，左眼肿得像个桃子，眼睛眯成一条缝。他说他背上火辣辣的，我撩起他后背的衣服，只见他背上青一块紫一块。

我叫了一辆三轮车，请游贤把万同送回家；然后，在几位热心群众的协助下，将那三个少年歹徒押到了派出所……

万同睡在家里，不能来上学。他被打的消息震动了全班，我决意通过全班同学声援和慰问万同的活动在班上营造一种正气、一种温暖，让万同的心灵感受到来自整个班集体的真诚关怀。

我对学生们说：“也许在不少同学的眼里，万同是个坏学生。是的，他的确有不少不良的社会习气。但是，作为他的同学，我们每一个人都应想一想：我为万同的进步能做些什么，又做了些什么？”

我向学生们介绍了万同的家庭和他令人同情的经历，然后又说：“万同本是真心要与过去一刀两断，可那些社会上的二流子却要来纠缠他；他不依从，便被打成这样！现在，万同面临着严峻的选择：要么回到那个坏人圈子里，从此真正堕落下去；要么回到我们的集体，努力做一个好人。作为他的同学，我们应该给他以向上的勇气，鼓励他不向邪恶屈服，并帮助他勇敢地告别过去，走向正直！我们班应该是一个充满正气和温暖的集体，生活在这集体里面的每一个人都应感受到向上的动力，相反，我们不应该让这个集体的任何一位同学受到冷落，而成为精神上感情上的孤立无援者！”

学生们的心，显然被我的一番话打动了。于是，我郑重发出号召："请每一位同学都给养伤的万同写几句慰问、鼓励话。今天放学后，我和班干部将代表全班同学去看望万同。"

学生们的纸条很快便交上来了——

"万同，别怕！正义永远和你在一起！"（靳岩松）

"斩断恶习，总是要付出痛苦的代价。有我们，你千万不要后退！"（晏林）

"不要在乎这次挫折，难过的时候，哼哼这首歌：'风雨中，这点痛算什么；擦干泪，不要问为什么！'"（顾晓彤）

"我已经习惯每天给你写家校联系本了，你没来上学，我还真不习惯呢！祝你早日养好伤！"（袁夏）

"说实话，我讨厌过你；但你没来，我却老想着你为班上做过的好事！你早点回来吧！"（阚巍）

"我们才是你真正的哥儿们！"（帅伟华）

"本来我们要去郊游，但因为你，我们决定推迟日期。温暖的班集体等着你康复归来！"（司徒敏剑）

……

当我把这一张张纸条交给躺在床上的万同时，他半天才说出一句话："我好想回学校上课啊！"

第二天，游贤送来万同写给全班同学的信——

亲爱的同学（们）你们好：

我爱（挨）打以后，你们很关心我。我飞（非）常感动。我没来上学，做课间抄（操），我班少了一个人就要口（扣）一分。我这里只能说声对不起。我以后决不根（跟）坏人完（玩），一定要好好学习，更加进步。报大（答）李老师，报大（答）同学们！

万同

一周之后，万同回到班上时，迎接他的，是全班同学雷鸣般的掌声……

我替万同回绝了一封"情书"

万同重新上学后，各方面的表现明显比过去好。为了防止那伙人报复他，我组织了班里几个大个子每天护送他回家。

我心里一直还装着那封司婷婷的信。现在，我觉得时机成熟了，便把万同叫到了办公室。

我从班里同学对他的关心谈起，问他：“你觉得班上同学们怎么样？”

“很好！”他说，“比我小学的班不知好多少倍。”

“为什么？”

“原来小学的时候，我成绩不好，老师经常骂我，有时还打我，同学们也看不起我。”

“那，你小学的班上就一个好朋友也没有吗？”

“不，也有一个，”他迟疑地看了看我，“就是，就是，司婷婷。”

我心里暗自高兴：这么自然就把谈话引入了主题！

但我表面上却不露声色，顺着他的话继续问道：“你怎么会和她好呢？”

“她的成绩也很不好，老师和同学也看不起她。”

“哦！”我理解地点点头，又问：“最近，司婷婷来找过你没有？”

他又犹豫了一下，说：“前几天，她又给我写了一封信来，问我为什么一直不答复她。我还没有回她的信。因为……因为，你对我说过，叫我不要理他。”

我很感动，忍不住解释说：“我真的是为你好。”

“但是，”万同鼓了鼓勇气说，“我还是想回她的信，她也是真心对我好。再说，如果我不回信，她就要不停地给我写信。”

我耐心而温和地对他说：“你的学习不好，她的学习也不好。你们保持这样联系，会使你们的成绩更差的。另外，你们真的还太小，什么都还不懂啊！”

于是，我又给他讲起了我中学时代的一段经历：“我读高中时，班上有一位女同学老爱找我聊天，那时，我们普遍还分男女界限，所以，她每次找我都是有借口的，比如借我的课堂笔记呀，问我数学题呀等，我印象特别深的是，每次发了新的作业本，她总是拿来请我为她写封面上的科目、班级、教室、姓名，说是我的字‘好看’，其实，我的字写得并不好。现在想起来，应该承认，当时我对她也是颇有好感的，因为她虽然说不上特别漂亮，但娴静而纯朴，所以不但我每次都装出一副不情愿的样子为她认真写，而且我恨不得天天都发新本子！当然，我们绝没有真正谈情说爱，但至少我心中的确有过不平静的波澜。我们的班主任是一位极细心的老年女老师，姓邵。也许她觉察到了什么，也许她什么也不知道，反正她找我去推心置腹地谈了一次，至今我记得当时她意味深长地对我说了一句话，大意是，人生的路很长很长，但要紧的只有那么几步。她说这是一个叫柳青的作家说的。她希望我走好自己的每一步。不久，邵老师退休了，我却把她的话牢牢地印在了我的脑子里。那时，正值'文革'后期，批邓反右正热火朝天，老师也不好怎么管学生了，所以，班上谈恋爱成风。我却居然不为风气所动，专心致志于学习。毕业后下乡，我仍然喜欢读书。后来恢复高考，我考上了大学。回母校看我的邵老师，她既欣慰又惋惜地对我说，我高中的那个班，考上大学的只有我一个人！”

我娓娓述说着，万同静静聆听着。最后，我把话题拉回来：“我一般不对学生讲我个人的这些事。但是，今天我把你当作朋友，便坦率地说了这么多。不知对你有没有启发。我真诚希望你能对自己负责，也是真正对司婷婷负责，结束你们这种危险的关系。好吗？”

他低下头，没说话。

“或者这样吧，你如果觉得和她一刀两断感情上受不了，就暂时做到不要继续发展这种关系，减少交往与书信联系，让它冷却凝固一段时间，过几年等你们长大了，更成熟了，再考虑两人的关系。怎么样？”

万同抬起头，出乎意料地对我说：“李老师，您帮我给司婷婷写封回信吧！就按您刚才的意思写。”

我忍不住感动地双手抱住他的两肩：“谢谢你对李老师的信任！”

第二天，我把写给司婷婷的信给他看。信的全文如下——

司婷婷同学：

你好！

你这两次写给万同的信，万同都给我看了。他很苦恼，因为他想在现阶段集中精力把学习搞好，不愿受其他任何干扰。我是万同的班主任，也是他非常信任的朋友，他请我为他排忧解难，并请我给你写这封信。

我长期生活在中学生中间，对你的这种感情和这种举动完全能够理解。听万同说，你是一位善良的女孩。但是你不应该陷于这种感情之中。你这样既影响万同的学习，也影响你自己的学习。愿你把握好自己，莫负青春年华，刻苦学习，奋发向上。好吗？

万同仍然珍惜你和他的友谊，但他希望你不要再打扰他，因为他有更高远的追求——学习。

好，不多写了。真诚祝你早日成熟！

未曾谋面的大朋友李镇西

我问万同：“这样写可以吗？”

他说：“可以。不过，请您再加一句：‘万同说，他仍然是你的好朋友。’”

“好的。”我当即就把万同这句话加上去了。

再次作弊以后

又一个新学期开始了。

星期四上午，我班地理测验照例实行“无监督考试”。可考试刚一结束，就有同学向我反映万同在考试中作弊。当时我一听就火了：万同上学期就因为考试作弊挨了处分，这处分刚撤销他又旧病复发。看来，还得给他更严厉的处分！

可是，我冷静一想：处分又有什么作用呢？万同故技重演，不就充分说明处分并未真正触动他的思想吗？再给他“更严厉的处分”也未必能使他从此不再作弊。由此，我又反思我在他第一次作弊后对他的处分是否妥当。很显然，万同在受到处分后，并未意识到不但自己的品德蒙上了污点，而且还给班级抹了黑，也许他只认为是李老师个人与他过不去；同时，班上其他同学也未必因万同作弊而感到一种集体的耻辱，也许他们只认为不过是万同一个人犯了错误而已。因此，我给万同的第一次处分并未达到既教育万同本人又教育全班学生的目的。那么，这次万同作弊我便不能再简单地以处分了之，而应把这件事作为引导学生自我教育的契机，让全班学生能从个人言行与班级荣辱的关系上来思考万同的作弊，使包括万同在内的每一位学生都受到一次真正深入心灵的集体主义教育。

事有凑巧，就在同一天，万同课间出教室的时候因太拥挤便迫不及待地从桌椅上跨过去，结果摔了一跤，把脚摔成骨折。这对他本人来说是不幸的，但对我的教育来说，却是难得的“良机”——这使我和我的学生在帮助万同的时候，可以将“动之以情”的关心与“晓之以理”的教育融为一体。

更凑巧的是，当天下午学校要组织看话剧《托起明天的太阳》，这为我班同学给万同“送温暖，献爱心”提供了机会。所以，当万同母亲打电话来说打算请个三轮车送万同去看话剧时，我对她说：“你可千万要把这个机会留给万同的同学，也让万同感动感动。”

于是中午放学前，我对全班学生说："大家已经知道，万同同学的左脚不慎摔成了骨折，这将给他的学习和生活带来许多不便。谁愿意在万同养伤期间提供帮助呀？"

我话音刚落，几乎全班同学都把手举了起来。我于是点了几位同学："游贤、吴桦、金力、李义明、齐远……你们几位组成'帮助万同小组'，下午去看话剧，就由你们想办法把万同送到剧场；另外，万同平时所遇到的困难，比如上楼进教室呀、课间上厕所呀、放学回家呀，也全包给你们了。当然，其他同学也可以寻找机会随时向万同提供全方位的优质服务；万同呢，也趁此好好体会并享受一下班集体的温暖。"

学生们都笑了起来，我却接着说道："大家还应该知道，万同今天是'双重受伤'。他不仅左脚摔成了骨折，而且心灵染上了污点，考试作弊使他的一颗童心黯然失色，更严重的是，我们初一（5）班这个一向以考风纯正而令全校称道的班集体也因此蒙受了耻辱！他已不是第一次作弊了，所以必须给予更严厉的处分。只是鉴于他现在的特殊情况，处分下一步再说。但是，同学们在生活上关心他的同时，还应该在思想上帮助他，所以，今天回去以后，每一位同学都给万同写一封信，谈谈对他这次作弊的看法。"

下午第二节课后，游贤等同学硬是用自行车连扶带驮地把万同送进了剧场……

第二天，同学们交上了他们写给万同的信。我把所有的信交给万同："希望认真看一看这些信，把每封信中最能感动你的话勾出来，然后，给全班同学写一封回信。"

几天后，万同交上了他写的回信。

进（敬）爱的李老师、同学们：你们好！

我的脚受伤后大家很关心我。我很感谢大家。在那天上午地理考试的时候，我好(毫）无复习，做不起体(题)，很召(着）急，就做（作）了比（弊)。后来，李老师批评了我，同学们都给我写信，我把所有信都看万(完）了。我向同学们保证，要改正却(缺)点，要让初一（5）班（因为）有我而美好！

反正我在（再）也不作比（弊）了！

万同

我在班上念了万同的信，同学们对万同的真诚报以热烈的掌声。

时间不停地流逝。同学们仍然关心着行动不便的万同——他上楼下楼，总有同学搀扶着他；课间他饿了，会有同学主动给他买面包；班里做清洁，同学们把他的一份也做了……不仅仅是生活上的照顾，还有思想上的帮助。有一次生物单元测验前，坐在万同旁边的袁夏便提醒他：“你可要管住自己，千万别再作弊了啊！”万同呢，也果真以自己的进步回报着同学们的关心与帮助——课堂上调皮的时候少多了，体育课他留在教室为同学做一些力所能及的好事，有一次他甚至不顾自己的脚伤去拉开正在打架的两位同学……

一个月以后，我又在一次班会上提到了万同作弊的事：“在同学的关心和照顾下，万同的脚伤已基本好了。现在，我们该来讨论一下对万同作弊的处分了。我还是原来的意见，万同不是初犯，因此必须严惩。当然，这个班集体不是李老师我一个人的，而是全班同学的，像这样的大事也应该由全班同学做主。所以，请同学们发表一下自己的看法吧！”

第一位发言的是帅伟华同学：“我认为应该再原谅万同一次，因为他这段时间的确进步很大。在课堂上，老师批评他的时候比过去少多了；在他受伤期间，同学们给他许多帮助，让他感受到了班级的温暖。我想，他一定会为了班级的荣誉而继续进步的。”

甘尧同学说：“或许是受了李老师的教育，或许是得到同学们信件的鼓舞，或许是他自己要改过自新，总之这段时间万同同学表现得不错。最近几次单元测验都不曾发现他犯老毛病。我想，他确实变好了，是在以自己的行动来向同学、向老师表明自己的决心。一个人要改正缺点，不光要看他口头上的承诺，更重要的是言行一致。万同同学这点做得很好。所以，我也认为可以再原谅万同同学一次，另外，希望李老师不要经常地把他的过错挂在口头，以免他自卑；相反，同学们应该继续给他以关心和帮助，使他不断进步。”

余唯同学说：“万同同学比过去有正义感了，前次洪斌和庄哲欣打架，他拖着自己尚未痊愈的伤腿去劝架就可以看出这一点。”

马翔同学说：“万同同学以前还爱乱翻别人的东西，特别爱看别人的日记，现在也改正了这个坏习惯。这很好，希望他能保持。”

……

同学发言非常积极。他们在发言中充分肯定了万同同学的进步，也诚恳地指出了他还存在的一些不足。绝大多数同学都希望我再原谅万同一次，不再给他处分——这正是我期待并相信一定会出现的集体舆论；在整个讨论过程中，万同一直红着脸低着头，不是因为惭愧和难堪，而是发自内心的感动和激动——这也是我从一开始便追求的教育效果。那一时刻，我也由衷地感动和激动，为我的学生，也为我的教育！

最后，我总结道：“本来，我的确是要给万同同学以处分的。刚才听了大家的发言，我觉得同学们说得很有道理。我决定听从同学们的建议，不再对万同进行处分。同学们在万同再次作弊后真诚地帮助他，他的脚受伤后又给他以无微不至的关心，现在当他有了进步时又向老师求情别给他处分……这一切，说明我们这个集体的确是充满正气和温暖的！相信万同同学会继续进步，以报答集体的关怀。我也相信，每一位同学都会以生活在我们这个集体而感到自豪，并以自己的一言一行维护集体的纯洁！”

没有掌声，整个教室一片肃静。但我透过学生们一双双庄严凝视着我的眼睛，看到了他们心中正翻腾着集体主义情感的波澜！

语文考试得了 76 分

万同的这次作弊，使我进一步反思我和其他任课教师的教学。

万同作弊当然是可耻的，但细想一下这“可耻”之中也有可以理解甚至可贵的一面，这就是希望得到好成绩的良好愿望。他的错在于达到目的的方式错了，而他的良好愿望，却应该受到尊重。这种愿望的背后，实际上是美好的上进心。任何学生都希望能在学习上获得成功，但由于种种原因，万同从来就没有体验过这种成功感。不及格的分数、老师的斥责、同学的讥笑、家长的臭骂……伴随他度过了这么多年的学习生活，而他还在这样生活着。失败和屈辱，是我们的教育给他的唯一“馈赠”！

想到这里，我不禁又一次产生了对万同深深的同情。

从上学期我叫他抄长篇小说《烈火金钢》起，到现在他已抄完了五个作文本。这对抑制他课堂上的好动行为，的确起到了很有效的作用。但如果不让他在课内知识的学习上学有所得，以致他在考试分数上继续是个位数，那么，他就不可能真正在集体中树立起自己的尊严。作为充满民主、科学、个性的社会主义教育，没有任何理由不帮助任何一位学生树立起人的尊严！

苏霍姆林斯基曾大声呼吁：“让每一位孩子抬起头来！”

……

经过好几天的思考，我向各位任课教师谈了我的想法，大家都赞同我的观点。这样，我们统一了认识，决定尝试“降低要求，增强信心，逐步提高，帮助成功”的教学方法，对万同进行学习“扶贫”。

我又把万同找来，对他提出了学习上的新要求：“我和其他老师都想专门帮助你提高学习成绩。但你的学习基础和班里大多数同学已有相当大的差距，所以，我们打算根据你的实际情况对你作特殊要求：1. 每次上课，各科老师都会给你提出基本目标，达到这个目标，你就算学懂了。2. 每天的作业，老师们也会单独给你出，你必须认真完成，不懂的第二天一定要问老师。3. 单元测验和期末考试，我们也将为你单独命题，只要你平时按老师们的要求尽全力去学，就一定会取得很好的成绩。”

“那《烈火金钢》我还抄不抄呢？”他认真地问我。

“暂时就别抄了。从现在起，你的学习将有一个新的开端。——你可千万别让老师们失望啊！”

他没有说话，但望着我的眼睛分明闪烁着希望的火花。

这天的语文课，是学《桃花源记》。课前，我对万同的要求是：1. 能够读完全文；2. 会读会写三个以前不认识的字。

课堂上，我在教学过程中，一直注意万同的表现，他果然比以前用心。抽读课文时，他第一次举手要求朗读。我很为难，怕他读不好丢丑，便装着没有看见他举手。可他竟然自己站了起来，急切地大声说：“李老师，我的手都举酸了！”

同学们哄堂大笑。我只好说：“好，我们请万同同学读第一自然段。”

“普太元中……”刚读一句，他的声音就又被同学的笑声淹没了。——他把“晋太元中”读成了“普太元中”！

然而，万同竟然不理会大家的哄笑，径直一字一顿大声地往下读：“……武、陵、人、捕、鱼、为、业，缘、溪、行……”

也许是被他的勇气所感动或震慑，同学们渐渐不笑了，静静地听他“吼读”。教室里，只有万同那莽直的声音撞击着大家的耳膜，直到“渔、人、甚、异、之”！——说也奇怪，万同居然再没有读错一个字！

他涨红着脸坐下了，大家却情不自禁地鼓起了掌……

下课后，他向我汇报，他认识并会写“晋”“缘”“溪”三个字！

我给他布置作业：抄写课文第二自然段（“复前行”至“并怡然自乐”）。

第一次单元测验时，我不但单独为他出了一套题，虽然题已经相当简单——基本上都是平时我给他布置的作业，而且我还在测验前，为他单独辅导，有意偷偷漏些题。

这次单元测验，他得了 49 分。为此，他高兴得跳了起来，要知道他以前的分数可从来都只在 20 分以下啊！

作文课时，我就叫他抄有关课文，要求是“字迹清楚，没有错字”，达到这个标准就得“优”，结果，他大多数时候的作文都是“优”！他自然又兴奋不已。

过了一段时间，我又给他提出稍微高一些的学习要求。比如作文，就要求他给我写信，说心里话，只要书写清楚，内容真实就行。

这是他的一次作文——

李老师：您好！

我现在喜欢上语文可（课）了。每天的作业，我都很认真。那天考了 49 分，我好高兴呀！我要正（争）去（取）下次得 55 分。但是，英语可（课）和数学可（课）我十（实）在十（是）听不动（懂）。李老师你说怎么办？

学生：万同

英语和数学老师也反映，已经对万同降低了要求，可他还是学不懂，因为他的基础实在太差了。“他简直好像根本没有读过小学一样！”

我便和他们商定，再降低要求——英语课和数学课时，让万同抄该节课所学的教材内容。

“期末考试怎么办？”两位老师异口同声地问我。

“仍然可以根据他的抄写来判分。”我说。

于是，每当上英语课和数学课时，万同都有事可做了。

……

初一学年结束时，万同的语文考试得了 76 分！

“纠察员”成了偷盗者

看到万同对学习有了一定信心，我真是高兴极了，准备与各科老师配合起来，让刚刚进入初二的他进一步提高学习兴趣。鉴于万同家庭的经济困难，我主动代他提出申请，请求学校免去了他的学杂费。

可开学不久，他却又犯了一个把校长气得发抖的错误——

一场大雨之后，学校刚刚改造过的田径场积满了雨水。课间十分钟，万同等人便在田径场追逐打闹，原先平整的跑道自然被几个顽童的脚丫子烙上了深深浅浅而又乱七八糟的脚印！

这一切，被楼上办公室里的校长透过玻璃窗看得清清楚楚。校长推开窗子大声呵斥，但玩得正痛快的万同们哪里听得见几十米外楼上校长的咆哮？依然在田径场里“大闹天宫”。

直到发现校长正怒气冲冲地向他们走来时，一群人才如梦初醒，宛若惊弓之鸟，四下逃散。但“不幸”的是，万同在奔逃中脚下一滑摔了一跤，成了校长唯一的“俘虏”！

经过校长的亲自教育之后，一身泥泞、满脸泪痕的万同被带到我的办公室。

我又是一番苦口婆心的开导。然后，我给他出了个改正错误的主意：“由你们几个爱课间打闹的同学，组成一个维护学校文明秩序的‘纠察小分队’——如果发现一些同学在校园内有不文明行为，你们就批评、制止他们，严重的你们就把他送到校长办公室。你就担任这个‘纠察小分队’的队长，好不好？”

万同说：“好是好，可是其他同学能听我们的吗？”

“怎么不会听你们的呢？”我说，“首先你们要严格要求自己，注意养成良好的行为习惯。另外，你们去请校长给做一个供‘纠察员’专门佩戴的标志，这就有了威慑力。”

果然，校长非常支持他们，不但发给他们“纠察员”标志，而且还专门在每一个标志上面盖上校长办公室的大印，并对他们说：“你们这个‘纠察小分队’直接归我管，只要抓到违反校规的就送到我这儿来！”

于是，每天课间，校园里便多了一群神气十足而又认真负责的“纠察员”！

万同他们课间十分钟有事可做，自然不会狂打了；相反，他们频频立功——学校不准午休时间踢球，他们中午便把守在操场边；学校规定不许乱扔纸屑，他们便在各层教学楼道巡视；学校规定校园内不能骑车，一放学他们就守在停车棚，看有无违规者……

这样一来，校长办公室“报案”不断，校长有些应接不暇了，便把这支队伍“下放”给学校政教处。

政教处又给万同等人加了一些任务：检查校园卫生保持情况，检查各班的桌椅、门窗的损坏情况，并及时督促维修。

这一来，万同们更加神气了！常常是，刚一响下课铃，万同便站了起来，向他的“部下”一挥手：“走！”于是，几个以前的调皮大王便威风凛凛地鱼贯而出——“执行任务”去了！

毕竟是还很不成熟的娃娃，盖有校长办公室大印的“纠察员”标志，使万同在维护学校秩序的同时，也渐渐产生了一种盛气凌人的“官味”；他把社会上的霸气用于批评违纪同学，有时甚至还借机恃强凌弱，欺负小同学。

这天下午放学后，万同巡视到初一（2）班的教室外面，他也不顾人家还没放学，就径直走了进去，喝道：“该搞卫生了！”正在讲台上讲事情的班主任老师吃了一惊，教室里坐得整整齐齐的学生也不禁一愣，齐刷刷的眼光一齐射在万同的身上；大概万同有些不好意思，便退了出来，他看见教室门裂了一道口子，竟用手“嘭嘭”地拍打着门，大声训斥道：“门破成这样，怎么也不修一修！”

该班老师也是个血气方刚的小伙子，一下勃然大怒：“你算什么东西！到这儿来耀武扬威！滚！”

万同只好悻悻而去，路过另一个班的时候，他看见两个搞卫生的初一小同学正拿着扫把在打闹，万同冲过去就踢了他们几脚，还煞有介事地吼道：“扫把是用来打闹的嗦？”

万同们直接听命于政教处，所以我对这些恶劣行径，很长时间不知道，一直到后来发生了更恶劣的事，我才意识到作为“纠察员”的万同已经变味——

万同在初一（2）班碰壁后，一直耿耿于怀。

第二天恰好是星期六，学校没有上课，他一人溜进学校，直奔初一年级办公室。他四下看了看没人，便一脚把门踢开；进去以后，在初一（2）班班主任老师的办公桌抽屉里乱翻，把几本书撕碎了，把墨水瓶砸碎了……最后，偷了一支圆珠笔、两瓶没吃完的咖啡和三袋土豆片，扬长而去！

自以为天衣无缝，但他吃完土豆片后扔在我班教室纸篓里的包装袋，却使他星期一来到学校，便被政教处作为“重大嫌疑人”而请到了校长办公室。一番不太艰难的审问，万同便“供认不讳”了！

几天后，一张“为严肃校纪，现决定对万同予以严重警告处分”的通告便贴了出来！

一时间，万同“名扬”全校。

我和全班同学的心也蒙上了一层阴影。

在集体目光的关注下

作为学生，没有比校纪处分更为严厉的心灵惩罚了。

在处分万同前，我去找过校长，请求最好不要给万同处分：“比起过去，他已有了相当大的进步，当然也有反复，但我愿意尽最大的耐心帮助他。我担心，这一张处分通告会让他在全校无地自容，甚至摧毁他的上进心。”

校长的话也不是没有道理：“他已不是第一次违反学校纪律了；再说，处分他一个人，可以教育全校所有学生。”

我只好服从，万同也只好当一回被杀的“鸡”给全校的“猴”们看。

那几天，我没有找万同谈心，因为我心里也很难受，脑子里还没有形成一个清晰的教育思路。但是，看到失魂落魄的万同，我就一遍遍地问自己：难道一年多来所有的努力，就这么付诸东流了吗？

我似乎有些黔驴技穷了……

然而，我仍苦苦思索着——

由万同的这第二次纪律处分，我自然想到了他的第一次处分。那次是因为测验作弊，后来他又做过一次弊，我并没有再给他处分，他却至今没有再作弊。为什么？是因为有全班学生的关心与帮助。而这次他任“纠察员”期间所犯的一些错误，恰恰是脱离了集体舆论的监督！

想到这里，我心里豁然一亮！——那么，要让万同重新树立向上的勇气与信心，可能还是只有依靠班集体的力量。

当天下午，我把垂头丧气的万同请到办公室，照例让他坐下。

“我知道你很难受，但现在后悔也来不及了。不过，”我话题一转，“如果你想改变这一切，还是只有靠你自己！”

他慢慢抬起了头，有些疑惑地望着我。

我继续说：“是的，只有靠你自己！靠你的什么呢？那就是你的上进心。当然，我不知道你现在还有没有这种上进心。”

他小声吐一个字：“有。”

“这就好。当然，我们班集体也会帮助你的。”我对他解释说，“现在，除了袁夏继续做你的‘帮助人’，每天给你写家校联系本以外，我打算请全班同学都关心你的进步。你愿不愿意啊？”

他仍然小声说：“愿意。”

又是一节语文课开始了。我对全班同学宣布道：“虽然还有两个月才半期考试，但我今天就公布语文半期考试的作文题。”

同学们感到非常惊讶，不由得小声议论起来。

我接着说：“一道是《我为万同的进步而高兴》，一道是《我为万同的退步而痛心》。同学们从现在就开始观察万同的表现，两个月以后半期考试时，同学们便根据自己的观察情况，选其中一道题来写。”

下课以后，万同找到我：“李老师，半期考试时我写什么作文呢？”

我还真把他给忘了！我稍稍想了一下，说：“到时候，你就写《我感谢同学们对我的帮助》。”

通过提前公布半期考试作文题，我试图一箭双雕：既把万同置于全班的监督之中，又让每一位同学有意识地关注万同的表现。就这样，小小的作文题，将万同个人的上进心激励与全班学生的集体主义自我教育巧妙而有效地结合起来了！

我又想，最好避免万同只是被动地接受同学们的监督，而应让他真正主动地在参与班级建设的过程中获得自身的进步。于是，我还特意为万同安排了一个特殊的职务：专门维护自习课纪律的“特别班委”。

果然，我所期待的教育效果神奇地出现了——

半期考试的作文中，全班绝大多数同学选写的作文题是《我为万同的进步而高兴》。他们以所看到的真实事例，饱含真情地描述着万同的进步；再加上由于是考试作文，因此学生们写得格外认真。

讲评试卷时，我选了几篇有代表性的作文，让作者在班上朗读。其中，万同的“帮助人”袁夏同学朗读完作文后，同学们情不自禁地鼓起掌来。我又请万同朗读了他的考试作文。

“我感谢同学们对我的帮助”

李老师和同学们：

我不正（争）气，多次反（犯）错误，被校长处分，是应该的，是我自己造成的。李老师和同学们没有气（歧）死（视）我，而是热情地帮助我。我很感动，我很感谢。袁夏同学天天提醒我不要（上课）说话，帅伟华同学今（经）常给我讲不动（懂）的作业，还有好多好多同学都帮助过我，我也说不完。我要好好学习，更加进步。

谢谢李老师和同学们！

万同的作文在文字表达上显然远远不及袁夏的作文，但他却赢得了同学们更热烈的掌声！

我统计了一下，全班除万同外的62位学生中，写《我为万同的进步而高兴》的有48人，写《我为万同的退步而痛心》有14人。

下午放学的时候，我把万同叫到办公室，对他说：“你把这些作文全都拿回去，念给你妈妈听，让你妈妈也分享一下你进步的快乐！另外，这十几个写你‘退步’的作文，你也要好好看看，同学们如果说得对，你应提醒自己进一步改正。”

几天后，万同把作文抱来还我的时候，给我一封他妈妈的信——

李老师：

我这里非常谢谢你和全班同学对万同的关心和爱护。万同今天能德（得）到这样的对待，这全靠李老师来（耐）心的教育，这是李老师的攻（功）劳，也是同学们的攻（功）劳。李老师，你心（辛）苦了。你为了同娃儿你操岁（碎）了心。李老师自从同娃儿刚一塌（踏）进中学，一分到你班上，你对他的教育是很大的。我在（再）说一声李老师你心（辛）苦了，谢谢你李老师。

万同的妈田翠芬

万同还对我说：“李老师，反正我每天早晨来得最早，您就把教室早扫除的任务交给我吧！我保证每天都把教室卫生搞得干干净净！”

国旗下的讲演者

半期考试过后，我考虑到万同容易反复的特点，又想出了一个新的舆论监督措施，即采用“报喜单”的办法来不断激励万同巩固自己的进步，并取得新的进步。具体做法是：每周周末班会课时，我都请全班同学对万同进行评议，如果大多数同学都认为万同这一周表现不错，我就给他写一张“报喜单”，让他带回去给妈妈看。

这样，每天有“帮助人”，每周有“报喜单”，就使万同随时都处于班集体的关注之中。在下半期，他几乎每个星期都能得到一张“报喜单”！

一天早晨，我来到学校，校长就专门找到我：“你班的万同……”话刚开个头，他就忍不住剧烈咳嗽起来——看样子，校长感冒了。

一听校长说“万同”我的头脑就“嗡”地炸了，我连忙急切地问：“万同又犯什么错误了？”

“你别急嘛，我话都还没说完呢！”校长舒了一口气，笑了起来，“你班的万同应该好好表扬表扬！”

“表扬？”

“对。”校长继续说道，“刚才早读课前，我在校门口值周，看到不远处的花园旁边垃圾桶附近的地上有一个破饮料瓶子。当时过往的学生很多，我就想，我倒要暗中观察一下，看有没有学生能够自觉地把这个饮料瓶子捡起来扔到垃圾桶里去。结果，不少学生——包括一些经常得表扬的优秀学生——路过时均视而不见，有的甚至还有意无意地踢一下。过了一会儿，我看到万同端着装满垃圾的撮箕走过来了，他看了看那个饮料瓶子，并没有停下，仍往前走；但是，当他把满满一撮箕垃圾倒进垃圾桶后，又专门过去把那个饮料瓶子捡起来，丢进了垃圾桶。整个过程只有几秒钟，他做得非常自然。虽然他并没有看见我，但是我当时非常感动，一个挨了处分的‘差生’在这些细小的地方竟然有这样良好的习惯！不简单啊，不简单！你一定要在班上好好表扬他！”

校长的话，真的让我也非常感动——不仅仅是因为万同拾了一个饮料瓶子，更因为他是在没人监督的情况下做了一件许多人未必能做到的小事！

语文课时，我挤出几分钟的时间转述了校长的话，说的时候，我有意用“我班的一位同学”代替了万同的名字，然后，请同学们猜一猜：这位为班集体赢得荣誉的同学是谁？

“当然是万同啦！”学生们竟这么容易就猜出来了！

我也反应过来了：因为早晨我班只有万同搞教室卫生。

这次，我并没有要求学生们写什么表扬万同的作文，但是，有一次出乎我的意料：在第二周交来的周记里面，学生们都不约而同地对万同这件事发表评论。

袁夏同学写道：“万同在捡那个瓶子的时候，一定没想过得表扬，可能他只是觉得干净的校园不应该有这么一个乱扔的瓶子。看起来事情很小，却不是每一个人都做得到。比如我，可能就做不到。从这一点上，可以看出我和万同之间的差距，至少在品德上我是不及万同的……”

程实同学写道：“对比万同，我很羞愧。那天早晨我进校后，也路过了那个地方并看到了那个瓶子，但我并没有捡它，因为我根本没有想到应该去捡。如果在平时，要问我和万同谁是好学生？我想班上大多数同学可能都会说：‘当然是程实啦！’通过这件事，可以看出我不如万同。我和万同仿佛是在进行道德赛跑，原来我跑在前面，可是摔倒了；而万同不但追了上来，而且正在向前冲刺。我要爬起来，奋力追赶万同。”

周记讲评课上，我通过读一篇篇感情真挚的文章，让万同也来对班集体进行一次教育——这些周记在表扬万同的同时，也撞击着全班学生的灵魂……

再过一周，就该我班派代表在学校升旗仪式上进行“国旗下的讲演”了。在众多主动争取讲演的同学中，大家一致推选了万同。

这当然是一种荣誉，但对万同来说，也是一个相当大的考验：讲演稿要自己写，对他来说实在太困难了；而且，平时在班里的讲台上说话，万同都不是太流畅，现在，当着全校一千七百多师生讲话，他能行吗？

但我和同学们决意要让万同成功——这也将是我们班集体的教育成功，于是，我和同学们就写讲演稿专门对万同进行出谋划策和辅导修改——万同认真地连写了三稿，但毕竟他语文基础太差，于是我抓住他原稿中“班级的爱就是祖国的爱”这一句闪光的话和文中的素材，重新给他写了一篇讲演稿。然后，我们又特意利用一节自习课，对万同进行讲演训练。那几天下午放学后，万同都在我办公室一遍又一遍地练习着……

这是一个霞光满天的清晨。学校操场上，全校师生凝望着和朝阳一起冉冉升起的五星红旗，唱起了庄严的《义勇军进行曲》。之后，身着新装，戴着红领巾的万同神情庄重地站在洒满阳光的国旗下，开始了他的讲演——

老师们、同学们：

我叫万同，今天，我站在五星红旗下，代表初二（5）班作国旗下的讲演。我讲演的题目是《班级的爱就是祖国的爱》。

老师常常对我们说，爱国不是一句空话，爱国应该从爱周围的人做起，包括爱自己的同学、老师和班级。对此，我很有体会。

> 我刚进初中时，很不热爱班集体，犯了很多错误，多次违反学校纪律，学习成绩也很不好，给我的初二（5）班抹了黑。那时候，老师和同学们一提起我万同的名字就头疼，都为我的表现感到痛心和气愤。但是，他们没有看不起我，反而耐心地帮助我，热情地关心我。有一次，我被社会上的小流氓打了，在家养伤。班上每一位同学都给我写了一封短信，安慰我，鼓励我。当来看我的李老师把同学们的信交给我时，我很激动，心里想：我以后一定要好好学习，争取进步，不再给班上丢脸。后来，我回到了班上，许多同学还为我补习功课。现在，老师和同学们都说我有了很大很大的进步，老师经常表扬我，同学们还选我为“进步最大的同学”。但我要说，这是因为我生活在初二（5）班这个温暖的大家庭。老师给了我爱，同学给了我爱，班级给了我爱——对我来说，这一切，就是祖国给我的爱！
>
> 我还有许多缺点，但我会继续努力改正；我要争取让初二（5）班因为有了我万同而更加温暖，更加美好。我决心在老师同学的帮助下，成为玉林中学最优秀的学生，成为祖国母亲最优秀的儿子！

万同响亮的声音从他心灵深处迸发出来，通过扩音器回荡在校园上空，在晨风中传得很远很远，直至融入那辽阔纯净的蓝天！

烛光里的泪花

上午最后一节政治课刚开始不久，我便在办公室听见了赵老师那近乎咆哮的呵斥：“这课没法上了！你们究竟要干什么？！……”我不禁诧异：赵老师一向对学生温柔，今天怎么会这样？

我正要去教室看看，学生万同垂头丧气地来到办公室：“李老师，赵老师把我撵出来了……”

我压抑着怒气问：“怎么回事儿？”

“同学们听说您不当我们的班主任了，心情特别烦躁，都没心思上课……”

“简直是胡来！”我一拍桌子站了起来，“你们真是在给我丢——”我没能把“脸”字说出来，因为我看见了万同的双眼已噙满了泪水！

……

下午上课前，赵老师找到我，歉意地说：“看来我上午不应该对学生发那么大的火。当时，我走进教室只觉得班上气氛不对，课堂上总不安静。我批评了几句，有的学生——比如万同——居然与我顶撞起来，还扬言‘要罢课抗议’！气得我发抖。但是，刚才万同主动给我交来一份检查，看了以后我觉得，当时如果理解了学生的心情，我完全可以换一种方式开导他们。”

万同的“检查”是这样写的——

赵老师，同学们上午没好好上课，我们错了。我定（顶）嘴，更是对您的不礼貌。我向您说一声“对不起”！但是，这几天同学们的心里真的很难爱（受）啊！大家都很希望李老师当我们的班主任，都不满义（意）学校（的安排）。想用这种方法来刘（留）住我们的李老师。我们也知道这种方法是于（愚）春（蠢）的，可我们没法空（控）制自己啊！赵老师，您体（替）我们求求学校领导吧，不要换走李老师！

在很长一段时间里，我一直担任两个班的语文教学和班主任工作。最近，学校为减轻我过重的工作负担而免去我一个班的班主任工作，我是能够理解并深深地感谢领导的关怀的。但读了这段与其说是“检查”不如说是“请求”的文字，我被学生纯真的情感打动了！

放学前，我来到班上，迎接我的是一片辉煌的烛光和烛光中点点晶莹的泪花！我伫立讲台许久许久，一句话都说不出来，眼前却闪现出一幅又一幅过去的画面：秋天，我和学生们一起欢度他们进中学后的第一个中秋节；冬天，我和学生们顶着凛冽的寒风驰骋在足球场上；春天，我和学生们冒着细雨在野外菜花地的泥泞小路上追逐；夏天，我和学生们在公园草坪上摔跤、斗鸡……

63位学生默默地注视着我，也和我一起沉默着，沉默着，任感情的潮水在胸中激荡澎湃，又化作冲决眼眶的泪水无声地流着，流着……窗外，北风呼呼，寒流滚滚；室内，寸寸洁白的蜡烛也在无声地流泪，它那金黄色的烛光却温暖着每一个人纯真的心灵！

“……同学们的心情，我理解……”我终于吃力地说话了，“但大家的做法，实在是不应该啊！”

学生们终于忍不住了，无声的流泪变成了伏案啜泣，呜咽之声在教室里回荡，也撞击着我的感情堤坝：童心可鉴，泪眼作证——有了一批又一批心心相印的学生，我便成了情感富翁和精神巨人；作为一名普通的教育者，还有比自己人格的丰碑铸在学生心目中更崇高的荣誉吗？

“我，我，我永远记住，同学们对我的感情！”说完这句话，我迅速转身走出了教室……

因为，我已泪如泉涌！

附：万同后来怎么样

许多读者读了《爱心与教育》中我“与顽童打交道”的故事，都特别关心万同后来的情况。许多读者都曾问我：“万同后来怎样了？”

万同后来并没有考上高中。有好几年我和他失去了联系。

2000 年 5 月，我在陕西师大参加骨干教师国家级培训。有一天中午下课后，我推开教室门准备去吃饭，突然看到眼前站着一个身着军装的小伙子，他微笑着叫我：“李老师，我是万同！”

我定睛一看，啊？这不是万同吗？当时我真是大吃一惊——怎么在这个时间这个地方居然见到多年不见的万同了？时间、地点、人物完全不合逻辑地拧在了一起！

的确是万同，尽管穿上军装，但那调皮劲儿依然掩饰不住：他的军帽不是戴在头上的，而是塞在肩章上的！

于是，我请他在食堂吃饭，然后我们在陕西师大校园散步，还在一个亭子里坐了好一阵子，我们闲聊了一中午。从他口中，我得知他现在在北京当兵，大概是通信兵。他说他还准备考军校呢！这次他从北京出差回成都，专门去我家看我，却没能见到我；听我爱人说我在西安陕西师大学习，所以他在回北京的路上，特意在中途的西安站下车，然后一路问到陕西师大，找到我上课的教室，然后静静地在教室门外等我……

那一刻，我实在是感动！我从来没有奢望过万同能够成为国家的栋梁之材，但他至今还记着我，而且居然不远千里克服重重困难来看我，我就非常知足了。更何况，我的万同，现在已经是我们国家“最可爱的人”了！

不过，一晃又过去六年了，我和万同又失去了联系。但是，我依然在心里惦记着他，而且盼望着什么时候什么地方，他又会从天而降，给我一个惊喜。

2006 年 12 月补记

第九章 学生青春心理健康教育

青春期教育是心灵对心灵的启迪，精神对精神的感化，而离开了和谐的师生关系，“启迪”与“感化”便只是教育者的一厢情愿。相反，如果教师对学生具有了真诚的信任与尊重，学生就会感到一种人格的尊严，他们中自卑、自私、孤独、胆怯、抑郁等心理问题的产生率就会大大降低；同时，如果学生对教师产生了朋友般的信赖，他们就会主动地向教师敞开心扉，诉说自己的喜怒哀乐，这有利于教师随时了解学生的心灵，及时帮助他们解除心理烦恼。

心灵在呼唤

“老师讲的不是我们想的，我们想的，恰恰没人回答！”北京一位中学生这发自肺腑的声音，代表了所有中学生对目前学校德育的批评。

老师因自己传授的思想遭到学生反感而十分伤心，学生因自己关心的问题得不到老师的解答而万分苦闷。教育者和被教育者双方都感到离不开对方，然而现在都失去了对方！

这正是德育的危机之一，也是德育的转机所在——作为处于主导地位的教育者来说，回答学生所关心的问题，找回失去的对方，正是改革德育的一个突破口！

究竟有哪些学生最急于解答的“往往没人回答”？为此，我曾于 1987 年 9 月在自己所教的高一新生中进行了一次调查。

调查题：除了学习以外，目前你还有哪些最关心的问题得不到解答？

结果，47 名学生共提了 106 个问题，内容涉及人际关系、心理保健、性知识教育、宗教信仰、职业选择、国际政治、与父母关系、自我评价、社会风气、男女感情、人格塑造、哲学流派、环境保护、生与死等方面，而这些几乎全是我们当时学校德育内容的空白！

现摘录其中一些片段如下——

好不容易考上重点高中，我却有了一种失落感受，茫然不知所措，甚至莫名其妙地自卑，这到底为什么？

我最想知道怎样搞好与父母的关系，有时明明是他们的错，我稍微申辩一下，他们便说：“翅膀长硬了，连父母都要顶撞！”另外，他们对于我的日记、信件很敏感，也很“不自觉”，老是喜欢趁我不在的时候偷看，我很反感，于是，干脆断绝一切通信联系，也不再写日记。我真想与父母搞好关系，可是不知该如何着手。

老师总是说社会上主流是好的，可现实生活中，我老是感到不好的是多数，这是怎么回事？

我很想知道自己在别人心目中是什么样子。

近来不断听说有学生自杀，其中好些都是高才生，他们比别人成熟得早，更早接触和认识社会。我想知道，他们成熟得早是否是好事？他们成熟了，有思想，认识了社会，却跑去自杀。而那些成绩不太好、思想不“复杂”的人，却无忧无虑，生活得平稳。究竟谁好？

社会上“开后门”、拉关系成风，老师说这是不对的。我的爸爸妈妈也常常“开后门”，但他们的确是善良的人，迫不得已才这样做。我不知道该怎样评价这种现象。以后我参加了工作又该怎样对待“开后门”呢？

现在很多同学比较讲究穿着，还爱谈论某人长得怎么样，大家对这些问题好像特别感兴趣。这是为什么？

我很想与男同学建立一种非常真诚，但又绝不是爱情的友谊，但又不知道怎样注意分寸，怎样去交往。

我想了解人体上的一些秘密，但《生理卫生》上介绍得很肤浅，又找不到这类书。

我很想了解有关宗教的问题，为什么法律规定宗教信仰自由，可老师又不允许我们去教堂，而且书店里从不卖类似《圣经》一类的书？这是否是真正的宗教自由？

人为什么要活着？古猿为什么要变成人？人死后是否就要到阴间？人要不死该多好。

我常常感到孤独，真想偷偷大哭一场。不知为什么？

我感到生活中处处是矛盾，为什么现在我国社会生产发展了，而人与人之间的关系却淡薄了，各种歪风邪气更猖狂了？这到底是社会的进步，还是倒退？……

一颗颗稚嫩而纯洁的心，竟然承受了这么多这么沉重的问题，该是多么地忧烦！如果这些忧烦憋在心里得不到排遣，那就更加苦恼了；若这些苦恼不但得不到老师的理解而且还受到责怪，那简直就是痛苦不堪了！

一位外地中学生在给我的信中写道：“那么多的政治课、班会课、团组织生活，可从来不愿谈我们关心的问题，我们这些问题一般也不愿问老师。有一次，我憋得受不了，鼓起勇气找班主任，他听了我的叙述，便给我讲了一大通‘要有远大理想’‘要有革命乐观主义精神’‘你的苦闷难道还有张海迪遇到的困难大吗’‘看问题要全面嘛’之类的套话，真是烦死人！更气人的是，几天后的一次班会课上，班主任不点名地批评了‘一些同学缺乏远大理想、心理灰暗、思想不够健康’……这不是把我往绝路上逼吗？！”

面对这位并未走上绝路的中学生，我感到悲哀：莫非我们的教育真的会走上绝路？

面对千千万万中学生，我们教育者应该感到一种责任……

“难道我真的得了什么病吗？”
——一位少女的谈话录音

我们寝室里常常谈起生与死。谈到悲伤处，便觉得人活着没多大意思。我现在就根本没有什么精神寄托，就爱幻想，有时总以为神是存在的。因为我们从小受的是无神论教育，所以我总是不断提醒自己：神是没有的，神是没有的！但我又一想，假如我们从小就受的是有神论教育，那么我们便会认为神的存在了。我知道谁也无法证明神的存在，但又有谁能证明神的不存在呢？我还觉得外星人不但有，而且他们早已控制着人类，地球上每一个人都被外星人通过类似电视屏幕的东西时刻监视着，总有一天我们地球人会被外星人消灭。我也不知道我为什么会有这么多的古怪想法，唯独对学习我不愿细想，有时我甚至怀疑，我们学的知识说不定是前人用来骗我们的玩意儿，我们现在一个劲儿地深究呀，考呀，说不定全是假的，毫无用处！

我也不知道我是什么时候开始这么爱想的。从小学到初中毕业，我一直是三好生、班长或团支部书记，学习成绩从未下过班上第二名，在家又是独女。所以，我可以说一直是被赞扬、羡慕和宠爱包围着。初中毕业轻而易举地考上了这所省城的重点中学，连我的班主任都高兴得直说我为母校争了光。开学时，我父母把我从小县城送到省城这所重点中学，听说这学校还是一位已去世的老一辈无产阶级革命家的母校，我就想，再过几十年，这中学的师生一定会因为我在这里读过书而大肆炫耀。大概是由于班主任看了我的初中毕业生登记表上的简历，第一天上课前，班主任便指定我为临时班长。我一点也不感到意外，也不格外高兴，因为我觉得这是很自然、理所当然的事，但是，同在这一天，数学搞了一个摸底测验，我考得一败涂地。一心想在班上保持初中的引人注目的地位，可数学只得了68分，心里一急，工作也打不起劲，什么事也不想做。过了几周，物理单元测验，我思想压力很大，生怕考砸了，使我这个班长在全班丢脸，可恰恰又考糟了，我得了一个自读书以来从未有过的不及格分数：56分！当天晚上，我第一次失眠了，以后的学习总是打不起劲，我更没脸以班长的身份开展工作，还有什么威信呀！过了一个月，同学们逐渐熟悉了，班主任便叫同学们正式选举班长和班委干部。那天我连候选人也没被提上。完了，彻底完了！我真后悔自己来读这么个重点中学。

更伤心的是，我读高中看到了许多虚假的东西。我从小就十分听爸爸妈妈和老师的话，他们一直教育我人与人之间要真诚相待，为人应老实，做事应认真。虽然我也知道社会上也有坏人，但那毕竟是极少数，大多数人还是真诚而善良的。然而当我以这样的思想认识来处事时，却总是受欺骗和愚弄。一次我骑车上街，看见前面一个男青年骑车撞倒了一个小男孩，却又飞车逃跑了。我下车扶起小男孩，看见他的腿被擦破了皮，直流血，我准备推他去附近医院包扎一下，谁知他母亲不知从什么地方钻了出来，一口咬定是我撞了他的孩子，我刚一解释，她便骂了起来：“撞倒了小孩，还不承认？还说是‘做好事’，谁相信？”只有两三岁的小孩只知傻哭，也不为我“证明证明”。结果我挨了一顿骂，还“赔偿”了几元钱医疗费。还有一次，我准备乘车回家，在汽车站看到一个抱孩子的青年妇女哭得正伤心，说是钱包丢了，我一下想起雷锋叔叔帮素不相识的大嫂买车票的事，便主动把我买车票剩余的五元钱全给了她。谁知不久我又在公园门口碰见了她，这回她是怀抱一个婴儿装成产妇向行人哭诉她“家中失火，丈夫又去世”的“不幸遭遇”。——原来是一个骗子。

在学校在班上也有许多吃哑巴亏的事。有时上课迟到，老师问及原因，我老老实实地说“动作慢了一些”或“吃饭迟了”，便被罚站，和我一样原因迟到的同学却只要撒谎说“病了”，不但立即让他进教室，而且还会被表扬几句。“人家带病坚持上课。”我有一些学习参考书，同学借我总是很乐意给，可是当我向同学借我没有的参考书，得到的回答却往往是“我正在看”或“别人刚借走”。我总是认真地对待每一件事，总是好心地对待每一个人，可往往好心没好报，这样的例子太多了！我越来越感到，我越是按学校老师讲的去做，我越是处处碰壁。而我瞧不起的那些奸诈油滑的同学，反而处处不吃亏，左右逢源。慢慢地，我觉得老师是在骗人，世界上哪有真诚？我对人有了戒备心。现在班主任虽然对我很好，可我总觉得她是装出来的。

我孤独到了极点困惑到了极点。失眠的时候越来越多，有时候甚至整夜不能入眠。白天常常是精神恍惚。渐渐地，我总感到同学们在议论我，并且暗中串通整我。这是有事实根据的。有一天，我看见我的床上放了一个学生证，里面还有几元钱，我一看学生证是我上床那位同学的，便把它扔到了她的床上。我想，她这不是想诬陷我，又想迷惑我！同学还常常含沙射影地骂我。那天，寝室里的女同学唱起了《迟到》:“来到我身边，带着微笑……”这分明是在巧妙地笑我收到一封初中男同学的来信，其实，这并不是什么“早恋”，他不过是叫我在省城帮他买数学参考书而已。我感到奇怪的是，她们怎么知道我收到这样一封信？更气人的是，班主任也想整我。有一天，我在寝室里睡觉，亲耳听见班主任与校长在寝室门口商量怎样开除我。我气愤地找到班主任，问她凭什么要开除我，她却很奇怪的样子：“我什么时候说过这样的话？绝对没说过！你又没做什么错事，为什么要开除你呢？什么？我同校长在女生寝室门口商量的？哈哈哈！校长出差已经一个多月了！再说，这样的事怎么会在寝室门口商量呢？你是在做梦吧！”我万万想不到班主任这么阴险，想整人又不承认。

我上了高中，具备了以前没有的优点：特别细心。可这总是遭到同学老师的笑话。比如，我去买饭票，数了十几遍却还是觉得有错；我乘公共汽车总是要把座位换到靠窗，为的是万一翻车出事故我好及时跳窗。我常常走进教室，又觉得寝室里的箱子还未锁，可回寝室一看又是锁了的，但我总觉得有人偷偷配了一把能开我箱子的钥匙，总不放心。

就是这样爱想——老师不是教育我们要做思考的一代吗？可同

学老是笑我“古怪”，老师总是说我“缺乏朝气”“心胸不宽阔”“意志不坚定”。那天我舅舅来看我，他是医生。走的时候，我听见他背着我对班主任说，我有“神经症”，是什么“强迫症”“狂想症”。我想了很久，我没有强迫过谁呀！也没有“狂想过”什么呀！

难道我真的得了什么病吗?

一名优秀的教师应该同时又是一名出色的心理学家。

上面那位少女实际上已患上了青春期心理疾病，但她表现出来的病症，却不为老师所重视。目前，我们的德育最缺乏的内容之一便是心理保健（或叫心理辅导）。不少教师还习惯于把学生的心理疾病、性格弱点，当作“政治思想”“道德品质”问题来解决，或热情地教育，或严肃地批评，这些“牛头不对马嘴”的思想工作怎么会奏效呢?

被教育者感到了一种精神空虚和人生危机，本能使他们寻求解救。于是，傅雷和傅聪、少年维特、约翰·克利斯朵夫、萨特、弗洛伊德·莱格、A. 阿德勒，W.W. 戴埃还有瓦西列夫以及叔本华便走进了他们干涸的心灵。

其中，最受中学生欢迎的当首推美国的戴尔·卡耐基。卡耐基先生在对包括明星巨商、各界领袖、军政要人、内阁成员甚至几位总统在内的几千万资本主义世界的公民进行教育培训的时候，可能不会想到，他的几本薄薄的小册子——《人性的优点》《人性的弱点》《神奇的人性》等会征服不少 20 世纪 80 年代社会主义中国中学生的心。

“李老师，我给您看一本好书。”学生递给我一本“五角丛书”《人性的优点》，一百来页的书已被翻旧，上面还密密麻麻写满了批语。我因此第一次知道了美国有一个叫戴尔·卡耐基的人。

公共汽车站牌下，一场自发的讨论又在几位等车的中学生中展开——

“没有人去踢一只死狗！卡耐基这种对待流言蜚语的态度真是绝了。哎，这算不算是‘革命乐观主义精神’呢？”

“以往我总觉得说别人的好话就是在奉承人家，对别人的长处总是不服气。其实真心地对别人说一些赞美的话又有何妨，别人往往在不知不觉中听到你的真心赞美而对你有好感。”

“要使别人做什么事，就要让别人对你的问话或要求尽可能答‘是’。据书上说这是一种心理学原理。也就是说，要尽量让别人考虑做这件事对自己的好处——这一点似乎有些自私，但就心理学上满足一个人来说，也不无道理。”

“读卡耐基，我收获不少，似乎已经掌握了与人相处的妙法。——生活原来就是如此啊！”

“读卡耐基的书，感觉是实在，仿佛刚同作者进行了一次交谈。让人看完之后有种强烈的‘试一试’的愿望。”

“唉，如果早点认识卡耐基，我的同学关系就不会像现在这么糟了！”

“我不明白，为什么这么好的书，我们老师不讲。”

“怎么敢讲？政治课不也讲了‘人际关系’吗？”

“哎呀，那算什么呀！——什么‘团结一致’‘友爱互助’‘共同奋斗’‘共同前进’……拿到生活中去根本不管用！”

“其实，政治课讲的一些观点同卡耐基的观点是相仿的，可缺的是‘实’，往往因为空洞，让人感到虚假而不可信。”

“你敢不敢给政治教师说，让她在课堂上讲一讲卡耐基？”

“怎么不敢？但她敢把资本主义的卡耐基请进社会主义的课堂吗？”

……

“让卡耐基进入课堂？”——我们不必责备学生这一呼唤的幼稚。片面与偏激。因为这与其说是学生对一位学者的呼唤，倒不如说是学生对一种充满真诚、贴近实际、深入心灵的教育的呼唤！

这声声呼唤，值得每一位教育者不得不重新思考我们的教育。看来，仅仅对学生进行政治引导、思想教育、品德培养、知识传授是不够的，我们的学生还应有良好的心理素质。因此，我们还应关注学生的心理发展，特别是对于处在青春期的学生，我们更应关心他们在知识、情感、兴趣和性等一系列心理状态上的变化，并予以主动积极的辅导。只有这样，教育才能真正深入每一个学生复杂多变、奇妙无穷的心灵，而教育者才真正无愧于“灵魂工程师”的称号。

青春期心理教育的途径与形式

说到青春期心理教育，不少人便以为只是“性道德教育”或“爱情教育”，而一提到“性”与“爱情”，一些家长、教师唯恐避之不及。这实在是一种狭隘的认识，至少是一种误解。我们所理解的“青春期教育”，主要是指面临“第二次断乳期”的中学生所具有的所有心理现象、心理特征和心理状态（当然也包括他们开始萌发的性意识，但远远不止这点）。因此，“青春期心理教育”就是根据中学生心理生理的特点，有针对性、有计划性地通过各种方式对他们进行心理卫生的保健、心理品质的培养，帮助学生健康地度过青春期，顺利地完成“人的第二次诞生”。青春期心理教育的内容主要有：中学生一般心理介绍，爱情与性道德教育，改善人际关系指导，学习心理的优化，心理疾病的防治，优良性格的培养。

青春期心理教育的途径与形式有：

一、创设和谐氛围

创设和谐氛围，是间接地进行心育，因为氛围的和谐有利于心灵的舒展、愉悦，而从某种意义上讲，学生具备了舒展、愉悦的心灵，教师的心育便成功了一半。所谓“和谐氛围”主要指师生之间的和谐关系与班级内部的和谐环境。

1. 建立师生和谐关系。

青春期教育是心灵对心灵的启迪，精神对精神的感化，而离开了和谐的师生关系，“启迪”与“感化”便只是教育者的一厢情愿。相反，如果教师对学生具有了真诚的信任与尊重，学生就会感到一种人格的尊严，他们中自卑、自私、孤独、胆怯、抑郁等心理问题的产生率就会大大降低；同时，如果学生对教师产生了朋友般的信赖，他们就会主动地向教师敞开心扉，诉说自己的喜怒哀乐，这有利于教师随时了解学生的心灵，及时帮助他们解除心理烦恼。因此，班主任对学生的心育要从与学生建立的和谐关系入手。

怎样建立师生和谐关系呢？首先要端正学生观。我们应认识到自己的教育对象是活生生的人，他们年龄虽小，但也有自己的思想感情，有自己独特而丰富的内心世界。师生关系不是皇帝与臣民的关系，不是警察与小偷的关系，不是医生与病人的关系，而是平等、尊重、信任的朋友关系。其次，要注意平时与学生的感情投入与积累。要善于与学生一起活动、一起神吹海聊、一起嬉笑玩耍中自然而然地感受他们的心灵。另外，教师还应尽量使自己具备“学生的心灵”——用“学生的大脑”去思考，用“学生的眼光”去看待，用“学生的情感”去体验，用“学生的兴趣”去爱好。……

最后，教师还应充分理解并尊重学生的一些独特的、奇妙的，甚至错误的想法，这并不是说教育者放弃自己的责任而一味迁就学生，而是要让学生在自己的老师面前有一种人身安全感和思想自由感，不然，学生不愿对老师说真话，教师“教育”“引导”又从何做起呢？

2. 造就班级和谐环境。

心理学认为，人的情绪、情感和态度都是环境在个体身上的体现与反映，一般说来，一种环境或一些人如果能满足或符合我们的需要、观点与习惯，我们便会产生好感或积极的情绪，反之就会引起相反的情感。没有任何一种心理的内容不来源于外部现实，没有任何一种心理现象的产生不存在着客观的原因。因此，一个和谐的环境无疑是有助于学生保持心理健康，形成良好的心理品质，并且使可能出现的异常心理现象减少到最小程度。

造就和谐的班级环境，班主任至少可以做四方面的工作：一是教育全班学生建立起人与人之间真诚友好的人际关系。既激烈竞争又携手共进，既和睦相处又诚恳帮助，既互相督促又彼此信任……这种和谐环境让每一位学生的心灵都充满友情的温暖，使自私自利、钩心斗角、嫉妒猜忌等恶劣品质在班内没有生存之地。二是提倡并鼓励男女同学之间正当交往，以打破男女之间的“神秘感”，满足青春期学生异性交往的心理需求，同时又减少“早恋”现象。三是引导学生发现自己独特的长处，同时又看到其他同学的长处，从而使班上呈现人人自尊，同时又尊重别人的好风气，最终使每一个学生都树立起自己的尊严与自豪感，愉快地接受自己，充满信心地发展自己。四是组织各种有益有趣的课余活动，调节学生的紧张学习生活，使他们有一种集体自豪感和精神充实感，避免长期单调枯燥的学习给学生造成焦虑烦躁、极度紧张等不良心境。

二、开设专题讲座

开设专题讲座是青春期教育中的一种集体谈话形式。班主任根据班上学生已经出现或将会出现的种种问题，将有关的心理学知识和心理保健方法相对系统地传授给学生，引起他们积极主动并科学地健全自己的心理素质。在开设专题讲座时，教育应把握好以下四个方面的要求。

1. 主动。

青春期教育不应只是被动地解决学生已经产生的心理问题，而应该在学生刚刚进入青春期便积极主动地发挥引导作用。因此，青春期教育的专题讲座先在学生进中学之初就开设，一直到高中毕业（当然，具体的讲座内容可视各年级学生的实际情况而定）。通过这种集体谈话，教育学生正确对待、把握自己的青春期心理，以积极的思想准备去迎接并完成“人的第二次诞生”。苏联杰出的教育家苏霍姆林斯基，在其女儿十四岁生日时，给女儿写了一封长信，以亲切美好的语言向女儿讲述什么是“爱情”。这为我们每一位教育者做出了好榜样。

2. 生动。

一般来说，学生是不太喜欢听大报告的，而专题讲座无疑是有目的地向学生讲道理和知识的一种形式，因此，为了让学生乐意接受讲座内容，教师应注意讲座的生动想象，深入浅出。应尽量淡化讲座的理论色彩，善于把有关的道理与知识寓于亦庄亦谐、富有情趣的讲述之中。要避免把讲座讲成纯粹的理论知识课，对于一些非讲不可的心理学知识，应多联系生活中的实例来说明。总之，要让学生身心轻松地听讲座，使他们在听老师谈生活、讲故事的气氛中不知不觉地受到感染，获得启迪。

3. 平等。

前面已经谈到，教师在进行青春期教育时应特别注重学生的尊重。这种尊重体现在专题讲座中，便是班主任的平易与真诚。学生出现了一些青春期心病，往往觉得难以启齿，特别是一旦产生了爱情萌芽或性意识，更是有一种负罪感。在这种情况下，居高临下的“严肃”的教育，只会增加学生的苦恼与恐慌；而教师如果能以朋友般的平等的态度给学生以体谅，进而给予细心的开导，学生的心理负担会减轻许多。因此，班主任在讲座中先取下“教育者”的“面具”，把自己摆在与学生同一的地位，推心置腹，多谈谈自己在中学阶段的感受与经历，让学生感到老师和他们一样，也有过类似的心理历程。讲座是否成功，很大程度上取决于师生是否具备了心灵相通的平等。

4. 参与。

专题讲座虽然只是班主任讲授，但也不应只是班主任唱“独角戏”，而应设法调动学生参与讲座。在每次开讲之前，班主任应多在学生中搞心理调查，让他们自己谈自己的心理现象。在讲授过程中，可组织学生围绕某个问题发言或讨论。每讲完一个专题后，最后留点时间让学生提问，班主任当场解答；也可让学生把问题写在纸条上，班主任课后个别回答或下次讲座时集中回答。让学生参与讲座，不仅能保证讲座的针对性，增强学生的兴趣，而且还能自然而然地引导学生自我教育。

三、进行个别谈话

个别谈话是青春期教育最重要、用得最广泛的一种形式。这里的个别谈话是心理辅导，而不是政治思想教育。与单纯的教育性谈心不同，心理辅导的谈话具有两个特点：倾听与协商。

1. 倾听。

所谓“倾听”，就是说这种谈话决不能只是教师一人的“苦口婆心”或“语重心长”，而应该是尽量让学生诉说、宣泄，教师则先当听众。心理学认为，一个人将悲伤、委屈、苦闷等抑郁之情通过向自己信任的人诉说而合理地发泄出来，可求得心理平衡，保持心理卫生。因此，心理辅导的个别谈话应先让学生开始讲，诱导、鼓励学生滔滔不绝、一吐为快。学生通过倾诉，把内心深处的困惑、焦虑、积郁、愤懑、悲伤等表达出来，班主任则以诚恳的态度仔细聆听，并通过眼神和点头、蹙眉等体态语言告诉学生：“我是理解你的，你也完全可以信任我，我愿意分担你的一切苦闷！”从而使学生无所顾忌地继续讲下去。当然，并不是每一位学生都能尽快地信任老师并倾诉内心的苦闷，有时由于某种原因，他们不一定愿意直接袒露内心世界，这时，班主任应善于从学生欲言又止的神态或吞吞吐吐的只言片语中，猜测、推测出学生的真正想法。善于倾听，也是一种教育艺术。从某种意义上讲，让学生倾诉而教师耐心聆听（包括听学生对自己的抱怨）。这本身就是有效的心理辅导。“此时无声胜有声”，一切尽在不言中。

2. 协商。

所谓“协商”，是指教师倾听学生诉说之后对他的谈话，只是一种“仅供参考”的意见，而不是替学生做出选择与决定。这是心理辅导与单纯的思想教育的重要区别之一，也是教师在心理辅导过程中的身份——不是居高临下的教育者，而是平等真诚的朋友——所决定的。这更体现了我们多次谈到的心育中至关重要的一条原则：对心灵的尊重。因此，班主任听完诉说之后，应避免对学生说：“我想，你应该这样……”或“我劝你还是……”而应该首先向学生表示感谢——感谢学生的信任。然后对他所谈的一切表示理解。即使学生说的是荒唐错误的想法，也要表示理解，这时的“批评教育”只会把学生心灵之门关上，让其永远不对教师说真话。接下来，班主任便与学生一起分析寻找有效的解决办法：“……你是不是可以试一试？”“这样做，也许会有些作用……”班主任的谈话，当然包含了学生的引导甚至教育，但这不是强迫，而是充满人情的关切与建议。

四、保持书信交流

对于处在青春期的中学生，有时候交谈并不是心灵沟通的最好形式，在这种情况下，书信便成了师生对话的合适途径。对学生来讲（尤其是对一些性格内向的学生），这样做既避免了面谈的局促不安，又能与自己信任的老师进行有趣的心灵交流。对班主任来说，与学生建立并保持书信联系，意味着赢得了学生的信任，这本身就是一种教育的成功；更重要的是，通过师生书信往来，班主任可以比当面谈话更全面、更真实、更细腻地感受到学生的内心世界及其变化，从而更主动、更准确、更有效地对学生进行心理辅导。

怎样与学生保持书信交流呢？

1. 巧妙联系。

以了解思想和汇报思想为目的的师生通信，学生是不会欢迎的，因此，班主任发出的第一封信，应避开容易引起学生的反感或误会的内容，从学生最关心、最感兴趣的话题谈起。另外，为了不使学生感到突兀，教师的第一封信还应该选择一个恰当的日子发出：或是这位学生生病在家的时候，或是他正为考试失利难过的时候，或是他的生日那天……总之，只要班主任对学生有充分的了解，他就一定能找到发出第一封信的“借口”，并可以充满信心地等待学生的回信。

2. 内容不限。

师生书信联系应建立在双方自愿的基础上，特别是对学生来说，他给老师写信，应完全是出于自身的需要，而不是碍于老师的情面。而要让学生保持与老师通信的兴趣与热情，班主任要特别注意，不应对书信内容有所限制，相反，要尽量让学生有充分的思想自由，不断丰富书信的内容。学生在书信中话题越宽，越说明他对老师很信赖，这样，师生的书信联系便越稳定，越持久。

3. 平等对话。

与前面谈到的“个别谈话”一样，师生在书信往来中双方也是绝对平等的。在书信中，学生可以向老师咨询，教师也可以向学生请教；教师可以向学生表达期望，学生也可以向老师提出建议。双方可以展开坦率的讨论甚至可以激烈的争论，但都不应把自己的观点强加给对方。即使教师的回信是目的性很强的心理辅导，但字里行间仍然没有任何强迫接受的色彩，仍然只是一种朋友的诚恳劝勉。

当然，日理万机的班主任与班上每一位学生都保持频繁的书信往来是不现实的，但班主任无论怎样忙，最好都应有选择性地与班上具有某些特殊性的学生保持书信交流。因为对这些学生来讲，也许是最有效的心理辅导。

五、推荐有益读物

根据学生的心理特点，有针对性地推荐一些有益的书籍报刊资料，这也是进行心理辅导的有效方法之一。

1. 心理学通俗读物。

直接给学生推荐一些浅显易懂的中学生心理学读物，以提高他们认识自己、把握自己的能力，如《中学生趣味心理学》《中学生青春期教育》《青春期的诱惑》《磨亮女性智慧的利剑——与女大学生谈成才》等。

2. 关于个性塑造、交往艺术等方面的小册子。

推荐这类读物的目的，是让学生从中借鉴一些改善性格、改善人际关系的具体方法，如《中学生丛书·性格集》《性格与人生》《克服性格弱点50法》《神奇的人性》等。

3. 中学生题材的文学作品。

文学作品对中学生无疑是有吸引力的，教师有选择地推荐一些反映学生思想、感情、生活的小说和报告文学，通过阅读，更容易潜移默化地受到感染与教育。如小说《青春万岁》《早恋》《危险的年龄》，报告文学《多思的年华》《你在哪里失去了他》《我们和你们》《和当代中学生对话》等。

4. 优秀人物的传记。

让学生读一些优秀人物的传记，使他们在钦佩杰出人物伟大品格、非凡意志、辉煌人生的同时感到自己心灵的震撼与净化，这是对中学生的一种积极的性格培养和人格教育。

六、争取家长配合

父母与子女的特殊关系，确定了他们在青春期教育中的特殊作用。实践证明，学生家长的参与是青春期教育成功的重要因素之一。

1. 举办家庭教育讲座培训家长。

在子女青春期教育的问题上，相当一部分家长的认识是糊涂的。他们往往以“保护子女纯洁心灵”为由不愿积极主动地进行这方面教育。子女一旦不可避免地产生了某些青春期特有的思想意识，家长便简单粗暴地斥之为“胡思乱想”“变坏了”“下流”等。这样的家庭教育是直接危害子女心灵健康发展的。因此，举办家庭教育讲座，首先是要改变一些家长的错误观念，让他们认识到青春期教育的重要性；此外，教师还应给家长们介绍有关青春期生理发育和心理发育特征的知识，指导家长们科学、民主地进行家庭教育。

2. 组织家长座谈交流心育经验。

班主任先在本班家长中广泛征集青春期家庭教育难题，然后召开家长座谈会，组织家长们围绕这些难题展开讨论，交流做法，共同切磋。班主任也可以请本班一些在青春期家庭教育方面做得比较好的家长做专题发言，介绍其经验。教师还可以根据不同心理类型的学生，分别召开小型家长座谈会，更有针对性地研究探讨对其子女的教育。

3. 指导家长子女开展心灵对话。

学生与家长存在着心理隔阂，是目前比较普遍的现象，这极不利于家庭青春期教育。因此，班主任争取家长配合心育的一项重要工作，便是帮助班上的学生与他们的父母建立真诚的心灵交流关系。教师可引导学生经常主动与爸爸妈妈说悄悄话、知心话，同时要求家长也放下长辈的“尊严”，以朋友的身份与子女谈心。班主任还可以利用“三八妇女节”“五四青年节”“十四岁生日主题班会”等特殊日子，组织学生与家长互相通信，让两代人平等对话、增进理解。

4. 与“特殊学生”家庭保持密切联系。

班主任在对学生集体进行心育的时候，应重点关注一些有异常行为、异常心理或心理疾病的“特殊学生”，并与这些学生的家庭保持密切联系。班主任应定期向家长介绍其子女在校各方面情况，同时给这些家长提出要求或具体建议，请他们不仅要关心子女的生活，更要细心地观察、敏锐地感受子女在情绪、谈吐、行为等方面的微妙变化，一旦发现异常情况应及时通报班主任，以配合学校，共同教育。

心理辅导通信选

我是不是变坏了？

来信：前几天，我看一部外国电影，里面有不少男女拥抱接吻的场面，我看得很不好意思。不过说心里话，我又很想看。由此想到自己最近老是处于一种矛盾的心境中：一方面不由自主地想看书籍刊物中的爱情描写甚至性描写，另一方面又觉得自己太下流；一方面渴望与女同学有更多的接触，另一方面又努力克制这种愿望，表面上做出不屑与女同学交往的样子。我是不是变坏了？

（高一男生义强）

义强同学：

你的来信，使我想起了我中学时代的一件令我惭愧的往事。我读中学时正是“文革”期间。我担任班学习委员，负责监督课堂纪律。一次，我发现一女同学上课时偷偷地看什么课外书。课后我暗中去翻她的书包，原来她看的是一本以前出版的《青春期卫生》，我翻了几页，里面的一些字眼使我脸红耳热。我当即向班主任打小报告，说这位同学看“黄色书籍”，可我同时又以“没收黄色书籍交给老师”为由，把那本小册子窃为已有，暗中阅读……

当时我是够“虚伪”的了。不过，用现在的眼光来看，我的做法也是可以理解的：当时我受的教育，使我真诚地认为那本小书是黄色的；作为工作负责的班干部，我理所当然地该向老师反映；但自己身体的发育与心理的发展，又使自己本能地想看看“黄色的东西”。现在，联系你来信所述，我们可以这样说：刚进入青春期的少年们渴望了解性知识是一种普遍而又正常的心理，与“下流”无关。

随着青春期的到来，男女同学的身体都发生了前所未有的变化，这种变化使同学产生了“这是怎么一回事”的疑问，并急于解答。比如：为什么会有月经？为什么会出现遗精？女生的胸脯为什么会变得丰满？男生的乳头为什么也会变硬变肿？等等。同时，同学们对异性也产生了既有好感，又觉得羞怯的微妙心理。他们因此而希望能找到解开这些谜的有关知识。

这种心理是中学生青春期性意识萌发的表现，是完全正常的；而且同学们渴望了解性知识的要求也是合理的。中学生获得正确的性知识，会促进性心理的健康发展，改变对性的愚昧无知状况，使自己对性成熟的生理、心理变化有充分的思想准备，解除消极的心理反应，这不仅有利于现在的心理健康，而且对以后的性生理、性心理健康和性生活的正常发展，都将产生深远而积极的影响。

义强，现在你不会认为自己变坏了吧？另外，我还要提醒你两点：一是正确的、科学的性知识，其来源应该是老师、家长的教育以及专门为中学生编写的有关读物（包括科普录像），而不应该是淫秽书刊、黄色手抄本、非法出版的小报以及不适合于中学生阅读的读物；二是了解性知识毕竟只是你们目前应该掌握知识的一部分，而不是全部内容。所以，适当了解这些知识是必要的，但主要精力还是应该用于其他各门功课的学习，若一味迷恋于此，是极不应该的。

好，愿你消除负罪感，坦然地走向成熟！

我怎样改变自己孤僻的性格？

来信：我从小就很少与人发生矛盾冲突，但至今我没有一个好朋友，因为我性格比较孤僻，不喜欢与人交往。每次班上搞什么活动，我都不感兴趣；下课后和同学们在一起，我也觉得无话可说。久而久之，同学们都不愿与我往来了。我呢，也暗下决心不理他们。然而这样一来，我更加沉默和孤僻了。爸爸妈妈和老师多次开导我，要我“活泼开朗一点”，现在我也想改变我这种孤僻性格，可不知能不能改变，又该怎样改变。 （高一女生蔚翎）

蔚翎同学：

从来信看，你的气质属于心理学上所说的“抑郁质”一类。抑郁质的人行为孤僻、多愁善感、寡言少语，对任何事情都不感兴趣，对一般的社交活动表现厌倦。这是一种性格缺陷。孤僻性格对一个人的消极影响是很大的，因为每个人都是人类的一个个体，都是社会的一个成员。一个人要正常地生活必定要与他人、集体和社会发生这样或那样的联系。割断这种联系是难以想象的。以前埃及有个叫阿卜杜拉的“超人”，七岁时就能把一棵树连根拔起，成年后力大无比，世所罕见。他应召参军，凭着自己的特长入选特种部队，却因孤僻倔强的性格难以适应军旅生活，入伍三个月就当了逃兵。后来一个体育俱乐部录用了他，试图发挥他的天才，但由于他很不合群，不久就被辞退。以后，各个企业都不敢用他。这位本该发挥自己优势取得卓越成就的“超人”，却由于他孤僻的性格而四处碰壁，一事无成。“超人”尚且如此，作为常人，不是更应该注重培养自己健全的性格吗?

当然，你现在希望改变自己的孤僻性格，这正是改善性格的一个最有利的条件。应该承认，一个人的性格，与生理素质、家庭环境、生活经历、文化教养有关，是长期积累形成的。要改变某种性格，很难一蹴而就，但并非不可能。谁都知道青少年的特点之一是可塑性强，既然如此，为何不能改变性格呢?

那么，怎样才能改变你的孤僻性格呢?我建议你依次按以下四个步骤循序渐进地去做。

第一步，学会大声说话。性格孤僻往往伴随着胆怯腼腆，寡言少语，因此，学会大声说话是冲破孤僻的第一步。无论在家里还是在学校，说话时你应提醒自己：大声些！爽朗些！

第二步，尝试抛头露面。这是让同学们关注你的开始，课堂提问时，你不妨勇敢地举起手臂；运动会时，你不妨报名参加一个项目；同学们讨论某一问题时，你不妨“妙语惊人”。

第三步，主动关心他人。当某位同学遇到困难而你真诚地献出你的爱心时，你长期封闭的心灵就开始与他人的心灵融合了，你的善良举动，也可改变同学们对你的成见。

第四步，积极投身集体。你要逐步培养自己对集体活动的热情与兴趣。对班级活动，你不仅应是一名积极的参加者，而且还应争取成为出色的组织者，这是战胜孤僻成功的标志。

蔚翎同学，照着上面的建议去试试吧，你一定能成为一名活泼开朗的少女的！

男女同学交往引起别人误解怎么办?

来信：这学期，妈妈为我在少年宫业余艺校报了名，让我星期天去学舞蹈。碰巧我班有一位男生也在那里学书法。于是我们有时便一起走。几个星期过去，班上有同学便怀疑我们在“早恋”，有人还在背后议论我们“常常在星期天约会”……我很气愤，因为我绝对没有那种意思，我相信他也不会朝这方面想，可是，竟有人这样造我们的谣言。现在，弄得我俩都很尴尬，不知该怎么办？

（初二女生露玫）

露玫同学：

从你来信中所说的情况看，你和那位男同学是没有错的。本来嘛，一起在少年宫学习，难免会接触得多一些。这种正当交往无可非议，你们完全可以坦然相处，不必尴尬。

青春期的少男少女们，随着性意识的发展，他们对男女交往、两性关系既感到神秘，又感到好奇。在这种心理的驱使下，有一部分同学对班上异性同学之间的接触交往特别关注，特别敏感——某男生帮某女生做了什么事、某女生与某男生说了什么……都会被他们窃笑或添油加醋地议论。出现这种心理虽然是自然的，但这种举动却很不应该，既分散了自己的学习精力，也影响了班上同学之间正常的交往，更给一部分同学思想上造成了精神负担。因此，这些同学应停止这种无聊的议论，把时间与精力用于自己紧张的学习。

露玫同学，既然你“绝对没有那种意思”，你就完全不必为此烦恼。你越是计较那些议论，越是感到不好意思，那些同学便会以为真有那么一回事，进而更加起劲地议论，而如果你问心无愧地做自己该做的一切，甚至装作没听见议论，过一段时间，也许那些爱议论的同学也会自觉没趣，不再议论了。当然，生活中也有这样一种情形：某些同学虽然确无“早恋”之心，但由于与异性交往方式不当，容易引起别人误解和议论。在这种情况下，如果被议论者仍然毫不在乎，我行我素，则无论对自己还是对别人，都是不利的。因此，在这封信里，我还想顺便谈谈“男女同学之间交往如何避免别人误解”的问题。

我认为，男女同学的正常交往应该是“等距交往”“公开交往”和“坦然交往”。所谓“等距交往”，就是对班上所有异性同学都保持一视同仁的友好态度，除了临时的工作需要，要避免对某一异性的过多接触；所谓“公开交往”，就是应尽量在公共场合与异性交往，如果有意避开其他同学，而长时间与某一异性单独往来，就难免引起误解；所谓“坦然交往”，就是与异性同学相处时，言谈举止应自然大方，坦荡庄重，既不要过分亲热，也不必拘谨羞怯。我相信，同学们在与异性同学交往时只要注意这几点，即使有人硬要嚼舌根，自己也尽可磊落为人，潇洒行事！

露玫，你认为我说这些对吗？不知我这封信能否使你的烦恼有所减轻。好，我真诚地希望你早日摆脱目前的苦闷，轻松愉快地生活、学习！

什么样的自我是最美的？

来信：小时候我曾有过许多理想。读小学时，我家隔壁有一位很有名气的舞蹈家，于是我便参加了少年宫舞蹈训练班，想长大后也成为舞蹈家。上中学后，我读高尔基的“自传三部曲”，我又立志成为作家，还偷偷写过小说和诗歌。最近几年的改革开放，又使我崇拜一些著名改革家，并希望自己今后成为一名建功立业的改革家。现在我即将毕业，将独自踏上人生旅途，以前的理想却离我而去，可我仍在苦苦思考：怎样的自我是最美好的？

（高三女生姝洁）

姝洁同学：

面对你的提问，我的回答是：做一个最好的自己！

谁都渴望成为英雄豪杰、伟人巨匠，但受自身条件、社会环境等制约，真正成为艺术家、文学家、企业家的，只是少数。“人比人，气死人”，因为你比的人，处于人类文明的金字塔尖，当然越比越觉得自己无能。但是，请别忘了，虽然也许你永远成不了“家”，但通过努力，你却完全可以成为最好的“我”。

有人说：“每个人都是一棵树。”的确，我们生活的世界像一片森林，其中有的人是乔木，有的人是灌木；有的人是参天的白杨，有的人是婆娑的杨柳。你即将毕业，可能升入大学，可能参加工作，但志愿与职业的选择现在还不能取决于你自己。你以前的理想都是很好的，但现实并非可以随心所欲。因此，问题不在于你“做什么”，而在于你“怎么做”——

你也许不是最美丽的，但你可以最可爱；你也许不是最聪明的，但你可以最勤奋；你也许不会最富有，但你可以最充实；你也许不会最顺利，但你可以最乐观……因此，你若是工人，就要当技术最出色的工人；你若是营业员，就要当服务质量最佳的营业员；你若是医生，就要当医术最高明的医生；你若是教师，就要当最负责的教师；甚至你哪怕只是一名“个体户”，也要当最受顾客称道的劳动者！你也许不能成名成家，不能名垂青史，但你可以成为同行业中千千万万普通人里最好的那一个！

一位外国诗人曾这样写道——

如果你不能成为山顶的一株松 / 就做一丛小树生长在山谷中 / 但须是溪边最好的一丛小树 / 如果你不能成为一棵大树 / 就做灌木一丛

如果你不能成为一丛灌木，就做一片草绿 / 让公路上也有几分欢娱 / 如果你不能成为一只麝香鹿，就做一条鲈鱼 / 但须做湖里最好的一条鱼

我们不能都做船长，我们得做海员 / 世上的事情，多得做不完 / 工作有大的，也有小的 / 我们该做的工作，就在你手边

如果你不能做一条公路，就做一条小径 / 如果你不能做太阳，就做一颗星星 / 不能凭大小来断定你的输赢 / 不论你做什么都要做最好的一名

姝洁同学，不管今后你从事什么，都让自己成为最好的吧！——做最绿的小草，最纯的水滴，最亮的星星……

细心呵护心灵的幼芽

一篇作文的内容引起了我的注意。

这篇文章以生动细腻的文笔，描写了一位初三女生对班上某男生的“朦胧情感”。“她”知道这种想法是“不健康的”，但总是“忍不住要去想”；有时候独自一人漫想时，觉得“心情挺舒畅”，但同时又感到“脸红”甚至“羞愧”；特别是有时这样一想便“让时间白白流逝，而老师的讲课却听得半懂不懂”时，“她”便在心里骂自己“下流”。文章特别写了一次令人“既兴奋又尴尬”的场面——

有一次，学校组织看电影，她多么想和他坐在一起啊！可是她有什么理由让文艺委员把她和他的票连在一起呢。然而，当她走进电影院找到自己的座位时，她惊喜地看到，他竟紧挨着她的位置坐着！她坐下了，一颗心莫名其妙地剧烈跳动着；想和他说两句话，却没有勇气。她就这样面红耳赤地坐着，无比地激动，也无比地尴尬。放映时间到了，灯光终于熄灭了，场子里一片黑暗，她也终于舒了一口气。

作者在这篇作文后面专门写了一段后记："李老师，我这篇文章写的完全是真人真事。作文中的'她'就是我。最近一段时间以来，我不知为什么，思想变得复杂起来，老忍不住去想一些不该想的事。我知道我是开始变坏了，不纯洁了，但我愿意改正，因此，我如实地写了这些。希望李老师一定帮帮我！"

这位女生名叫颜丹琳。在我的印象中，她是一个非常朴实单纯的女孩子，学习成绩也不错。她能在作文中与我交心，令我十分感动；这种高度的信任感，也是我对她进行疏导的有利条件。于是，我找她谈了一次心。

我先感谢她对我的信任，同时向她说明，她的这些"想法"并非"不健康"，更不能说是"下流"。她也如实向我说了作文中的"他"，就是她的同桌刘颖华。

"他对你也有这种意思吗？"我问。

"好像没有，而且，他并不知道我对他的感情。这也是我苦恼的一个原因。"她非常坦率地对我说。

"可是，这些想法或者说感情，对你们现在这种年龄来说，的确是太早了一些啊，而且正如你在作文中所写到的，这种想法已经影响了你的正常学习。"我和蔼而诚恳地与她谈着，我和她一起探讨了她目前的学习状况，并由此谈到了女性成才的话题。"不少人都认为女生不如男生聪明，因为的确有一些女同学初中时学习拔尖，而上了高中就渐渐走下坡路。是不是女同学就比男同学笨呢？许多中外科学家、教育家对男女智力比较进行了无数次研究，结论几乎是相同的：男女两性在智力发展方面的确有差异，但这种差异主要表现在智力优异发展的特色上。比如，女性长于形象思维，男性长于逻辑思维；女性听觉反应速度较快，男性视觉反应速度较快；等等。因此，从总体上看，男女两性的智力发展是平衡的。那么，为什么有些女同学在学习上确实后劲不足呢？其中有一个很重要的原因，就是女孩子的感情世界比男孩子丰富细腻，这使女同学在学习上更容易分心。比如人际关系的困惑、朦胧情感的烦恼、对自己容貌衣饰的本能关注等，都可能使自己的思想不知不觉地‘开衩’，偏离自己求知的轨道，影响自己的学习成绩，进而影响今后的成才。反过来讲，古今中外所有杰出的女性，无一不是战胜了自己的弱点才踏上了人生成功的辉煌顶点的！那么，对你来说，你是希望自己将来干一番事业呢，还是碌碌无为过一生呢？”

“我当然希望自己这一辈子有出息。我也觉得自己这样下去是不行的，可是——我又实在控制不住自己要想他。”她很认真地对我说。

“这就是理智和情感的矛盾。这样好不好——我把你们两人的座位调开，怎么样？”我开始给她出主意。

她静静地想了好一会儿，还是摇了摇头："算了吧，李老师，您还是别把我和他调开。那样，我上课可能会更想他。”

“那好。”我宽容地同意了她的要求。“不过，我得给你提三点建议:第一，别把这件事看得太严重，更不要有负罪感，实在要想不妨就想，说不定想着想着，你自己都觉得没意思。总之，淡化这件事在你心中的位置。第二，最近你不妨多想一想他的缺点，他有哪些令人讨厌的地方。这当然不是要你去有意贬低他，而是为了适当降低他在你心中的位置，从而冷却一下你目前多少有些盲目的情感。第三，千万不要让他知道你对他的这些想法，更不要让同学们觉察出来，不然，同学们的议论会让你背上更大的思想包袱的。”

第二天，上完语文课，我把颜丹琳叫出教室，给她一本书：“我送你一本《磨亮女性智慧的利剑——与女大学生谈成才》。这里面分析了女性成才的优势和障碍，并列举了大量中外杰出女性成才的事迹。你好好读一读。相信对你会有启发的。”

在那本书的扉页，我特意抄录了一段我当时刚刚读过的中篇小说《晚霞消失的时候》中的话：“人在自己一生的各个阶段中，是有各种各样的内容的。它们能形成完全不同的幸福，价值都是同样的珍贵和巨大。幼年时父母的慈爱，童年时好奇心的满足，少年时荣誉心的树立，青年时爱情的热恋，壮年时奋斗的激情，中年时成功的喜悦，老年时受到晚辈敬重的尊严，以及暮年时回顾全部人生毫无悔恨与羞愧的那种安详而满意的心情，这一切，构成了人生全部可能的幸福。它们都能给我们带来巨大的欢乐，都能在我们的生活中留下珍贵的回忆。怎么能说只有爱情才是最宝贵的幸福呢？”

大概是过了一个月后的一个课间，我又把颜丹琳叫到走廊的一角，笑眯眯地问道:“怎么样?还在想他吗?”

她爽快地回答:“嗨!真没意思!”

第二天,她交给我一封信:“李老师,最近一段时间,我仔细阅读了您赠送给我的那本《磨亮女性智慧的利剑——与女大学生谈成才》,心灵受到极大的震动。是呀,古往今来,无数女性成功的萌芽其实是被她们自己掐断的,因为她们是自己脆弱感情的奴隶;而一切卓越的女性,如书中所列举的居里夫人、林巧稚、吴健雄等,恰恰是勇于战胜自己的英雄。相比之下,我前一段时间的思想,的确太幼稚了。我现在不想许下什么宏大的诺言,但我决心以最大的毅力抛弃这种过早到来的感情,为让自己将来一生过得不平庸而把握好自己每一天的学习。”

几个月以后,这个班的学生初中毕业了。颜丹琳和刘颖华都考入了同一所高中,而且碰巧又分在同一个班上。当我听说了这个“巧合”时,心里真还闪过一丝担心:“他们会不会又有什么感情瓜葛呢?”

但开学不久,颜丹琳的一封来信,消除了我的担心:“李老师,我怀着气愤的心情,告诉你一件事。我们高中新班集中了原来未来班的十多位同学,大家都暗暗下决心,要用行动为未来班争光。所以在第一次单元测验时,我们都告诫自己决不能作弊。果然,在这次考试过程中,由于老师监考不严,相当多的同学作弊;而我们未来班的绝大多数同学保持自己的童心,没有做任何弄虚作假的事,取得了品德上的100分。但是,我却亲眼看见刘颖华作了弊!我很痛心,他给未来班丢了脸,也给李老师丢了脸!我听他说,他最近要来看你,所以,这里我给你寄来了我以未来班同学的名义写给他的一封信,请你转交给他。”

颜丹琳写给刘颖华的信不长,全文如下:

刘颖华同学:你好!

我一直都认为你是一个正直的同学,你的心和你的外表一样忠厚朴实,但是,某一天,你的一种行为促使我不得不重新思考:你的心真和你的外表一样朴实纯洁吗?初中那个刘颖华难道已经不复存在了吗?

9月3日下午的历史考试你作弊了,对不对?如果这个消息我是听人说的,那我还可以有理由不信。但这一切是我亲眼所见,这信不信就由不得我自己了。你的做法令我十分吃惊,我不敢想象,你会做这样的事。我不明白,为什么初中那个纯洁的你现在居然成了这样？究竟是什么因素促使你这样做的呢？你自己好好想一想吧！

记得初中时，期终考试，学校要交换各班考场，李老师坚决反对，他是那样信任我们，他不相信我们会作弊。那时，同学中无人在考场作弊。那时候，大家（自然包括你）是那样纯洁，而如今，你居然踏入了作弊者的行列，想起这一切，怎不令人心痛！你这么做，对得起李老师吗？对得起他三年来对你的帮助吗？你想永远把“正直”从你身上驱走而做一个虚伪的人吗？你真想随波逐流吗？

刘颖华，希望你好好想一想，你这样做好不好？它将给你带来什么灾难？我真心希望你这次的行为是平生第一次，也是最后一次！想一想，一个人哪能一生都不犯错误呢？但他一旦改正了错误，他就又向前进了一步！

最后，希望你不要乱猜我是谁，是男的还是女的，这一切都无关紧要，更不要去调查。我只希望你能明白一点，真理毕竟存在，好人毕竟没有死绝！

未来班同学

1987 年 10 月 4 日

读了这封信，我当然很欣慰：半年前，我仅仅是就她的“朦胧情感”而轻轻梳理过她的心灵，但她在抛弃这种“过早到来的情感”之后，得到的却是一副更加纯洁、更加成熟也更加博大的胸怀！

我对教育，不，准确地说，主要是对德育的反思，当然不是全部否定我自己以前的教育实践，更不是彻底否定我们现行的德育，而是要通过反思发现我们德育存在的弊端，进而更好地改进我们的德育。

2011 年夏，在内蒙古草原

第十章 语文教育的思考与探索

我一直坚持给学生读优秀的文学作品。刚开始主要是因为我自己酷爱文学，我在为学生读文学作品的同时，自己也与学生一起共享一种身心的愉悦。到后来，我明显地感到了文学对学生心灵的感染作用，远远超过各种“说教”，于是，有计划地长期为学生读文学作品，便成了我班主任工作的一个常规方法。而我的历届学生每每回忆起他们的中学时代，往往会提起我为他们朗读文学作品时那令人心潮澎湃、回肠荡气的时光。

语文：请给学生以心灵的自由

我不讳言，围绕我的语文教学，一直存在着争议。其中争议最大的一点，便是我语文教学的“自由”。这的确是我的追求。我甚至曾公开提出一个被认为很“偏激”的观点：“语文，请给学生以心灵的自由！”

直到现在，说起创新教育，有些教师首先想到往往只是思维品质和具体思维方法的培养，比如思维的“深刻性”“批判性”或这样“性”那样“性”，以及“逆向思维”“发散思维”“求异思维”等。应该说，针对学生长期以来在“应试教育”背景下所形成的僵化思维模式，这些引导和训练当然是很有必要的。但我认为，对学生创新精神的培养首先是要点燃学生熊熊燃烧的思想火炬，让学生拥有自由飞翔的心灵。我坚信，每一位学生都有着创造的潜在能力；所以，教师要做的首先不是从零开始的“培养”，而是提供机会让学生心灵的泉水无拘无束地奔涌，说通俗一点，就是要让学生“敢想”。创造，意味着思想解放。而学生一旦获得了思想解放，他们所迸发出来的创造力往往远远超出我们的意料。

学生创造性思维的产生，有赖于教师创设民主、宽容的教学气氛。我们应使每个学生都具有心理上的安全感，从而在没有外界压力的气氛中充分展开认识活动，所以说，师生之间互相尊重、互相信任、互相学习的平等和谐关系，是发展（注意：我这里说的是“发展”而不是“培养”）学生创造性思维的重要前提。然而，恰恰是在这一点上，我们过去的语文教育却有意无意地剥夺了学生的精神自由。毋庸讳言，由于种种原因，中国封建文化的残余至今还阻碍着我们的教育走向民主与科学。在师生关系上，一些善良的教师往往不知不觉甚至是“好心”地损害着学生的尊严和感情；在某些语文课堂上，不但没有师生平等交流，共同研讨的民主气氛，反而存在着唯师是从的思想专制——学《孔乙己》，学生只能理解这是鲁迅对封建科举制度的批判；学《荷塘月色》，学生只能理解这是朱自清对“4·12”大屠杀的无声抗议；学《项链》，学生只能把路瓦栽夫人理解为小资产阶级虚荣心的典型；写《我最敬佩的一个人》，学生往往会习惯性地写老师，而且多半会把老师比作蜡烛或春蚕；写《在升旗仪式上》，学生往往会先写“朝霞满天，红日初升”，然后是对革命先烈的联想和对今天幸福生活的赞美，最后想到的是自己的“神圣使命”。写景，只能是借景抒情；写物，只能是托物咏志；写事，只能写有“意义”的事；写人，只能写“心灵美”的人……在如此“崇高”“庄严”的“语文教育”下，学生谈不上任何真正意义上的创造！

也许这种“奇怪”的现象不是个别的：有的学生不喜欢上语文课，但在课外却对文学作品情有独钟甚至如痴如醉；有的学生写命题作文一筹莫展或套话连篇，但私下写的日记或随笔却灵气飞扬……这说明了什么？我认为，这说明人的心灵一旦冲破牢笼，必将成为自由飞翔的思想雄鹰或纵横驰骋的感情骏马！因此，所谓语文教育中创造精神的培养，首先是给学生以心灵的自由。

给学生以心灵的自由，就要帮助学生破除迷信。这里所说的“迷信”主要是指学生长期以来形成的对教师的迷信、对名家的迷信、对“权威”的迷信和对“多数人”的迷信。我经常对学生说：“世界上不存在万能的‘圣人’；老师也好，名家也好，‘权威’也好，都不可能句句是真理；我们所学的课文，即使是千古名篇，也不可能绝对完美无瑕；虚心听取别人的意见是应该的，但这些‘意见’只能供我们独立思考时参考，而对某个问题的认识，对某篇文章的看法，我们只能忠实于自己的心灵，不能盲目从众。绝不能用别人的思想代替自己的思想。”讲《在烈日和暴雨下》，我问学生喜不喜欢这篇课文，绝大多数学生都说喜欢，唯独有一个学生说他不喜欢，他还说出了不喜欢的理由。尽管他的理由在我看来是多么地“幼稚”，但当绝大多数人说“是”时，他敢于说“不”，而且是对一位文学大师的作品说“不”——作为教师，我不同意他的观点，但我赞赏他不迷信不盲从的勇气！我当即表扬了他这种勇气，号召其他学生向他学习。

给学生以心灵的自由，就要让学生在课堂上畅所欲言。特别是在阅读教学的课堂上，教师应该为学生提供一个思想自由的论坛：面对课文，教师和学生之间，学生和学生之间，教师、学生和作者之间应该平等对话；在平等的基础上，交流各自的理解甚至展开思想碰撞。教师当然应该有自己的见解，但这种“见解”只能是一家之言，而不能成为强加给学生强加给作品的绝对真理。教师可以说《荔枝蜜》以“做梦变成小蜜蜂”结尾是多么地“含蓄”而“巧妙”，学生也有权利说：“这太做作，读起来别扭！”教师可以说《分马》中郭全海动员积极分子将自己所分的牲口都拿去让王老太太挑选是说明了郭全海的“崇高”“无私”，学生也有权利说：“郭全海不应该这样做，这不是迂就自私的王老太太吗？”少年的眸子往往比大人的目光更明澈，没有太多世故的心灵往往对课文有着比教师更独特更深刻的理解——多次听着学生评论名家名篇时的“惊人之语”，我常常不由得发出这样的感慨。

给学生以心灵自由，就应允许学生写他们自己的文章。文章应该是思想感情的自然体现，写文章应该是心灵泉水的自然流淌。如果学生不敢在文章里说真话、写真事、抒真情，其文章必然充满新八股的气息，而八股文绝无任何创造性可言！我对学生的作文要求是八个字：真情实感，随心所欲。只要真实、健康，学生想写什么就写什么而且想怎么写就怎么写——可以写真诚的崇高情怀，也可以写有趣的平凡生活；可以写现实的眼前景物，也可以写幻想的未来世界；可以与老师商榷，可以与大师对话；可以评论经典，也可以改写名篇；可以“大江东去”，也可以“小桥流水”；可以鄙薄蜜蜂，也可以赞美老鼠……总之，学生的文字应该是掠过晴空的云彩，它美丽多姿而又呈现出个性的色彩。被解放的心灵有着无穷的想象力：“大海是无边无际的草原，雪白的浪花就是那数不清的羊群。”“月亮哭了，泪水化作了星星。”“雨，是出走的孩子，它终于回到母亲的怀抱，诉说着天上的故事。”……读者能相信这些诗句是我班成绩并不太好的学生写的吗？其实，我并没有给他们讲诗要如何如何写，只是让他们自由想象，于是，属于他们年龄的诗句便流出了他们的心灵。

给学生以心灵的自由，就是给学生以思想的自由，感情的自由，创造的自由——当我们无视学生的潜在能力，把他们当作“低能儿”进行“培养”的时候，学生的表现也许让我们不甚满意甚至失望；但是，如果我们充分信任学生，给他们提供机会并积极鼓励、激发、诱导其展示自己的智能时，学生所迸发出的创造性思维火花常常令我们惊喜。

语文课堂教学随想

举重若轻，行云流水，是我追求的课堂教学境界。

所谓“举重若轻”，是指教师的内在功底以及对教材的处理艺术。这里的“重”，指的是教师本人的文化储备和课文固有的文化内涵；“轻”则指的是深入浅出的教学。备课时，教师应该尽可能深入地钻研教材，挖掘文本的精神内核，感悟其深刻厚重的文化内涵；但是在课堂上，则要尽可能尊重学生的认知水平和能力基础，将课文深刻的思想内容和学生的生活打通，让他们轻松地感悟课文内容。任何脱离学生实际因而让学生不知所云的“精彩讲解”“深刻分析”，都不过是教师“举重若重”的自言自语。

所谓“行云流水”，是指驾驭课堂教学环节、流程、节奏等的艺术。语文课有多种上法，不能定于一尊，但我追求一种自然、潇洒与“随意”。如果把语文课比作画国画，那么有人喜欢画工笔画——追求课堂的精巧，甚至对每一个细小的环节在课前都精心设计因而胸有成竹，对这样的老师我充满敬意。但我不愿意画工笔画，而更愿意“大写意”，愿意课堂上有一些“突发情况”——这最能激发我即兴发挥的教学灵感；不要把课堂填得太满，留一些空间给学生，留一些空白给自己。教学的流程随课堂现场的情况而自然推进，教师“教”的思路和学生“学”的思路融为一体，教师和学生不知不觉地走进对方的心灵，同时也走进课文的深处。

阅读教学的起点在什么地方？应该在学生的心灵。

我以前上课，往往是先抛出一两个自己精心设计的问题——所谓“牵牛鼻子”，然后组织研讨，在研讨中让学生理解课文内容。这样做的立足点是在教师，而非学生。能不能让学生先提问？能不能尊重学生对课文的“第一印象”？能不能从学生的疑问开始我们的教学？

完全可以的，因为对一篇课文来说，首先是学生学，而不是教师学。因此我现在主张，要把（教师）“教”的过程变成（学生）“学”的过程，无论备课还是上课，都应该从学生的角度来思考、设计和操作。

有的课充满了知识与能力的讲授与训练，便被指责为“语文课的人文精神荡然无存”；有的课充满了思想与情感的激荡与流淌，便被批评为“把语文课上成了政治课或主题班会课”。我们当然可以折中一些或者说“圆滑”一些，把语文课上得既有知识、能力，又有思想、感情。偶尔上一堂这样“全面”的课是可以的，但不太可能（至少我不可能）每堂课都如此。

评价一个老师的课是否“语文”，恐怕不能只凭一堂课就下结论，否则所下结论往往为盲人摸象般地自以为是（我有时正是这样的盲人）。如果所上的课文刚好是重点进行知识传授和能力训练，这样的课无疑是语文课；如果所上的课文刚好是侧重于视野的拓展、思想的启迪、感情的熏陶，这样的课也很“语文”。

因此，我们要着眼于整个三年当中给学生一生有用的语文素养：知识、能力、思想、情感、习惯、信念、价值观等，而不是某一堂课的面面俱到。只要是从文本出发，从语言出发，无论训练还是熏陶，都是语文课。管他“工具”不“工具”或者“人文”不“人文”！

理论和实践的关系，是一个扯不清的话题，属于典型的“公婆”之争。

理论指导实践，我当然同意这个永恒的真理，但“理论是苍白的，生活之树常青”，这也是真理。

杜威说过，我们所强调的，总是我们这个时代所缺失的。当人们不重视理论学习的时候，我们应该大力提倡理论学习；当理论泛滥而且其中不少理论是“伪科学”的时候，我们要竭力呼吁重视实践。当然，这也要因人而异。比如对我，目前来说最重要的是实践而不是理论。

我尤其反感的是，一些专家喜欢用理论来吓唬一线老师们，总是有意无意地要老师们削实践之“足”去适他的理论之“履”。读这些专家的书，总会感到自己的语文课根本就不是语文课，总感到自己有这样的“认识盲点”和那样的“理论误区”，总感到自己20多年的语文教学真是在“误人子弟”，总之越读越自卑，甚至连课都不敢上了。

不过，这是以前。而现在我已经不自卑了。我坚信，忠于语文而又面对学生实际的课，就是好课，我凭什么要被你牵着鼻子走?

阅读教学的过程，实际上是教师、学生、作者三方平等“对话”的过程。近年来，已经有不少教师意识到师生之间的平等主体关系，这比起过去的教师单一主体观无疑是一个很大的进步。但我认为还不够，我们还应该将文本作者纳入阅读过程中的主体行列。当然，作为文本作者的主体有其特殊性，这特殊性表现在他不是“现场主体”而是隐蔽的或者说没有出场的主体，他可能与我们同一时代但不同空间，也可能与我们根本就不是同一时代，因而这个主体在阅读过程中是无法言说的，是处于沉默状态的。

然而，文本主体之所以是主体，不仅仅是因为他也是一个精神承载者，而且他仍然参与了我们的对话与交流，引导着、影响着、制约着我们的理解。其引导、影响、制约的中介便是其作品。我们可以这样理解也可以那样理解，或者我们只能这样理解而不能那样理解，除了理解者自身的因素外，还取决于作品。

把握这一点特别重要。过去我们之所以对课文进行随心所欲的错误理解，是因为忽视了文本背后那另一个主体的存在。从这个意义上，因为有了这个隐蔽主体，我们对文本的理解便不可能拥有绝对的自由。

这绝不是否认理解者（师生）的能动性。在解释学发展的历史上，一直存在着读者中心主义和文本中心主义两种倾向。前者强调读者的绝对主观性，所谓“作者写了什么并不重要，读者读了什么才是重要的”，这导致了理解的相对主义；后者强调文本的客观性，这导致了理解的绝对主义。我们认为，如果从能动的理解者这个角度看，读者的确是理解的中心；但读者的理解毕竟是对文本的理解，在这过程中，读者的整个理解都是围绕文本进行的。我们强调尊重文本，实质上是强调我们对另一个主体的尊重。

唯有教师、学生、作者三方平等对话，我们的阅读教学才真正充满了互相尊重、互相宽容的民主精神。

对一些经典作家的经典作品的理解，不少教师常常存在着两种认识：一种意见认为，仁者见仁，智者见智，只要言之成理，无所谓“标准答案”；另一种意见则认为，只要方法正确，我们是可以完全理解作品意义的，并达到阅读者之间的理解统一。这两种意见显然都是片面的：前者是理解的相对主义，后者是理解的绝对主义。

应该说，任何理解都是相对的，也都是绝对的。理解的相对性是理解的本性，是理解固有的性质。理解的主观性、局限性、不确定性、不完全性、历史性、变动性、开放性等因素，决定了特定时空的理解者的理解只能是相对的。同时，理解的绝对性也是理解的本性，是理解固有的性质。理解的客观性、非局限性、确定性、完全性、永恒性、固定性、封闭性等因素，又决定了特定时空的理解者的理解具有绝对性。

因此，在这个意义上，我们反对理解问题上的绝对主义和相对主义，认为理解是相对和绝对的统一：相对之中有绝对，确定之中有不确定性，差异之中有同一性。

因为“理解”本身就意味着对象是可以被理解的。正确的理解是可能的。所谓“正确的理解”就是把握文本的本意。当然，对某一个具体的理解者来说，其“正确理解”只是“相对正确”，只是绝对真理长河中的一瓢水，但无数理解者理解到的“相对正确”却构成了所有理解者对文本的“绝对正确”，当然，这是一个无穷无尽的过程。理解者之间的差异，也是正常的。差异之间符合文本意义的重叠，便是绝对正确的理解。正如世界上没有完全相同的两片树叶，可世界上也没有完全不相同的树叶一样，理解没有完全一样的，但理解也没有完全不一样的。

再以“一千个读者心中有一千个哈姆雷特”为例：每一个读者理解到的“哈姆雷特”都是原作的部分意义与读者“前理解”结合的产物，属于相对理解；但一千个“哈姆雷特”中把握到的原作意义（亦即对原作理解一致的部分）的总和，便是绝对理解。

只要理解，总有误解；只要理解，总理解到点什么（总这样那样地理解了作者的思想、情感），在相对的理解中有绝对理解的成分。

什么是“语文民主教育”？简言之，语文民主教育就是充满民主精神的语文教育，就是尊重学生各种精神权利的语文教育，就是给学生以心灵自由的语文教育，就是师生平等和谐共同发展的语文教育。

从根本上说，语文民主教育与语文素质教育是相通的。但是，要在教学中真正提高学生的素质，必须站在民主教育的高度走进学生的心灵，面对每一个富有个性的学生。因为“真教育是心心相印的活动。唯独从心里发出来的，才能打到心的深处”。（陶行知语）对于教育来说，缺少对学生的民主态度——具体说，离开了对学生的人格尊重和潜能的信任，离开了教育过程中精神与精神的交融，心灵与心灵的呼应，任何教育都不是陶行知所说的“真教育”而只能是“伪教育”。

对语文教育而言，“民主”并不仅仅是教育手段，也是教育内容，更是教育目的——自主、探究、合作式的学习方式和课堂氛围必然有利于学生思维的健康发展乃至创造力的激活，而语文教育本身（包括教材）所蕴含的丰富民主养料将有助于学生健康人格的铸造；但从长远来说，民主教育是不可抗拒的历史潮流所赋予语文教育的面向未来的使命——通过民主的语文教育，培养学生的平等、自由、宽容等民主素养，使学生成为个性鲜明并具有独立人格和创造精神的现代公民。

我一直反对“借班上课”。

从 1985 年第一次上公开课开始，整整 20 年来，我上过的公开课恐怕有几百场了。其中，绝大多数都是在外地“借班上课”。应该说，绝大多数时候，我“借班上课”赢得了喝彩，但也有那么几次比较平淡或者说不太成功，比如 2002 年 11 月在江苏如东，比如 2003 年 10 月在浙江杭州，比如 2004 年 5 月在浙江永嘉……我不愿意把责任推给学生，仿用一句流行语——这都是“借班上课”惹的祸！成功教学的基本前提之一，是教师对学生的了解。如果是在本班上课，一般来说这是不成问题的。但如果是“借班上课”，至少我很难在一堂课上与素不相识的学生“水乳交融”。尽管刚才说了，我绝大多数时候借班上课，得到的评价都还不错；但我清楚，不管我在课堂上多么“机智”，最后都是想方设法把学生置于自己的思想框架之内；学生不管在课堂上多么热闹，显得多么有“主体性”，其实他们或多或少或明显或隐约地都成了我表演的道具。

但这也怪不得我。试想：连“知己知彼”（在教学上就是师生互相了解）这个起码的要求都达不到——我们从参加教育工作第一次备课起就被告知必须“备”学生（这个学生可不是抽象的整体，而是具体的个体）——教师怎么能上课？但这课又必须上，那当然就只有由教师制定一个比较完美而又巧妙（即看不出痕迹）的教学框架，包括设计一系列“问题”等。在这样的课堂上，教师不得不已经提前做好了“预制板”——于是教师完全掌握了学生思维的主动权，“以不变应万变”，当然“游刃有余”。

我丝毫不怀疑有的教师能够借班上出真实的好课——这样的课，我也经常上的。但我完全不敢保证百分之百地成功——在事前一点不了解学生阅读基础的情况下进行一堂真正有效的课堂阅读教学，对我来说，难于上青天。即使我借班上课“成功”了，心里也很别扭，因为这种成功并不是自然状态下的成功。

所以，现在我总是对希望听我课的老师说：“到我的班上来吧，我的教室门随时为你而敞开！”

我不想掩饰我对自己一些课的欣赏，但绝不是每堂课都让我很满意。即使在一些令我满意也让不少老师叫好的课，也有这样或那样的不足。我的长处也许就是我的短处。就教学而言，我长于白话而短于文言，长于抒情而短于说理，长于潇洒而短于严谨，长于感染而短于训练，长于情感而短于思维，长于人文而短于科学……跟踪听我课的魏智渊老师直率地说我的课堂教学“缺乏深度解读”，我心悦诚服。

其实我是想到了这一点的——我在外面讲学的题目常常是“尊重与引领”，应该说理智上我也明白，最理想的课堂教学，是尊重（学生）与（教师）引领的和谐统一。但可能是对过去过分强调教师深度解读因而造成课堂上教师话语霸权的反感，我在课堂操作上，生怕自己的思想侵犯了学生的思想，因而情不自禁造成尊重有余而引领不足。

如何真正让二者水乳交融？这是我下一步努力的方向。

我的语文教育观的形成过程

在短暂的三年半语文教学实践中，我对“语文教育”，经历了一个由感性了解到理性认识、由不自觉运用到有意识进行的过程。

一、工作实践给我的感性了解

1. 孤立的“语文教学”造成了教学的失败。

1982 年初，我开始担任初八四级一班的语文教学和班主任工作。在这第一学期中，虽然我自以为精心设计了每一堂课的教学，而且还利用休息时间亲自为学生刻印了大量练习，可是，无论是课堂教学气氛，还是学生学习的效果都很使我失望。常常是我在讲台上声嘶力竭地分析讲解，而下面的学生却麻木不仁哈欠连天。该学期半期考试全是基础知识，学生的考试成绩很好，全班总平均分数 85 分，班上 50 名学生中，90 分以上的 12 人，80 分以上的 36 人，但实际上，学生的语文水平是很低的。该班的马庆同学，每次语文考试都是第一名，可他的作文不但语言枯燥，而且思想贫乏。半期考试后写作文《在考场上》，他只写了三百来字。仅从语言表达来看，这篇作文没有一个错别字、一个病句，而且书写很工整，但从思想内容来看，通篇只是就事论事地记载了他解试题的过程，看不出其表达的中心。语言和思想的差距就是如此悬殊。当时该班学生的字、词、语法等基础知识的掌握是比较好的，但读写听说能力普遍较低，更使我寒心的是，学生对语文学习不感兴趣，这学期期末，我搞过一次“学生学习心理调查”，其中有这样一个问题：“对本学期所学的语文课文，你印象最深的是哪一篇？”对此，大多数学生的回答是《母亲》。这说明学生对我讲的课文并无深刻印象，因为《母亲》这篇课文是这学期最后一篇，而且是我前两天才讲完的。

显然，这一期的语文教学总的来说是失败的。当时我只认为是我没有教学经验、方法不好，而没认识到这是孤立的“语文教学”造成的。

2. 语文教学和班主任工作应有紧密的联系。

第二学年上期，我在努力提高课堂教学趣味性的同时，在班主任工作方面增加了两个内容，一是组织学生进行课外阅读，二是指导学生写日记。当时，我并未过多地从语文教学的角度考虑这样做的意识，只是把它看成是班主任工作的方法改进。

组织课外阅读，是想发挥文艺作品特有的潜移默化作用，对学生进行生动形象的思想教育。我在班上设了一个小书柜，同学们捐了二百来本书，其中包括《牛虻》《红岩》《欧阳海之歌》《青春之歌》等优秀小说，学生除利用中午休息时间阅读这些书，还在每天下午的半小时读报课时间里听我为他们朗读小说《青春万岁》《爱的教育》等。我还要求学生每周至少写三篇日记，想以此了解学生的思想，同时也培养他们思考问题的习惯。

渐渐地我便感受到，这些做法不但确实促进了班风的好转，而且对语文学习产生了明显的积极影响。读了优秀小说《红岩》，学生们的心被打动了，纷纷写下了读后感:《江姐就义前为何从容不迫？》《许云峰伯伯，您放心吧》《假如“小萝卜头”活到今天》《我与“小萝卜头”比童年》《江姐，我对您说》……总共写了三十篇，我以《先烈时刻注视着我们》为主题就这些读后感搞了一次作文展览，挂在校园里，这些思想充实、感情丰富的读后感受到其他老师和外班学生的好评。黄慧萍、许艳、高虹三位同学的读后感后来参加乐山市青少年宫举行的读书征文比赛，她们分别获一、二、三等奖。

从这些地方，我开始看到班主任工作与语文教学之间的相通之处，看到了语文教学工作的新途径。于是，我初步开始考虑，在今后的工作中应尽可能地把班主任工作与“语文教学”结合起来。

3. 温暖的班集体促进了学生的语文学习。

从初八四级一班的第二学年下学期起，我开始有意识地把“语文教学”同班主任工作联系起来。

在课堂教学方面，主要有两点改进：一是注意从教材课文本身的思想性出发，紧扣学生的思想实际，对他们进行思想教育。二是在分析课文之后，大胆突破教材，引入一些社会问题，叫学生思考讨论。如讲了《谁是最可爱的人》，我叫大家讨论“有人说‘现在的解放军不值得爱’，对吗？”讲了《筑路》，我又提出“共青团员意味着什么”的问题，组织学生讨论。这样，学生们上语文课的兴趣明显增强了。

与此同时，我花了大量的精力，采用了许多方法对学生进行集体主义教育，和学生一起创建一个温暖的班集体。纯朴向上的班风，直接促进了学生的语文学习，表现在：

（1）学生们的写作兴趣大大提高，班上丰富多彩的活动，同学热爱班集体的事迹，都成了学生们的写作素材，他们不再感到写作文难，而是乐于写作。1982 年 5 月，我曾搞过一次征文比赛，可是仅有六人应征投稿。1983 年 10 月，我以《我生活在这样一个班集体》为题举行征文比赛，全班学生都参加了比赛。1984 年 2 月，我班全体同学写了《青春之歌》的读后感参加乐山市青少年宫举行的“文明礼貌月”读书征文比赛，结果有 45 名学生获奖。

（2）学生作文中的思想性明显增强。学生思想认识的提高，反映在作文中，便是思想性的增强。读了《普通一兵》，吴蔚以“让人们因我的存在而感到幸福”为作文题写道：“马特洛索夫为国献身，苏联人民就因为有了他而感到幸福。在我们班上，大家因为那些做好事的同学而感到温暖。在这个世界上，我也要让人们因我的存在而感到幸福。”看了电影《血，总是热的》：“我们血管里流淌着方志敏的热血，我们的胸膛内奔腾着江雪琴的热血。祖国的太阳会因为有我们而更加灿烂，祖国大地会因为有我们而更加美丽，五星红旗会因为有我们而更加鲜艳！——因为，我们的血也是热的！”这篇文章后来发表在 1984 年第 5 期《读写园地》上。

1984 年 6 月，在毕业之际，学生们怀着对班集体的深厚感情，自发地写了大量文章：《依依惜别的深情》《心，永远被班集体温暖着》《我们的李老师》《难忘的日子》……其中，高虹同学的《依依惜别的深情》后来发表在 1984 年 7 月 26 日的《中国青年报》上。此外，陈晓梅、龚驰群、付饶三位女生还合写了一部三幕话剧剧本《相会在未来》。我和学生们把这些习作连同以前收集的班上优秀作文汇集起来，编印成一本 16 开、246 页的厚厚的毕业纪念册《未来》。其中，共有作文 157 篇、诗 4 首、剧本一个。这本纪念册，既记载着学生们初中三年的生活，也体现了学生们语文学习的成果。

二、学习思考得出的理性认识

初八四级一班的教学实践使我看到了思想教育能促进“语文教学”，但是，当时我还只是把思想教育看成促进“语文教学”的外在动力，还没有明确认识到思想教育应是语文教学本身的内容之一。因此，在写毕业班语文教学总结时，我没有把现在看来是体现了“语文教育”的思想的教学方法写进去，因为我觉得那些做法是属于班主任的思想工作。1984 年 9 月，在接手初八七级一班班主任和语文教改实验工作时，我还有这样的想法：以前我是三分精力用于“语文教学”，七分精力用于班主任工作，今后我应把这个精力分配的比例倒过来。但开头几周的实践使我感到：孤立地搞“语文教学”总好像是一个人走路少了一条腿。于是，我又不得不深思起来：“语文教学”与思想教育究竟是什么关系？

我读了一些教育科学的论著，在了解、学习我国当代一些卓有成效的语文教改者的事迹时，我发现，尽管这些特级教师的教改做法不尽相同，却有一个共同的指导思想：不仅仅传授知识，也不孤立地培养能力，而是把知识能力的提高同思想认识的提高融合在一起，上海市的于漪老师认为：人民教师的思想要有时代的高度，他的工作才会有开拓的光彩；教师的教学要有时代的活水，教学的生命才不会枯竭。辽宁省的魏书生老师这样概括自己的教学思想：“培养学生的自我教育能力和自学能力。”吉林省的吕志范老师的教学指导思想是：“语文教学既要育才，也要育魂。”这些朴素而精辟的话，使我想起了苏霍姆林斯基的智育观点，他说：“智育包括获得知识和形成科学世界观，发展认识能力和创造能力，养成脑力劳动文明，培养人在整个一生中丰富自己智慧的需要和把知识用于实践的需要。”“智育的核心是建立在知识基础之上的信念的世界观方向性。”他认为智育本身就含有兼施德育的职能。他还这样告诫教师：“那种除了上课、教科书、家庭作业、分数以外什么都不想的学生，他的命运不值得羡慕。千万不要让你的学生被这种学究气所控制。”

学了这些科学思想，又回顾自己在初八四级的工作，我明确地认识到：单纯的“语文教学”只会导致语文教学生命的枯竭，语文教学与思想教育本身就是不可分割的，“语文教学”应该转变为“语文教育”。对此，如果我以前是“无心插柳”的话，那么，今后我应该“有意栽花”。

于是，在初八七级一班的语文教改实验工作中，我开始有目的、有计划地进行“语文教育”。

我的语文教育的具体做法

我在初八七级一班所搞的“语文教育”，主要体现在语文课堂和语文课外活动两个方面。这两个方面既互相联系，又各有侧重。语文课堂教学，偏重于语文知识能力的直接传授和语文能力的专门训练；语文课外活动，偏重于语文知识能力的巩固、扩大和运用。而这两者都以“语文教育”为统帅，构成“语文教育”的有机统一体。课堂，是“语文教育”的小天地；社会，是“语文教育”的大课堂。

一、“语文教育”在课堂教学中的体现

1. 课文分析的思想性。

（1）对课文分析的思想性，不要仅仅理解为课文本身所体现的正确观点、进步思想或高尚精神，还应有更全面的理解。通过课文分析，培养学生大胆的创新精神和热爱祖国文化的思想，或者激发他们探索自然奥秘的欲望等，都应属于课文分析的思想性教育。如讲《美猴王》的思想性，我就不仅仅谈石猴勇敢、机智的品质，还告诉学生，吴承恩能创作出《西游记》，不只是由于他具有丰富的想象和高超的写作技巧，还在于他在思想上勇于大胆创新，敢于以幻想形式曲折地反映当时的社会矛盾，反映人民愿望，这本身也是一种很值得我们学习的胆识。讲《看云识天气》，我鼓励学生热爱科学，从小养成善于观察自然的习惯，并说：“说不定在你们中间就有一位我国未来杰出的气象学家。”第二天中午，沈建、黄剑两位同学把我从办公室拉到操场上，叫我和他们一起辨认当时天上出现的太阳光圈是日华，还是日晕。这些例子说明，课文分析的思想教育内容应该是很丰富的。

（2）对课文思想内容的分析，要紧扣作者本身的写作意图，切不可牵强附会地“挖掘”，如果把自己的主观理解强加于作者，不但会误解甚至歪曲作品原意，而且还会使学生养成极不严肃、不踏实的学风。我在教《社戏》时，发现教参上把“憎恶封建教育”也归纳为本文的中心思想，经过反

复钻研课文，我认为这种说法是不妥当的。于是，在分析时，我坚持按我的理解，把“赞美农民孩子的纯朴品质，向往自由生活”归纳为本文的中心思想。在学《小麻雀》时，有的学生提出“麻雀象征了受苦的中国人民”，我便引导学生仔细研读课文，正确理解小麻雀形象的意义。

（3）要紧扣学生心灵，从学生思想实际出发，引导学生通过分析，自己领会课文的思想意义，而不要脱离学生的认识水平，把教师自己的“深刻理解”生硬地强加给学生。教《从百草园到三味书屋》，我没有一开始就指出本文的中心思想是什么，而是启发学生自己分析作品所描写的“百草园”和“三味书屋”有什么不同，从而去感受作者的爱憎，这样，学生自然会把握住作者所要表达的思想感情。

（4）要紧扣时代脉搏，使课堂上时时充满时代气息。讲《继续保持艰苦奋斗的作风》，我既启发学生用现在的四化建设成就来说明“我们不但善于破坏一个旧世界，我们还将善于建设一个新世界”的科学论断，又给学生朗读诗歌《将军，不能这样做》，以证明毛主席关于“因为胜利，党内的贪图享受不愿再过艰苦生活的情绪，可能生长”的英明预见。讲了《梁生宝买稻种》《分马》《求雨》这一单元，我叫学生讨论“我身边的共产党员”。

2. 课堂教学的思维训练。

思维训练不可能孤立进行，课堂教学的内容在不同程度上都会反映出思维训练。这里，我所强调的，是我们应该有目的、有计划地在知识传授、能力培养的过程中体现出思维训练的内容。

（1）拼音、文字、词语等基础知识的教学，我注意教会学生用观察、比较、归类的方法来帮助理解、掌握。对汉语拼音，四川人最容易混淆平舌音和翘舌音、边音和鼻音、前鼻音和后鼻音。于是，我教学生找一些常用汉字，把它们的拼音加以分析比较，发现很大一部分偏旁相同的汉字，其声母也相同，根据这个规律，不少学生较好地掌握了汉语拼音。又比如，对于形似字，学生很容易写错，于是我出的练习除了抄写、听写形似字外，还设计了这样的题：给某一字注音、组词，并写出这个字的形似字。如：“辨”注音“biàn”，组词“辨别”，形似字“辩、瓣、辫”，这样，学生在练习的过程中，是通过自己的回忆、比较去辨析各字的特点，而不是教师包办代替。

在课文教学时，也引导学生用观察、比较、归类等方法帮助分析理解。如每学了一单元课文，我便要求学生自己观察分析，就这一组课文在思想内容和写作特点的异同上进行比较，并将整个单元所包括的语文知识进行归类整理，写成“单元知识小结”。

（2）在课堂教学中，通过加强对学生口头表达能力的训练来培养学生思维的敏捷性和条理性。训练方式除了一般的课堂提问外，主要是课堂即兴讲演。几乎每篇课文的教学，我都结合课文分析和学生实际，提一些口头作文题，叫学生思考准备几分钟或分小组发言，或上讲台讲演。讲了《我的老师》，我就叫学生根据自己的亲身经历讲“我的老师”。学了《想和做》，我就布置学生以《言和行》为题作两分钟讲演。

（3）在指导学生预习课文时，鼓励、启发学生积极提问，大胆质疑，这实际上是训练学生的思维深度。这个班的学生开始时对课文几乎提不出问题。教《老山界》，我叫大家提问，学生只能就生字生词提些问题。经过训练，现在学生每预习一篇课文，都能在思想内容、写作方法方面提不少疑问。学《我的老师》，学生提了这些问题：“为什么课文所写的七件事有详有略？”“为什么说‘老师是伟大的人’？‘伟大’一词是不是用得不准确？”“作者写道：‘她从来不打骂我们’，可又说‘有一次，她的教鞭好像要落下来’，这是否矛盾？”从课文预习时学生提问的多少、难易上，可以看出他们的思维是否具有一定广度和深度。

3. 课堂教学中积极培养学生的创造精神。

（1）鼓励学生敢于怀疑名家、勇于反驳老师。在学《荔枝蜜》时，宋映容同学对这篇散文提出两点不足：一是文章还不够含蓄，如果把“透过荔枝树林……”那一自然段删去不但不会影响本文中心思想的表达，而且还会使文章更含蓄。学《分马》，有不少同学认为郭全海动员积极分子们把自己的马让给自私自利的王老太太很不应该：“这不是迁就落后吗？”还有一次上公开课，是讲《小麻雀》，在分析“小麻雀”的外貌时，一位平时很胆小也很少发言的女生王小勤，当着所有听课的老师纠正我的错误：“李老师，课文上写小麻雀是‘刚长全了羽毛’，可你的板书是‘刚长了羽毛’，虽只少了一个‘全’字，可意思大不一样。”我立刻改正了板书，并感谢她的指正。

（2）允许学生对课文有自己的分析、理解，培养他们独立钻研教材的能力。教了《社戏》后，我布置学生写《我读〈社戏〉》，要求是谈自己对课文的思想内容或写作特点的一点理解，既可以深化老师的分析，也可以反驳老师的分析，还可以分析教师没分析到的内容、结果，全班同学都能不同程度地写出自己的独特理解和体会。梁汉明同学进一步分析了课文中的几个人物形象后写道：“我多想到平桥村去一趟，看一下机灵细心的双喜、慷慨大方的阿发和热情好客的站一公公呀！”黄靖同学分析了我上课时没有分析的一个人物形象，她写道：“我觉得还有一个人物有特色，那就是‘我’的母亲。她是一个温柔、体贴人，爱‘我’的好母亲。”张锐同学由平桥村孩子之间纯真的感情，联想到了现在社会上人与人之间的一些虚伪和冷漠，他写道：“我认为，这篇课文的主要特色是‘感情’，感情，在当今社会上，已经过渡到另一个意义上去了，那就是金钱……因此，平桥村孩子的真诚感情，给人以深深的感染，并勾起我们每一个人对自己童年纯真的回忆。”……没有独立分析思考，学生们是不会有这些独特见解的。当然，这些看法不一定全面、深刻，但能充分体现学生的创造能力。在教了《最后一课》《荔枝蜜》之后，我也布置了这样类似的作业。

（3）让学生在理解课文思想内容的基础上，发挥想象力对课文进行延续性再创造。讲了《求雨》，我对学生说：“昨天，我又碰到于天佑大爷了，他还在迷信，专门来乐山拜大佛，我劝了他半天也不顶用。希望同学们给他写封信，介绍一点破除迷信的科学道理，劝劝他。”学生们虽然知道我是虚构的情节，但还是很有兴趣地认真写了起来。收上来的信，感情真挚，言辞恳切，既动之以情，又晓之以理。第二天上课，我模仿于天佑大爷的口气念了一封给同学们的“回信”，表示“听从同学们的劝告，回家学科学，种好责任田”。这样，学生在增强语文学习趣味性的同时，又培养了想象创造能力。讲了《小橘灯》，我还布置了口头作文《重访王春林家》，要求学生运用想象力，说一说二十年后“我”与小姑娘重逢的情景。

二、“语文教育”在课外活动中的体现

1. 社会调查。

通过组织学生进行社会调查，扩大学生的视野，培养他们的社会责任感、辨析社会现象的能力，让学生在社会生活中运用语文知识，提高语文能力。

1985 年 2 月，我组织班上“凌云”文学社的 14 位同学开展了街头不健康小报调查，学生们利用寒假，走上街头仔细调查不健康小报的名称、主要内容、插图、报价和出版地址，并写成一份《街头小报调查情况》，新学期一来，大家对调查情况展开了热烈的讨论，从“小报的危害”分析到“小报产生的原因”，最后谈到“怎样培养健康高雅的欣赏情趣”，通过调查分析，学生们统一了认识，决定做两件事：一是给全市少先队员写一封公

开信，呼吁大家来抵制精神鸦片（这封信登在1985年4月3日《乐山报》上），二是以抵制小报为内容进行文学创作，自己写诗作文。沈建同学写了两篇小说:《“侦察”记》《访小报编辑》，陈炎同学写了讽刺小品《中毒者》，黄靖同学写了诗歌《告少年朋友》，这些习作都登在文学社自己办的小壁报《鸣蝉》上。

一年来，我在初八七级一班共组织了社会调查6次。其中全班性的集体调查有4次:“街头错别字”调查、“我身边的共产党员”调查、“明是非，辨美丑”调查、“我身边的美和丑”调查;“凌云”文学社同学单独进行的调查2次:“不健康小报”调查、“不健康录像”调查。每次搞了这些调查，学生们都进行了讨论，并写成了作文或调查报告。

2. 专题讨论。

针对学生思想实际，选一些学生普遍遇到而认识又不太统一的社会问题，组织学生讨论。学生通过思考、争辩，不但能提高认识能力，受到思想教育和思维训练，还能训练口头表达能力并促进写作。

初八七级一班的学生刚进初中时，我组织大家讨论了“怎样才算是八十年代合格的中学生”，在讨论中，我向学生介绍了我国的经济发展趋势以及世界的科技、经济发展水平，引导学生站在未来的高度来衡量今天的中学生，这样，学生们的思想不断丰富、认识不断提高、观点不断明晰。开始，只能肤浅地谈“要好好学习”“要守纪律”，到后来纷纷提出:“要有创造能力！”“要有组织才干！”“要有时间观念！”“要多才多艺！”……这次讨论极大地锻炼了学生的口才，并且丰富了他们的思想。

前不久，获电影“百花奖”“金鸡奖”的编剧、导演、演员们来乐山活动时挥霍浪费、大搞特殊的情景，引起我市人民的不满，学生中也有议论，我便组织学生讨论“应该崇拜什么样的人”。看了电影《红衣少女》之后，我又叫大家讨论:“假如安然来到我们班……”此外，我还组织过“谈社会风气”和“我们呼唤真诚”的讨论。这一年，全班利用上正课的时间搞了5次专题讨论。

3. 干预生活。

调查社会、讨论问题，还仅仅属于认识社会。我经常教育学生，认识社会的目的，不是为适应社会，而是为了改造社会。因此，我积极鼓励学生大胆干预生活，学做社会的主人。

1985年4月，班上的学生沈建、彭涛、黄剑、宋映容分别给乐山市青少年宫写了信，批评这个单位放映不健康录像。沈建同学写道:“小学时，老师动员我们为修建青少年宫捐钱，我把我的零用钱全捐了，可你们就是这样为我们服务的！”彭涛同学写道：“其他单位放坏录像影响已很不好了，连青少年宫也放起坏录像来了，难道真的就找不到适合于少年儿童活动的纯净的地方了吗？”几天后，同学们收到乐山市青少年宫的回信，信中表示接受批评，不再放不适合青少年的录像节目。

这学期快结束时，我班全体学生每人都给学校校长写了一封信，向校长谈学校存在的问题，并就教学、思想工作、伙食工作等几个方面向校长提了不少建议。一些同学的信一开始就十分自豪地说：“陈校长：今天我是以学校主人的身份给您写信，商量学校大事……”学生们的主人翁精神受到陈校长的赞扬。

通过这些活动，增强了学生的思考能力和进取精神，不少学生还养成了关心社会的自觉性。彭涛同学看了乐山市电视广播事业局在电视中播出的《乐山新闻》后，给这个单位去了一封信，提出了“新闻内容应进一步充实，设立‘表扬栏’‘批评栏’”等六条建议。不久，他就收到回信，电视局的同志赞扬了彭涛关心电视事业的精神，并表示接受他的合理建议。

4. 指导文学社活动。

初八七级一班的“凌云”文学社是班上十四名文学爱好者自发组织的，成立还不到一年。我通过指导文学社成员的活动，不仅提高了他们的文学修养，而且还影响带动了全班学生的语文课外活动。

一是广泛的课外阅读。文学社成立以来，我指导社员们阅读欣赏了《徐悲鸿一生》《普希金童话诗》《格林童话选》《泰戈尔诗选》《屠格涅夫散文诗集》等优秀文学作品。另外，班上全体同学也开展了课外科普、文艺书籍的阅读，班上还建立了一个“小图书馆”，现共有各类书籍 257 册。

二是办壁报活动。最初，文学社的沈建同学办了一张壁报《鸣蝉》，坚持每月出一期。在他的影响下，文学社其他同学也办起壁报来，《未来》《晨曦》《希望》等壁报相继诞生。今年暑假，我要求全班同学在假期里每人办一张壁报，这些壁报都是学生自己写稿、自己排版、自己抄写、自己插图，通过办报，使学生在多方面得到锻炼。

三是文学小创作。文学社同学除了完成语文课堂作文外，还在课外搞了不少文学小创作。据不完全统计，文学社成立以来，社员们共写了童话 20 篇、寓言 21 则、科幻故事 15 篇、诗歌 6 首、小说 4 篇、小剧本一个，另外，还集体编写了《作文俗套用语选》。这些习作，比较粗糙，但都体现了这些初一学生的创造精神。

5. 组织对外交际活动。

我尽可能以各种方式扩大学生的生活接触面，让他们在各种交际活动中同他人交流思想，以培养能力，促进学习。我班与本校高八七级四班结成了友谊班，还分别同五通桥中学的初八七级一班、永川中学的初八六级四班结成友谊班，通过班际之间的联欢活动或通信往来，学生们交流学习经验、讨论共同关心的问题，共同提高思想认识。今年“六一”儿童节前夕，学生们听了我读老山战斗英雄臧雷同志的事迹后，便买来一盘磁带，对着录音机给边防军朗诵诗、说知心话、唱歌，然后将这盘磁带寄到了边防。班里还有 20 名学生分别自发地给臧雷写了信。这些活动，看起来似乎同语文学习没有什么联系，但实际上，都不同程度地运用了语文能力，体现了“语文教育”。

综上所述，变“语文教学”为“语文教育”，就是要求广大语文教师站在未来需要的高度来认识语文教学工作的目的、任务，通过各种途径，在传授语文知识、训练语文能力的同时，塑造学生纯洁的心灵并培养其良好的思维品质，让学生最终真正成为新时代需要的人才。——这，正是我们语文教改所要达到的根本目的。

从《未来日报》到《石室晨报》

——介绍我班的“班级日报”

上学期，一位到石室中学来听课的年轻老师走进了我的教室，可是当我讲课的时候，我发现坐在教室后排的她并没有认真听课，而是转过身子去仔细看墙上的《石室晨报》。下课的时候，她对我说：“真抱歉，我没认真听你的课，但我从那张小小的《石室晨报》上，却学到您很多东西。”是的，凡是到我班听课的老师，都会看到教室后面有一张手抄小报《石室晨报》，并且被它吸引。

我指导学生办报是从我刚参加工作不久就开始了。记得当时我在一份语文教学杂志上看到介绍河南一位叫姚竹青的老师指导学生办手抄报，觉得这种做法很有意思，我便介绍给我的学生。开始，我是指定少数语文能力强的学生办，可是，其他同学觉得这样不公平，他们都要求办。于是，我便让学生按学号为序办报，轮流贴出。这样，我们的班级日报便诞生了。

当时我所教的班叫“未来班”，所以，学生的小报也就取名叫《未来日报》。自从《未来日报》诞生后，学生的班级生活便多了一项内容：读《未来日报》。后来，第一个未来班毕业了，第二个未来班又接着办《未来日报》。

下面是第二个未来班（乐山一中初八七级一班）的卢文昭同学当时的一篇作文《〈未来日报〉，我们的生命线》，具体介绍了《未来日报》的特点——

1985 年 1 月 1 日，我们的《未来日报》诞生了。它是我们的班报，能表达我们的心声。

班报主要以有关未来班的事情为内容。每张报纸的报头都要画上一个班徽，写上班训的八个字：“正直、团结、勤奋、创造”。《未来日报》出自 58 个同学之手，内容丰富，形式活泼，版面设计各不相同，但都集中体现了我们的愿望，对班集体的关心和热爱。有对好人好事的表扬，有对不良现象的批评，有给老师的意见和建议，有学习方法的交流，还有同学们自己写的诗歌、散文、小说……别看有这么多内容，可都是每一期的编辑同学一人写的。因为我们规定：不许摘抄别人的文章，所有稿件必须由自己写。

《未来日报》按学号顺序，每位同学轮流办一张。一人办一张报纸虽然有些困难，但我们都尽力把报办得更好一些。因为同学们都有一颗热爱“未来班”的心。《未来日报》是我们“未来班”的生命。从 1985 年 1 月 1 日到我写这篇文章的今天——1987 年 5 月 30 日，无论是星期日还是节日，都没有间断过，连放寒暑假都按时出版，总共出了 926 期！我们把报纸夹在玻璃报架中，放在教室外面的走廊上，这常常引得外班的同学来看。他们很羡慕我们。我们当然很自豪，就更加努力办好报。

还有一个多月，我们就要毕业了，我们的《未来日报》即将由新的未来班同学继续办下去。我衷心希望他们能把《未来日报》办得更好。

不但学生为班级日报而骄傲，我也为它发挥的语文教育作用而感到自豪。1986 年我在《中学生读写》上，发表了一篇题为《轮流办报，一举多得》

的文章，谈了《未来日报》给我和我的学生带来的好处。

通过近两年轮流办《未来日报》的实践，我和学生都深深感到，自办手抄报的确给语文学习带来了不少好处，收到了多方面的效果。主要表现在：

1. 促进了良好的语文学习习惯的形成。无论是语文知识的掌握，还是语文能力的培养，都必须要有良好的语文学习习惯，而这恰恰是不少学生语文学习的一个弱点。通过自办手抄报，学生可以逐渐纠正一些坏习惯，并形成良好的学习习惯。如观察的习惯，以前不少学生不具备，没这个习惯。但由于要自办小报，文章得自己写，于是便留心起周围的一切来了。宋平同学在日报中写了一篇《有一个美丽的地方》，向大家介绍一处美丽的风景，而这个地方是全班同学每天上学都要经过却未曾引起人留心观察过的，这个“美”被宋平发现了。程桦同学在日报上开辟了一块“像不像”栏目，专门不点名地对班上的同学进行外貌描写，请读者猜出描写对象，以后不少同学都争相效仿写“像不像”。这说明，不少学生开始形成有意观察的习惯了。又如写日记，原来我规定写日记并且每周收看，却老是有一些学生不写或应付了事。自从办手抄报后，自觉写日记的学生越来越多了。因为这是积累素材的好“仓库”。现在我已没有收学生日记了，但我如要随时检查学生日记（常常是突然“袭击”），他们都能把保质保量的日记本交给我查看，因为写日记的习惯已形成。另外，一些学生过去书写很乱，错字也很多（主要原因是粗心或不愿查字典），由于办手抄报是要给大家看的，这些同学抄写也就格外认真，字迹也工整了，错别字也大大减少了。总之，学生自办手抄报，对促进良好语文学习习惯是大有好处的。

2. 培养了学生多方面的语文能力。语文知识只有转化为能力才能真正成为有用的东西，而自办小报则为这个“知识转化为能力”提供了很好的机会。如学生的写作能力的提高，以前仅凭课内有限的命题作文显然是远远不够的，一来这样训练量不够，二来命题作文不可能完全符合每个学生的实际情况。现在办小报则可弥补这一“遗憾”。学生的日报就是他自己的一块“作文自留地”，他可以自由发表自己精心写成的符合自己个性的各类习作：诗歌、散文、日记、小说、议论文等。好些学生还联合起来搞“幻想小说连载”，王鸿同学创作了《间谍大战》，张锐创作了《死亡闪电》，谈俊彦创作了《天外奇兵》，黄勇创作了《2000 年的采访》，这些作品都以我班学生为主人公，以大胆而丰富的想象、曲折而有趣的情节表现未来生活，很受同学欢迎。又如阅读能力的培养，仅靠一本教材也是不够的。而自办小报便促使学生必须扩大阅读面。从学生已办的日报来看，他们在课外的确读了不少书。相当多的学生所办的日报都有“向您推荐”一栏，向同学推荐自己读过的课外书。还有不少学生写书评，交流读者体会。鲁明、彭可嘉写了评王蒙中篇小说《名医梁有志传奇》的文章，程桦同学针对不健康流行歌曲的泛滥，写了评论《音乐欣赏知识》一书的文章，希望同学们提高音乐欣赏水平。另外，许多学生为了办好报纸，还三三两两约起来走上社会，调查采访，然后在日报上登出采访记、调查报告，这更是语文读写听说综合能力的锻炼。刘彤的小报上写有《街头错别字情况》的调查，彭艳阳和几个同学去制药厂参观调查后也在报上登出了调查报告。这些情况可以看出，自办手抄报的确能够培养学生多方面的语文能力。

3. 能培养学生良好的思维品质，训练学生思维的深度和广度。在学生所办的报纸中，曾开展过《什么是中学生的美》《谈八十年代中学生》等专题讨论。不少学生的日报中都开设有“社会之窗”“国际风云”“班务论坛”等栏目。一些学生能够紧扣时代形势写出一些较有思想性的文章。如《中国青年报》上发表了一篇名诗人邵燕祥的文章《立什么样的志》，文中对“不想当元帅的兵不是好兵”的格言提出疑义。我班赵刚同学却针锋相对写了一篇文章，与邵燕祥同志“商榷”。通过这些事例说明，办日报也能培养学生的思维能力。

4. 延伸了语文课堂教学。学了合成词的知识，周磊便写了一篇《谈合成词的构词方式》在日报上登出。讲了对偶的修辞知识，刘彤便登出自己写的知识小品文《对偶三种》。学了《死海不死》，童丽萍缩写了一篇《死海工厂》，对利用死海资源提出自己的设想；杨毅还写了一篇《谈死海成因》，就死海的形成原因发表自己的新见解。我讲了元末刘基的《卖柑者言》后，邱梅景同学针对课文中“金玉其外，败絮其中”的观点，写了一篇《金玉其外不等于败絮其中》，同我争鸣；我讲了清朝袁枚的《黄生借书说》，许多学生也就文中“书非借不能读也”这一中心论点在日报中进行了不同的评价。如果没有自办日报这一形式，以上这些学生自觉钻研、深入思考的现象是不易出现的。

5. 加强了语文学科与其他学科的横向联系。在日报所登的文章中，有不少是交流学习方法的，如吴涛同学的《怎样解几何题》、汪皓的《英语单词记忆法》等。不少学生还在日报中设了“小发明园地”“英语角”“奇思妙解”等栏目。还有一些文章是学生谈知识运用的，如沈建的《高跟鞋与压强》，黄剑钊的《大桥倒塌与共振》等。这些文章既有知识性，又有趣味性，也有思想性，深受同学们的欢迎。

总之，学生轮流自办日报的好处是很多的，它能够激发学生学习语文的兴趣、培养学生的多方面能力，同时又是学生自我教育的一种好形式。目前，我班学生编辑日报的兴趣越来越浓（有的学生甚至还把手抄报改成了油印报）。我坚信，这项活动坚持下去，学生日报将会越办越好，而学生所获得的语文教育效益也必将越来越大。

后来我调到了成都玉林中学，《未来日报》便成了《玉林日报》。

我们的《玉林日报》很快成为学校一道亮丽的风景线。特别是寒假或暑假开学后，同学们把假期里办的日报（也是按学号轮流办的）拿到学校来，班委干部便把几十张报纸在校园里一起展出，其场面颇为壮观。班委们还组织了评选“最佳小报”活动。这项活动不但吸引了我班同学踊跃参加，而且其他年级其他班的一些同学也情不自禁地参与了起来。

1997 年我又调入成都石室中学，于是,《玉林日报》又成了《石室晨报》和《石室早报》——因为我教两个班的语文，自然就有两份班级日报了。不过《石室晨（早）报》并不完全是《玉林日报》的翻版，因为这次我鼓励学生在办报中充分发挥自己的创造能力，尽量在内容、形式等方面体现出办报者的新意。因此,《石室晨（早）报》虽然还是由学生轮流编辑的“日报”，但“日报”的个性却比过去更鲜明，因而也更有“看头”。

口语训练——以说促思

我于 1987 年 9 月起，开始了“以思维训练为中心，以口语训练为突破口，促进听说读写语文能力的全面提高”为课题的三年语文教改实践。

在对学生进行系统而科学的口语训练的过程中，我注意了以下三点：

一、口语训练中非智力因素的培养

1. 让学生明确口语能力的重要性。“谁都会说话，不需要训练”“考大学不会考说话”——这是学生口语训练的思想误区。对此，我让学生通过录音机听自己的话，感受自己的语言毛病，使学生知道“说话”容易“会说话”

却难的道理，从而重视口语训练。我还反复给学生做思想工作，使他们明确：口语能力的提高将有助于读写能力的增强；如果没有良好的口语能力，将不能适应未来社会的工作、学习、信息交流和人际关系。

2. 创造一个友好、和谐的训练环境。随着中学生自我意识的增强，变得愈加害羞起来，当众发言总是担心被耻笑。因此我不但鼓励每一个学生要勇于战胜自己，大胆发言，而且教育全班学生不要取笑发言者。我多次宣布：“允许说错，允许重说，允许争鸣，但不允许挖苦嘲笑，尊重别人，就是尊重自己。”班上渐渐形成了互相尊重、互相鼓励、无拘无束、轻松随和的气氛，这消除了大多数学生的羞怯心理。

3. 捕捉机会，设置情境，激发兴趣。赞可夫说：“只有当儿童自然而然地说话，由于内心诱因而需要说话的时候，这种语言才符合真正的使命——即交际工具，才能有效地发展语言能力。”教师要让学生不但敢于说，而且乐于说，要敏锐地抓住学生思想的兴奋点，巧妙设置论辩情境以激发学生说的兴趣，使学生情不自禁地侃侃而谈。比如有一次，中国女排又获世界冠军，学生们议论纷纷。女同学说：“还是女子强！”男同学不服气：“女排还是男教练带出来的呢！”于是我在班上搞了一次“女强，还是男强”的讨论会，气氛相当热烈。

4. 采取一些措施，适当“逼迫”学生说。为了使每一位学生都能得到口语训练，我采取了三个“强迫”措施：一是规定每天值日非向大家发表一分钟讲演不可，否则重当值日生；二是请语文科代表做好学生平时课堂发言次数的记载，期末将学生发言次数算入语文平时成绩；三是每次的专题口头训练都贯彻“不说就写”的原则，如果学生不愿做口头小作文，就布置课后书面写作文，这样使学生纷纷争先恐后地发言。

二、合理设计口语训练的序列

结合统编初中语文教材中的读写训练序列和学生不同阶段的思维发展、语言发展、心理发展的特点，我拟定了初中三年学生口语训练序列纲要。虽然这个序列还不尽完善，但在当时还缺乏一个科学的口语训练大纲的情况下，它有助于我有计划、有步骤地进行口语训练，从而克服训练中的随意性与盲目性。

初中三年学生口语训练序列纲要

项目/年级	语言表达	语言内容	与读写结合	思维训练要素
初一	语言连贯 合乎规范	中心明确 材料具体	以叙述 性为主	逻辑思维中的概念和简单判断，形象思维
初二	语言准确 表达清楚	中心突出 条理清晰	以说明 性为主	逻辑思维中的复合判断、归纳与演绎、分析与综合
初三	语言生动 感染力强	认识深刻 逻辑严密	以议论 性为主	逻辑思维的基本规律：同一律、矛盾律和排中律、辩证思维

需要说明三点：第一，在每一年级、每一学期都还应有体现这个序列纲要的具体目标要求。如初一上学期着重训练学生说话时声音洪亮、仪态大方、语流顺畅、语言格式规范。初一下学期着重训练学生说话要有中心、有正确的思路。第二，训练的目的应循序渐进，不应无视学生实际而提出过高要求。如对初一学生的口头语言，就不宜要求准确、生动，就大部分学生而言，只要能做到有话就说、语句连贯就不错了。总之，训练的坡度小一些，便能消除学生的畏难心理，收效便明显了。第三，表中列出思维训练要素，绝不意味着要专门给学生传授逻辑知识，而是力求在口语训练中体现出思维训练的内容。比如：学生发言时，教师要求用词准确，这是在教学生正确地使用概念；学生讲演时，要求尽可能使用“不但……而且……”“因为……所以……由此可见……”等复句或句群，这是教他们正确地判断、推理；叫学生评析课文人物时，我教给他们“总—分—总”的语段结构，这是让学生学会分析与综合；学生讲演、辩论时，我指导他们用全面的、发展的、联系的观点分析问题，这是在训练学生的辩证思维，等等。

三、灵活采用口语训练的方式

在设计、选用口语训练方式的时候，我力求做到读写训练结合、与学生兴趣结合、与学生心理发展特点结合。

（一）初一年级的口语训练方式

1. 口语训练课。每周抽一节语文课进行口语训练，我提出语言表达要求并略作指导之后，由学生轮流上台，在三个题目中（《一周来我经历的事》《我看过的一本好书或好电影》《儿时的故事》）任选一题来讲，最后由我评讲、总结。

2. 专题口头作文。至少在一单元内，利用语文课，当堂出题，即兴发言。步骤：先由教师公布题目并作指导，再由学生分学习小组发言，然后由各小组推荐代表上台演讲，最后由师生共同评议、打分。

3. 结合课文学习谈读后感或改编课文。每讲完一篇课文后，留二十分钟左右的课堂时间让学生谈感想，或对课文进行再创造。如讲《社戏》后请学生谈《我读〈社戏〉》；讲《小橘灯》后，请学生说《二十年后重遇小姑娘》。

4. 讲故事比赛。讲了《皇帝的新装》《两棵奇树》等课文后，让学生在小组内预赛讲民间故事，然后选代表上台决赛，当堂评分、发奖。

5. 课前报告新闻。从初一开始至初三毕业每天的语文课前两分钟，都由当天的值日生向全班同学报告国内外新闻。

（二）初二年级的口语训练方式

初二的口语训练保留了初一的专题口头作文、谈读后感、新闻报告等形式，还增加了以下方式。

1. 小组讨论。几乎每篇课文我都要出一些思考题，让学生以小组为单位展开讨论，使学生在互相启发、互相争辩中得到口语训练和思维训练。

2. 课堂抢答。学生到了初二渐渐开始害羞一般不再愿意举手发言，我便允许甚至鼓励学生抢答。这种竞赛式的课堂问答，很符合学生的好胜心理，同时也能训练学生口语表达的简洁、准确和思维的敏捷性。

3. 编演话剧。学生利用课余时间或改编课文，或自己创作，编排了许多短小的小话剧，然后利用语文课在班上演出，这项活动集读写说为一体，学生兴趣极浓。

4. 录广播剧。一部分学生不好意思现场演剧，我便组织、指导他们编录广播剧，剧本或找现成的，或自己学写，录制完后在班上播放。这种训练方式也很受学生欢迎。

5. 利用语言实验室进行口头作文。学生对着录音机边说边录，然后自己戴着耳机边听边改，最后将录有口头作文的磁带交给我，我一一听完评分后，再在班上评讲。

（三）初三年级的口语训练方式

在继续采用初二时的训练方式的同时，初三年级还增加了以下方式。

1. 调查访问。我先后三次组织了全班性的大规模社会调查，学生们以小组为单位走向社会，有的去城郊乡政府与乡长座谈，了解三中全会以来的农村新貌；有的到新华书店采访经理，询问书籍涨价的原因；有的还叩响了乐山市市长的家门，请市长介绍乐山市“七五”期间的发展规划……

2. 社会问题讨论会。结合课内外阅读，班上多次开展社会问题讨论：读了《京华闻见录》，讨论“怎样看待当今社会风气”；读了《丑陋的中国人》，讨论“美丽的中国人”；读了《志愿军战俘纪事》，讨论“朴素的爱国与理性的爱国”……

3. 辩论比赛。讲完《曹刿论战》，我以“弱鲁克齐功归鲁公”为论题挑起辩论，学生按是否赞同这一观点分为两派展开舌战。在初三班上多次举行各种问题的讨论比赛，如：“迟志强出狱后该不该回长影？”“王佳该不该出走？”“为人直爽好不好？”“漂流长江值不值？”等等。

4. 即兴讲演比赛。事先由我设计好讲演题，然后由参赛者临时抽签，迅速构思，即兴讲演，最后师生当堂评分发奖。

5. 模拟“记者招待会”。方式是：一人站在台上即兴回答“记者”的各种提问，其余学生充当“记者”发问。我曾就语文教改在班上举行模拟“记者招待会”，回答学生的种种提问。班上两位学生自荐当班长时，也主持“记者招待会”，就班级建设答全班同学问。

听力训练——以说练听

一、我对听力及听力构成的理解

语文四大能力中的听力，绝不仅仅指学生的生理听觉（虽然听力离不开听觉），而是指通过听觉运用思维能力对语言信息进行吸收和处理的能力。这一语文能力至少应包括：

1. 敏锐地明辨语言（字词）正误。要能在一段话中辨清同音字、同音词在不同语言环境中的不同意义，要能敏锐地听出说话人说错的字词，使学生具备如苏霍姆林斯基所说的“高度的言语素养”：“一个说错的词，不仅老师，而且学生听起来都会感到它不和谐，就好像一个具有高度音乐听觉的人，听到一个错误的音符时感到那么不入耳一样。”

2. 正确地归纳语言要点。包括领悟中心、理清层次、抓住重点、理解一段话中语句之间、句群之间的逻辑联系进而把握整体内容。

3. 对所听语言材料进行瞬间的筛选处理。准确地捕捉关键性词句，敏捷地选择自己所需要的信息，自觉去掉自己不需要的内容或一些重复的、多余的甚至错误的语言，能熟练地边听边记。

4. 能听出比较含蓄的语义。要学会听出说话人的弦外之音和幽默之处，要通过说话人的表情、语气、音调等听出他没有直接说出来的意思（如反语等）。

5. 有良好的听话习惯。如态度要诚恳，注意力要集中，目光应尊重地注视说话者，不要随意打断别人的话等。

二、初中各年级听力训练的目标要求

初一：养成良好的听话习惯，做到精力集中，目光专注，能明辨语言材料中的字词正误，把握其中心思想，能根据记录速度正确地写下所听口语材料的基本内容。

初二：培养良好的听记能力。能明辨语言材料中语句的正误，养成抓住重点，捕捉关键语句，归纳分析其层次要点。

初三：有较强的笔记能力。能敏捷地筛选语言信息，比较熟练而完善地做课堂笔记（包括会议、报告笔记）。能听出比较含蓄的语义。能从比较杂乱的一段话中听出说话人要表达的基本意思。

三、听力训练的方式

一般情况下，听与说总是互相伴随，这就决定了听力训练不能孤立进行，而必须与口语训练紧密结合。以说练听，说中练听，听说同步，互相促进。

1. 听后复述。教师朗读一篇范文（或播放磁带），学生不准记笔记，听完后站起来复述所听内容，要求意思完整，不改变原文中心。这项训练主要是培养学生专注倾听的好习惯。每天值日生的新闻报告也属于这类训练。

2. 听写练习。教师按记录速度用普通话朗读文章，要求学生完整准确地边听边写，字词标点都力求正确。这种练习主要偏重于训练学生根据语音对字词进行准确的辨析的能力。

3. 听话改错。教师在读语音材料时，有意但不做任何暗示地读错字词，让学生指出并改正；或者教师在说话时，有意说一些病句让学生纠正。这种训练，可以培养学生对语言错误敏锐的感受能力。

4. 听后说感。听了一则小故事、一次报告或一段新闻之后，让学生即兴发言谈感想，要求紧扣原文，展开联想，中心明确，条理清晰。这项练习可同时训练学生听话时专注仔细以及边听边记边思的能力。

5. 听话辨析。请学生听一场辩论，让他们捕捉双方的论点、论据，并判断其正误；教师念有错误的作文，让学生辨析其错误所在；让学生听一段条理不清但内容又有可取之处的话，请学生找出其中的合理成分。这项练习也能培养学生在专心聆听的同时敏捷判断、迅速分析的能力。

6. 耳听笔记。通过课堂笔记（注意：不是抄板书）、报告笔记、会议笔记、采访笔记等听记的训练，教会学生准确地概括、敏捷地筛选、快速地辨析、熟练地记录。

阅读训练——以说带读

阅读训练更多地体现在课堂教学之中。我在课堂教学中遵循三条原则：第一，用口语表达的训练促进学生钻研课文；第二，让思维训练贯穿整个课堂教学；第三，以多种形式的口语思维训练激发学生的兴趣，使学生真正成为课堂语文学习的主人。

一、质疑式教学

这里所说的“质疑式教学”，不是一般意义上的“教师课前提问”或“征求学生意见”，而是指用“问题”（包括问题的发现、提出、钻研和解决）来统帅语文课堂教学，把教师教的过程变为学生学的过程，以此激发学生的学习欲望、钻研兴趣，培养学生的口语能力、思维能力和创造精神。每学一篇新课文，首先不是由我交代学习重点，而是让学生就课文质疑，越多越好。如学《故乡》一课时，全班就课文共提了82个问题，有的涉及思想内容，有的涉及写作手法，有的只是涉及对某一字词句或标点用法的理解。学生一旦质疑，就已经处在主动求知积、积极思维的状态中了。围绕“问题”展开的一系列活动——提问、钻研、讨论、争鸣、释疑等，无不体现了口语训练、思维训练与阅读训练的和谐统一。

二、讨论式教学

学生的提问可分为两大类：一类是比较简单的，不一定与教学重点有关，有的只是涉及基础知识；另一类则是有关教学重点（如思想内容与写作手法等）的问题。前一类问题，可采用“甲问乙答”的方式在短时间内解决。因为这些问题不一定带共同性，往往是一部分学生不懂而另一部分学生则懂。比如讲《七根火柴》，有学生提出了“为什么七根火柴最后只剩下六根”“‘被暴雨冲洗过的荒草，像用梳子梳理过似的’一句是不是比喻”之类的问题，我便让其他能回答的同学“七嘴八舌”地解答，并说出其理由。后一类问题便交给学生，引导学生深入钻研、互相交流，求得解决。教《社戏》时，学生普遍提问：“课文题目是《社戏》，可为什么还写了许多与看社戏无关的事？”“课文标题可否该为《我的乐土》或《我的童年》？”于是，我引导大家思考讨论：哪些内容与社戏无关？这些内容表现了什么？文章的中心是什么？……经过讨论，学生统一了认识：文章是根据中心而不是根据标题选材，《社戏》这个题目强调了“社戏”在文中所起的贯穿情节、联系人物的作用。讨论式教学，也能使思、读、说有机结合，互相促进。

三、感想式教学

每一篇课文，在经过学生的自己钻研、小组讨论、教师总结之后，我都要布置学生上台谈自己学了这篇课文的感想（主要谈学习收获或对课文的独特理解与分析）。这项练习既可训练学生的口语与思维，还能兼顾不同水平的学生。因为谈感想的内容、多少都不限定，成绩好的学生可发表独特见解，甚至不同意老师的分析；成绩一般或较差的学生可以谈自己在思想教育或写作技巧方面的点滴收获，甚至还可以复述老师讲的内容。如讲了《我的叔叔于勒》，学生谈感想的内容有：对“父亲”的分析，对“母亲”的分析，对“我”的分析，认为于勒是值得同情的，分析小说的情节构思，分析小说的结尾，分析小说中的心理描写，分析小说中仅有的两处景物描写，等等。

四、辩论式教学

学生只要善于质疑，乐于深钻，就往往会在课文的理解认识方面出现不少分歧。这实际上是好事，教师抓住时机，组织学生展开辩论，会有助于学生深入钻研课文、运用所学的旧知识。这种辩论是一种语文能力的综合训练，它符合学生的兴趣，能大面积地调动学生的训练积极性。学《陈涉世家》时，有同学认为陈胜起义出于偶然。理由是：假如天不下雨，假如将尉未醉，假如将尉醉后不被激怒……陈胜起义都不会发生。针对这种观点，先后有 40 多名同学站起来反驳：有的从陈胜少时的“鸿鹄之志”谈他反抗的必然性，有的从“天下苦秦久矣”谈“宜多应者”的必然性，有的从看似偶然的“天下雨”“忿恚尉”等现象中分析偶然之中的必然性……从而得出结论：起义的时间、地点、直接导火线可能有某种程度的偶然性，但起义的爆发是必然的。

五、表演式教学

学生在深入钻研课文的基础上，发挥合理想象，将课文改编成小话剧在班上演出。有的是直接再现课文内容，如《皇帝的新装》《制台见洋人》《连升三级》；有的是在不改变原文中心和人物特点的基础上对课文进行延伸性改编，如《变色龙》(续)，表现奥楚蔑洛夫“径自走后”的种种丑态；还有的是将不同课文的人物串在一起，表现一个共同的中心思想，如《范进巧遇孔乙己》。这种表演，不仅仅是演戏，而且是对课文阅读的促进，因为为了更好地改编、表演，无论是对原文的中心把握、人物分析、对话理解，还是编演时的合理想象、新颖构思、大胆创造，都对学生提出了更高的要求。

六、竞赛式教学

教师将某篇课文的教学内容设计成若干答案明确、简洁的竞赛题，上课时，先布置学生自学，然后一律收上书和笔记本，根据刚刚自学的内容抢答教师的试题，最后，由教师总结知识要点。这种方法读说结合，紧张有趣，竞赛时的说（抢答）使学生读得细，记得牢。

以上几种以说带读的教学方法，在使用时并不是各自孤立或随意穿插的，而是互相配合、各有侧重。质疑式教学、讨论式教学和感想式教学组成了一个课堂教学单元的三个环节。质疑—讨论—感想，学生这种在教师指导下读说有机结合的三个阶段构成了我阅读教学的基本课堂结构。辩论式教学往往用于议论文教学或需要学生咬文嚼字进行钻研的文言文教学；表演式教学一般适用于记叙性课文的教学，而竞赛式教学则更多地用于自读课、单元知识总结或单元练习课。

写作训练——以说助写

有了读的借鉴，有了说的铺垫，犹如水到渠成，写相对就要容易一些了。写作训练，我同样力求遵循三个原则：第一，“我手写我口”。要求学生尽量先说后写，说写挂钩。第二，写自己的生活和思想，教育学生务去陈言套话，摒弃华而不实的虚假文风，将踏实地做人与朴实地作文统一起来。第三，把写作训练与多种能力的培养结合起来。

一、由口头作文到书面作文

初一时，针对新生的思想特点，我在班上组织了一次口头作文《怎样才算八十年代合格的中学生》。学生们思维活跃，发言积极。经过我的评讲指导，课后学生们写出了较好的作文。1985 年第 3 期《中学生》杂志上刊登的四篇短文《要有对祖国的责任感》《也要学好音体美》《不做“算盘珠”》《学习深圳人走路》便是这次口头作文的成果。

二、由即兴讲演到随感杂文

在各种专题的即兴讲演中，学生常常迸发出许多思想的火花，通过讲演又整理了思路、完善了认识，在这个基础上，学生往往写出较好的议论文。在一次辩论中，一位女生认为，一般人们爱贬斥牡丹的娇艳、富贵，这是不公正的。“牡丹大胆地展示自己的美何错之有？四化建设中，需要更多的千里马自己展示其才华，不必等候伯乐！”在我的指导下她写了一篇杂文《观赏牡丹的联想》，发表在 1986 年 8 月 12 日的《少年文史报》上。

三、由阅读感想到读书笔记

阅读教学中，我要求学生谈学习感想，并布置学生在课后将其感想简洁而有条理地写在笔记本上。每次我收看学生笔记，都会发现许多感情真实、分析中肯、见解独特的好文章。学了《茶花赋》，某男生在谈读后感时说：“杨朔散文美是美，可构思都差不多。”过后他写了《白璧微瑕——谈杨朔散文的不足》一文，分析比较了杨朔的《香山红叶》《荔枝蜜》《茶花赋》《泰山极顶》等散文在构思立意、情节安排、人物描写方面的异同之处，从而指出杨朔散文存在着公式化的缺点。这位学生的观点也许不尽全面与成熟，但他的钻研精神和怀疑勇气却是可贵的。此文寄到《中学生读写》杂志社，虽然“因涉及名家而不便发表”（编辑语），却受到编辑同志的好评和赞赏。

四、丰富学生生活写好记叙文

如果只注重对学生作文进行纯技巧的传授而忽视为学生提供写作源泉，那么，学生仍然会感到无话可说、无文可写。因此，三年来，我在狠抓口语训练、思维训练的同时，特别注重为学生创造丰富多彩的课内外生活，使学生不仅有了源源不断的写作素材，而且产生了不吐不快的写作热情；不仅完成课内作文，而且在课外还自觉练笔。班上有反映班级生活和学习真情实感、由全班 50 多位学生轮流担任编辑的手抄班级日报《未来》（星期日、寒暑假都不中断），共办 516 期。文学社同学还自办油印社刊《凌云》，共 4 期。毕业前学生们出于对班集体的真诚依恋，写出了近 200 篇纪念文章，不少平时语文成绩并不很好的学生也写得情文并茂，感人至深。这些文章最后被汇集编印成约 13 万字的毕业纪念册，每个学生珍藏一本。

五、联系学生实际写好说明文

学生编辑《未来》手抄报，我便叫学生先说后写《怎样把班级日报办得更好些？》；新学期开始，我叫学生先阅读、讨论，再写《语文第 × 册知识要点》；夏天有学生不愿睡午觉，我便请全班同学写信帮助他——《为什么要睡午觉》；为了让学生过好第一个“五四”青年节，我叫大家写《“五四”主题班会设计》；班上设计了一枚班徽，我便请大家写班徽图案及象征意义说明；编辑《毕业纪念册》前，我又叫大家写《毕业纪念册设计方案》……这些说明文不仅紧密联系学生学习、生活实际，而且实用性很强，使学生感到这不是纯粹的作文，而是学习生活的需要，这样，学生既乐意写，也容易写好。

六、训练学生思维写好议论文

议论文教学是作文教学的难点，尤其是对于不少初中生，写好议论文更是感到“难于上青天”。然而在初二的一次语文学习心理调查中，我的学生普遍反映更喜欢写议论文。正如记叙文训练首先应丰富学生的生活一样，我认为议论文教学首先应教会学生运用科学的思维方式与正确的思想方法，其次才谈得上议论文写作技巧的传授。初二下学期我挤出 10 节语文课为学生开《辩证法浅谈》讲座，每次由我讲半节课时，然后学生议论半节课时，联系日常生活实际运用辩证法。我还向学生推荐《讲故事，学哲学》《通俗哲学》等书，并结合学生的讲演、辩论指导学生用辩证唯物主义的观点看待分析问题。我还经常让学生联系党风、团风、社会风气、改革开放形式等问题展开讨论，引导学生科学地思考生活，辩证地看待社会。多次这样的思维训练与口语训练，为作文奠定了良好的基础，学生写议论文时，自然“下笔如有神”了。

逼问激疑：让问题点燃学生的求知欲

一、逼学生提问

不少教师在备课时，都要结合教学重点精心设计一些提问，这无疑是很好的。但我们更提倡教学问题从学生中来，这样学生在学习的一开始就会处于主动地位，而且能使教师直接把握学生的思维状况，使教学更有针对性。

然而，长期被动学习的学生往往是提不出问题的，或者说即使有问题也不愿提出来。这就需要教师“逼”。最初，我叫学生提问，学生很不习惯，也不愿发言。我便问他们：“这篇课文究竟是我学呢，还是你们学？”学生答：“我们学。”我又说：“一般不懂的才需要学，而不懂的地方就叫问题。既然你们没问题，可见都懂了，我也就没必要讲了！”这种“你不问，我就不讲”的“威胁”让学生感到了危机，也明白了这样一个道理：课文学习的第一步并不是老师“讲”，而是自己“问”。

经过这样一“逼”，学生逐步都能提出一些问题，而且问题还会越来越多。我教《故乡》时，学生提的 82 个问题中，有的涉及课文的思想内容：“文章最后一段该怎样理解？”“在这篇文章中，杨二嫂的塑造起什么作用？”“闰土是受哪些影响和‘我’隔膜起来的？”有的涉及课文的写作手法：“作者用《故乡》作题目有什么好处呢？”“为什么在文章后面还要写海边沙地、金黄圆月？”“杨二嫂和闰土是对比吗？”有的是针对某一句话、某一个词的理解：“怎样理解‘只是他的愿望切近，我的愿望茫远罢了’？”“‘几房本家’是什么意思？”“文章后面写的‘我’的希望时，提到了三个‘辛苦’，这三个‘辛苦’是不是一个意思？”有的是对某一个字提出疑问：“‘我们日里到海边检贝壳去’，这里的‘检’字是不是该用‘捡’？”“‘这次是专门为了别他而来的’，这里的‘他’是不是应换成‘它’？”……我做了一个小小的统计，上学期我教第三册语文时，我的学生就课文共提了 1452 个疑问！

二、教会学生无中生有地发现问题

也有这种情况，有些课文文字浅显，内容易懂，许多学生会觉得没什么问题。这就需要教师引导学生“无中生有”地发现问题：在看似明白晓畅的地方发现其耐人寻味的底蕴，“于不疑处有疑”。

“于不疑处有疑”，最基本的方法是让学生在“不疑处”多想想：“为什么会这样写？”“能不能不这样写？”“还有没有更好的写法？”我以《理想的阶梯》一文为例指导学生发现问题。这篇课文论点鲜明，结构简单，语言朴素。学生初读，好像都懂了。但是，我却在他们都觉简单的地方提出了疑问：“课文的论点是第三段首句‘奋斗，是理想的阶梯’，那么，第一、二段不就是多余的吗？”“在第二段中，三个‘有的……’构成了排比，这三个‘有的……’顺序可不可以换一换？”学生一听，觉得要回答这些问题真还不那么容易，于是深入讨论研究，对课文的结构便有了更深刻的理解。

学生如果具备了这样深入探究的思维能力，即使再简单的课文他们也会以挑剔的眼光提出许多问题。学《说“勤”》时，全班学生对这篇仅仅700来字的自读短文竟提出了100多个疑问：“‘搜集’为何不用‘收集’？”“最后一段为何写这么多？”“标题中的‘勤’为何打引号？”“‘气不馁’是否病句？”“中心论点是哪一句？”“为何不开门见山提出论点？”“第四段可否不要？”“一、二段是否可以合并？”“第二自然段属于哪一部分？”“一、二段可否对调？”“第二段可否删去？”“‘古今……无不成功于勤’起过渡作用，可否独立成段？”“可否举一些反面例子作论据？”“第四段为何详写？”“开头和结尾引用名言是否重复？”“一、二两个分论点，论据为何有详有略？”

三、引导学生善于发现高质量的问题

提问是学习的第一步，因此问题的质量直接关系到学习下一步钻研的深度和最终的学习效果。在提问的积极性被调动起来之后，不少学生会出现为问而问的现象，或者提一些在教师看来十分可笑而怪异的问题。教师当然不能因此而向学生泼冷水，但也应及时引导学生不但敢问，而且善问。

语文教学中的所谓“高质量”的问题，其实就是尽可能地紧扣教材训练内容的问题。这些问题当然也包括生字生词，但更是指单元重点和课文教学重点难点。除了让学生找出有关字词句障碍，我一般是让学生根据不同文体的特点进行思考，进而发现问题。具体要求是——

一般记叙文：①记叙的要素是什么？②记叙的结构是怎样的？③记叙的详略是怎样的？④语言表达方式有哪些？⑤所要表现的中心是什么？

小说：①人物形象有哪些？（外貌、思想、性格、语言等）②故事情节是怎样的？（结构、顺序、线索、细节等）③社会环境又如何？（背景、场所、景物、人际关系等）

散文：①文章的“形”是怎样“散”的？（选材、时空、语言表达等）②文章的“神”是如何“聚”的？（中心、感情、点睛之笔等）③文章的构思如何？（线索、结构、过渡、详略等）

议论文：①中心论点是什么？②论证结构是怎样的？③运用了哪些论据？④采用了哪些论证方法？⑤有什么语言特色？

说明文：①说明对象？②说明特征？③说明条理？④说明方法？⑤说明语言？

学生围绕这些要点来阅读课文，一般来说他们所提的问题也就和教师的教学重点相吻合了。

另外，为了使学生钻研课文更加深入，我还提倡学生对所有课文养成“四问”的习惯。这“四问”是：①写了什么？②怎样写的？③为什么这样写？④还能不能写得更好些？

质疑公开课

在这一节，我想通过我上的一堂公开课来剖析目前盛行的公开课。

1999 年 5 月 6 日，成都市教科所专门为我组织了一次学术活动。在这次题为“语文素质教育现场观摩会”的活动中，我借我校高一五班上了一堂公开课，讲《拿来主义》。

教科所叫我上公开课的目的，主要是让通过课堂教学展示并推广我的语文教育思想。因此，他们反复鼓励我不要有什么条条框框，大胆体现个性。但是，我在设计教学方案时，却仍然顾虑重重。

我选的课文是《拿来主义》。由于这篇课文是学生学过的，因此我思考的第一个问题是，把这篇课文当成新课文来讲呢，还是实事求是地当成旧课文引导学生“常读常新”？如果选择第一种情况，那么教学过程将非常顺利，但那不过是演戏而已，这是我最反感的；如果选择第二种情况，可能教学会困难些，但只要教师引导得法，学生的思维将会被引向深入因而也许会有新的收获。我决定选择后者。

组织学生讨论，引导学生争鸣，这是我一开始就确定的教学模式。但怎样“组织”怎样“引导”？我曾考虑用一个贯穿全文的问题来带动学生讨论，这样的好处是整个课堂教学将会很完整而充满活力；但我觉得这样由我来人为地设置“问题”并不符合学生的阅读认知规律，多少有些表演的成分。思考再三，我决定首先让学生质疑。虽然这是学生学过的课文，但鲁迅的文章比较深，学生肯定还会有不少以前就没有完全弄懂的问题和这次重读时发现的新问题。让学生提出问题，再引导学生讨论、争鸣。在我看来，这样充满思想交锋的教学过程最真实自然，也是最理想的教学境界。于是，我初步考虑将课堂结构分为两部分：先让学生就不懂的问题展开讨论，再让他们谈谈在今天应该怎样看待“拿来主义”。总的原则是鼓励学生质疑问难，培养他们的创新思维。

可是，我不只是给学生上课啊！还有几百位听课的老师啊！我这样上，他们会不会认为我“教学不完整”“重点不突出”，甚至根本就不像语文课呢？一味让学生质疑，会不会被认为是“放弃了教师的主导作用”呢？思来想去，我决定“走钢丝”——一方面在教学中大胆让学生质疑，包括对教师甚至对鲁迅的质疑，以体现我一贯倡导的教学精神；同时另一方面，考虑到这毕竟是公开课，我还是应适当照顾一下老师们的各种“口味”，在教学设计上做些妥协，比如，我准备在让学生质疑问难前，先引导学生回顾一下这篇文章的基本结构、思想内容、写作特点等，以体现出课堂教学的“完整性”。

于是，我决定把这堂课的结构分为三个阶段：第一个阶段，让学生回顾所学过的知识，请他们对课文进行结构分析，并概括本文的论证特点（比喻论证）；第二个阶段，让学生就他们重读《拿来主义》所发现的新问题提问，并展开讨论；第三阶段，让学生围绕“我们今天应该怎样实行‘拿来主义’”的主题自由发言。

尽管如此，我仍然有不少顾虑。直到上课前，我碰到我校研修室徐敦忠老师，我还在顾虑重重地对他说：“我就怕人家说我的课不像语文课！”

他鼓励我："不要怕，就是要突出你李镇西的个性！就是要把一些条条框框冲破！"但是，为了"保险"起见，我在心里告诫自己：学生发表意见时，一定要提醒他们务必紧扣课文！

公开课正式开始了。首先是引导学生回顾课文的内容和写法，这一步骤进行得十分顺利。第二步是让学生质疑问难，我很欣慰学生居然提出了不少问题，比如"为什么梅兰芳、徐悲鸿进行文化交流就是'送去主义'？""本文'拿来'的对象是指外国文化还是指本国文化？"而且，学生之间的讨论、争论也比较热烈。

特别令我高兴的是，学生敢于在课堂上和我争论——在辩论"本文'拿来'的对象是指外国文化还是指本国文化"这个问题时，我认为鲁迅是针对外国文化提出"拿来主义"主张的。但马上就有学生站起来驳斥我，以"充分"的理由说明本国文化遗产才是鲁迅"拿来主义"的"拿来"对象。后来，由于时间关系，我考虑到还有第三个步骤还没进行，便"果断"中止了争论。

在第三个阶段让学生漫谈对"拿来主义"的新认识时，学生的思维也非常活跃。有的提出在今天"拿来"和"送去"都是应该提倡的；有的提出现在不能随便"拿来"，还得考虑知识产权；有的提出"拿来主义"同样适用于人与人之间的关系，要互相学习；有的提出在世纪之交的今天，光"拿来"还不行，更重要的是"拿来"后还应该创新……

这堂以鼓励学生质疑问难，引导学生思想碰撞为特色的公开课受到教科所同志的高度评价，绝大多数听课老师也予以好评，我自己也给这堂课打 80 分。

但是，我也听到了不同的看法。有的老师说："这堂课究竟要解决《拿来主义》这篇课文的什么重点？我们听了感到茫然。"有的老师说："整个课堂几乎都让学生讨论，那么教师的作用何在？"有的老师说："课堂结构不完整。"有的老师说："让学生争来争去，答案究竟是什么，老师还是应该给学生以明确的结论嘛。"有的老师说："这还叫语文课吗？"……

我引用以上不同看法，一点没有指责这些老师的意思，因为孤立地看，每位老师的意见都不无道理。问题在于当这些老师把这些意见同时作为公开课的标准来要求我的时候，这"标准"就显出了某种荒谬性。

公开课究竟应该有什么样的标准，其实谁也说不清楚。但是，多年来的公开课（包括各级各类课堂教学比赛）已经在人们心目中形成了一个思维定式，那就是一堂优质的公开课必须是"完美"的。

为了这个“完美”，公开课就越来越失去了个性。对相当多的公开课承担者来说，备课是教研组的集体行为，大家提意见，人人当参谋，本来也是一件好事，为了“完美”，公婆的话都不得不听一点。但这样一来，公开课实际上已不是某一教师自己上的了，而是体现了“集体智慧的结晶”，任课者个人的风格已几乎不存在了。相反，一些真正有个性的公开课，往往在赛课中榜上无名。

为了这个“完美”，公开课就越来越变成了表演。可以这样说，几乎所有稍微有点档次的赛课，在正式比赛前教师都要试讲一遍甚至几遍。试讲之后，由教研组帮着反复“锤炼”。有的还会在试讲时录像，然后对着录像“精心雕琢”。于是，在正式比赛时，只是把已经彩排过多遍的戏再表演一次而已。如果所上课文学生本身就是学过的，教师上课时又当成新课文来教，其表演的成分就更明显了。这样的课，还叫语文课吗？

为了这个“完美”，公开课就越来越讲究形式。开头说什么话，中间安排个什么小技巧，“亮点”安排在什么地方，结尾设计个什么“高潮”，每个环节需要多少时间……总之，公开课就是越热闹越好，越花哨越好，越“严谨”越好，越“精巧”越好！另外，老师在准备公开课的时候，很多时候考虑的是“时尚”：比如上面提倡使用电教手段，于是，可能就为使用录音机而设计一段朗读或为投影设计一个环节；最近多媒体教学热门起来，于是很多公开课就生硬地把电脑搬进课堂，以显示“现代教学”。

这样的公开课的确很“完美”，但是不但很难推广，而且上课者本人也不可能在平时堂堂课都这样上——那多累啊！

不仅仅是累，更为可怕的是，这样的公开课助长着越来越严重的弄虚作假。正如不少教师所说的那样：“现在的公开课越上越假！”这一方面从根本上有违教师道德，另一方面等于是公开地给学生进行作假示范！

这样的公开课，早就应该废止了！

可能有读者会问：“您上的《拿来主义》这堂公开课有没有虚假成分呢？”

其实，我以自己这堂课为例来“质疑公开课”，就已经说明了我这堂课也是有“表演”成分的，这也是我在前面对这堂课只打 80 分的原因。

比如，我的第一个步骤让学生回顾《拿来主义》的结构、思想内容和写法特点，就纯粹是为了表示“课堂结构完整”而给听课老师作的“表演”。其实，说心里话，我觉得这一步纯属多余，简直白白浪费时间。如果我一开始就让学生质疑问难，学生活动的时间会更充裕的。可是，想到听课老师，我终于还是如此画蛇添足。

在当天下午的报告会上，专程前来为我助阵的全国著名特级教师、上海建平中学程红兵先生也指出了我这堂课的一些不足。他说："学生对李老师的意见提出不同看法，这正是这堂课精彩的地方，但遗憾的是，李老师没有能以充分的时间让学生展开争论，而是很快亮出了自己的观点，便匆匆结束了这场争论。为什么不索性让学生畅所欲言呢？可能李老师是担心下一个教学环节时间不够，但既然学生的思想火炬已经燃烧起来，就干脆让它燃烧嘛！"

说实话，程红兵先生的这个批评的确击中了我的要害。可我也有苦衷啊！这个苦衷就是因为我是在上"公开课"！如果是平时上课，我当然可以顺势让学生好不容易才燃起来的思想火花继续燃烧下去，哪怕没有完成本课教学任务也不要紧。可这是"公开课"啊！下面听课的不仅仅是程红兵和非常理解我支持我的市教科所老师，更有几百位老师呢！所以，我必须要有"观众意识"，必须给他们一个"完整"的课堂形象，于是，我不得不中止与学生的争论，而进入下一个步骤。在我的潜意识里，正如程红兵所批评的："可能李老师觉得自己辛辛苦苦准备了那么多内容，不展示完就不甘心！"这一来，我的课是比较"完整"了，但学生的思维翅膀却也被很"完整"地斩断了！

这就形成了对这堂课的三种评价：大部分的成都老师认为我这堂课"充满改革气息"和"现代意识"，我自己却觉得在"改革"和"保守"之间寻求平衡，而来自上海的程红兵则认为："从这堂课来看，李镇西老师是一个革命者，但还不是一个彻底的革命者！"

我所在语文组的一位年轻女教师说："李老师，您都到了这个份上了，还怕什么？真应该无所顾忌，想怎么上就怎么上！"她的意思是说我现在至少在成都地区是有一定影响的知名教师了，完全可以随心所欲地展示个性。但我回答道："平时可以，但公开课我还是不敢彻底放开。"

她马上说："您这么高的知名度，尚且还有这些顾虑，我们就更可想而知了！您想想，您这样上《拿来主义》，人们都说您是改革，可如果我们也像您这样上，别人会怎么想？人家肯定要说：'起码的教学规矩都没有，居然还敢上公开课！'"

听了她的话，我无言以对。的确，我不应该责备我们的老师在上公开课时的"表演"，因为他们不得不表演——种种有形的和无形的社会压力需要他们这样"表演"啊！

但这样虚假的"完美无瑕"的公开课至今还在不停地展示着，这究竟给我们的语文教育带来了什么后果，难道不应该好好反思反思吗？

在上了《拿来主义》公开课不久，我在自己班上了几节令自己很满意的课（《记一辆纺车》《我的小桃树》《成功的秘诀》《福楼拜家的星期天》）。之所以“很满意”，唯一的原因就是我在课堂上真正做到了以学生为主体。具体说，就是让学生思想的火花随心所欲地迸射，让学生心灵的翅膀无忧无虑地飞翔。

以教《我的小桃树》为例——

课一开始，我让学生齐声朗读这篇课文。读完之后，我让学生自由发表意见：可以是就不懂的问题提问，可以是谈自己的感受，也可以是就自己最喜欢的某一点做简要分析。

学生问的第一个问题是：“为什么中间作者要写自己‘脾性也一天天坏了’，‘心境似蒙上了一层暮气’？”如果按教师的教学程序，显然不应该从这儿讲起，因为这个问题并不是教参上确立的重点和难点；但至少对于这个学生来讲，这个问题就是他的“难点和重点”。我当然就得顺应学生。于是我把这个问题交给学生讨论，于是，学生纷纷发表自己的看法。

我高兴地看到，在学生自由发言的过程中，他们的思考竟然远远超过了我的想象。他们有的着重分析“我”所遇到的挫折，有的着重谈“小桃树”的象征意义，还有的谈“奶奶”对“我”的影响……多数人认为，这里，作者是在强调“小桃树”对自己的一种精神激励。

于是，新的问题又涌出来：关于“奶奶”，关于“小桃树”，关于“我的梦是绿色的”……在学生无拘无束的讨论中，或者是一个学生的话引起了大家的共鸣，或者一种观点引起了不同的看法，或者是学生之间的碰撞，或者是学生和老师的辩论……总之，整个教室弥散着浓浓的学术氛围，大家都感到了一种交流的快乐。

还不仅仅是交流的快乐，更有发现的喜悦——“我觉得‘我’眼中的小桃树，就像奶奶眼中的‘我’。”“‘它长得很委屈，是弯弯头，紧抱着身子的。’这是写小桃树，也是写作者自己。”“作者把题目由原来的‘一棵小桃树’改成‘我的小桃树’，更能表达对小桃树的感情。”“倒数第二个自然段最让我感动，作者把风中摇曳的花苞比作‘像风浪里航道上远远的灯塔，闪着时隐时现的光’，我读着读着感到一种向上的力量。”“我最喜欢文章最后几句，作者对着小桃树倾诉自己的感情，其实也含蓄地表达了作者对理想的追求。”……

学生的每一个发现都令我惊喜，虽然这一切都不是我预设的，但我感到了学生是用自己的心灵感受作品，他们不是通过我的解说而是自己直接与作者对话。学生的提问和分析也许很肤浅、很幼稚，但这一切都是属于他们自己的收获而不是我的灌输。

上这样的课我也十分轻松愉快，因为我的眼前没有“评委”只有学生，我也不必有一种紧迫感，老惦记着把我准备的货色匆匆灌给学生。在这样的课堂上，我的所谓“主导作用”只是给学生提供一个自由论坛，或者说我只是一个学生思想海洋的推波助澜者——我适时巧妙地在学生心灵的海洋上掀起一个又一个思维的浪花；同时，我的心灵也被这些新鲜的浪花所沐浴着……

当时，课堂上也有两位不期而至的听课者。一位是本校的老师，另一位是临时前来采访的《华西都市报》记者。他们均对我这堂课赞不绝口。那位记者说：“我感到这堂课有一种行云流水一般的美！”我说：“我正是想在阅读教学课堂中，追求一种学生思维的行云流水的美！”

可是，如果是公开课，我敢这样上吗？

以前我不敢，现在，我倒很想试试。

我想以这样质朴、真实、自然的公开课，呼唤语文教学的个性，更呼唤语文教育乃至整个教育的实事求是。

用感情融会感情，让思想碰撞思想

——《冬天》教学课堂实录

时间：2003 年 4 月 15 日

地点：郑州铁路二中

学生：郑州铁路二中初二学生

2003 年 4 月 15 日，我应邀到郑州铁路二中讲学，做完报告，校长突然给我提出一个请求，希望我能够为他们学校的老师上一堂语文课。这可把我难住了，因为我毫无准备，连教材都没有带。但校长的热情真让我不忍拒绝。于是，我对校长说：“这样吧，我从我的笔记本电脑中选一篇课本外的文章来上，好吗？”

打开电脑，我选中了朱自清的《冬天》。这是我非常喜爱的一篇散文，多次给我的学生朗读。于是，我决定第二天就讲《冬天》。虽然没有这篇文章备课资料，也没有其他任何教学参考资料，但我想，只要我把学生调动起来，真正形成师生之间、学生之间的对话，我的课就算成功了。

下面，就是我根据教学录像整理的课堂教学实录。

“同学们，你们好！今天我们一起来学习朱自清的一篇散文——”我一边说一边在黑板上写下两个大字：冬天。

因为是借班上课，面对第一次接触的学生，我必须先给他们讲讲我的教学思路，于是我说：“我们怎样来学这篇文章呢？这是一篇自读课文，我打算和同学们一起来研究探讨这篇文章。同学们第一次接触我，对我也不太了解，我对你们也不太了解，不过不要紧的，尽管是公开课，但咱们也不要刻意追求什么‘高潮’什么‘热闹’，我追求的关键，是我们每一个人的心是不是走进了课文。我经常在想，怎样才算是读懂了一篇课文呢？我不知道同学们想过这个问题没有。”

我稍微停顿了一下，看到学生们都目不转睛地望着我，我知道他们已经开始和我一起思考了。于是，我接着说：“我先把我的观点讲一讲。对一篇课文，怎样才算读进去了呢？我认为，第一，读出自己；第二，读出问题。所谓‘读出自己’，就是从课文当中，读出自己所熟悉的生活或场景，读出和自己思想感情相通的某一个情节或人物形象，甚至读出触动自己心灵的一个时代或一段历史……举个例子，比如有人读《红楼梦》会流泪，几百年前的《红楼梦》和现在的读者有什么关系呢？这是因为读者从中读出了某些和自己感情相通的东西，所以要流泪。这叫‘读出了自己’。又如，李老师看过一部电影，叫作《我的兄弟姐妹》，大家看过没有？”

学生们纷纷答道：“看过！”

“大家看的时候流泪没有？流泪的同学请举手。”我一边问一边注意清点举手的学生，“嗯，流泪的同学很少。但是，李老师看的时候流泪了！为什么？因为影片所反映的那段生活，就是李老师的童年时代！你们看的时候，只是把它当电影看，而我却看得流泪，因为我读出了自己——这就是所谓‘共鸣’！同学们，‘读出自己’就是欣赏。”

我看到已经有不少学生情不自禁地会意点头，便接着说：“除了‘读出自己’，我们还要‘读出问题’。什么叫‘读出问题’呢？这就是研究。对于没有读进去的人，是提不出任何问题的。假如现在拿一本关于基因的书给我看，或者拿一些最新考古方面的书给我看，一个问题都提不出来，这并不说明我读懂了，我提不出任何问题，恰恰证明我根本看不懂！但是，如果拿一本我教过很多遍的语文书给我，我可以提出很多问题，而且问题是越来越多，为啥？因为我读懂了。所以，问题越多，恰恰证明你读懂了。因为你已经在以研究的眼光去读课文。‘读出问题’，还包括质疑。面对课文，面对作者，当然也包括面对老师，没有什么是不可以质疑的！同学们对某一段话不理解，或者对某一句话甚至某一个词不理解，都可以提出来研究。我刚才说了，‘读出问题’，就是‘研究’。那么今天，我们就以这样的态度——读出自己，读出问题，来学习《冬天》。”

然后，我问大家："这篇文章，同学们以前读过没有？"

学生们回答："没有。"

"没有读过？哦，李老师却特别喜欢这篇文章。这样，对于这篇文章，我先不忙读，而由你们先读一遍。不要齐读，而是自己按自己的理解去读，同学们也许会读出些味道的。好，现在大家开始读吧！"

学生们开始朗读。我来回巡视，不时提醒没有大声朗读的学生读起来。

我看到一位同学一边读一边勾画，便走到他身旁表扬他："这位同学做得非常好！他一边读一边勾。大家要向他学习！"

五分钟过去了，学生们朗读的声音渐渐小了，显然，绝大多数学生都已经朗读完毕。于是我说："好，刚才同学们读了一遍。下面，李老师也给大家读一遍，请大家认真听。注意，朗读本身就是一种理解。刚才我听有的同学读，我就感到他没有读进去，他只是在发音。其实，当你在读的时候，就已经表达出了自己的理解——抑扬顿挫，哪些地方舒缓，哪些地方急促，都体现了你对课文的理解并加进了你的感情。同样，下面李老师的朗读，也体现了李老师的理解并加进了我的感情。请同学们在听的时候，拿起笔，把课文中最能打动你心灵的语句勾画一下。"

"说起冬天，忽然想到豆腐……"我开始朗读。这篇文章虽然不是语文教材中的文章，但我已经给我历届学生读过多次，每读一次，都有新的感受。今天，当我再次朗读的时候，朱自清文中那朴素而温馨的情感气息扑面而来，也洋溢在教室里，感染着每一位第一次读到这篇文章的学生。"无论怎么冷，大风大雪，想到这些，我心上总是温暖的。"读完这最后一句，我久久没有说话，学生们也没有任何声息，大家仿佛都忘记了自己的存在，而沉浸在了朱自清所营造的爱的氛围里……

我终于打破了沉寂："今天李老师之所以选这篇文章给大家讲，当然是因为我很喜欢这篇文章，我每读一遍都有新的感受。现在我想听听同学们的感受。”我稍微停顿了一下又说：“好，我们现在就按照刚才我说的‘读出自己’‘读出问题’的顺序来交流一下各自的体会。先看‘读出自己’。邻近的同学可以交流一下，哪些语句最能打动你的心扉，哪些语言最能扣动你的心弦？”

学生们开始交头接耳地互相交流，教室里呈现出活跃的气氛……

“好，我们现在请几位同学起来给大家谈谈自己最欣赏的语句。好吗？”我对全体学生说道。当一位女学生举起手时，我对她说：“好，先请这位女同学说说。”

她站了起来：“我最喜欢的是这一句：‘这是晚上，屋子老了，虽点着“洋灯”，也还是阴暗。’我读到这一句，想象朱自清和他父亲一起吃豆腐，屋子虽然很暗，但亲情却很浓。我想起了我父亲给我讲过的他小时候吃豆腐的故事。那种亲情很能引起我的联想和共鸣。”

“好，请坐。”当她坐下后，我对全班学生说道，“她说她父亲给她讲过类似的生活，让她产生了共鸣。我不禁感慨，现代科学技术日新月异地发展，使人与人之间心灵的距离迅速地拉大。在现代家庭，到了晚上，一家人都各做各的事情。像你们，可能是做作业，爸爸妈妈呢可能是看电视。在这种情况下，我们多么怀念那种吃豆腐的生活呀！所以，朱自清这篇文章就勾起了我对一种久违了的温馨人情味的回忆。好，哪位同学再说说？”

一位女同学站起来说：“我对这几句特别感动：‘外边虽老是冬天，家里却老是春天。’我感到这句话特别温馨！”

“呵呵，我真是感慨万千，真想和你握握手呀！”我情不自禁地说道。学生们和全场听课的老师们都大笑了起来。“为什么呢？因为我也特别喜欢这一句！好，咱们握个手吧！”我走上前去，和这位同学紧紧握手。“这叫共享！”全场鼓掌。

这位女同学继续分析道：“虽然是在冬天，他们住的地方人也少，冷清，但一家人却，却……”可能因为紧张，这位女同学竟然说不下去了。

“好，请坐下，你不用说了。”我充满理解地对她说，“有时，感动是难以言说的！”

可是她居然并没有坐下，而是补充道：“还有一句，我也很感动：‘这是晚上，屋子老了，虽点着“洋灯”，也还是阴暗。’屋子虽然简朴，但很温暖！”

我鼓励她说：“很好很好！这位同学非常会鉴赏！”

另一位学生发言说："我最喜欢第一段的最后一句：'我们都喜欢这种白水豆腐；一上桌就眼巴巴望着那锅，等着那热气，等着热气里从父亲筷子上掉下来的豆腐。'我读出了一位慈爱的父亲，他是多么慈祥地为孩子夹豆腐。还有孩子饿了的时候那急切的心情，眼巴巴地望着那锅。这一细节特别形象，特别……"

"特别传神！是吧？"我补充道，"寥寥数语，却把孩子那眼巴巴的神态写得非常形象。"

她使劲地点头："对对。还有第二段的最后一句，'P 君听说转变了好几次，前年是在一个特税局里收特税了，以后便没有消息'。就这么淡淡的一句，写出了思念朋友的惆怅，多年前的好朋友没有了消息。冬天总是令人想起往事，令人惆怅。"

"很好！请坐。后面那位举手的同学请说！"我又抽了一位学生。

"我觉得第一段很好，这一段与我过去看过的一部电影很像。这部电影叫《我最中意的雪天》，是荷兰故事片。写了一个家庭非常温馨的情景。我的家庭也很温馨，所以我对这一段感触颇深。"

"好呀！那你也可以写一篇以你家温馨生活为内容的《冬天》！"我说，"这位同学由这篇散文联想到了自己看过的电影，进而又联想到自己的家庭。这也是一种'读出自己'！"

我看到一位女生把手举得高高的，表情非常急切，便请她发表意见。她先读了文中的一段文字："父亲得常常站起来，微微地仰着脸，觑着眼睛，从氤氲的热气里伸进筷子，夹起豆腐，一一地放在我们的酱油碟里。"她停了一下说："读到这一句，我特别感动，引起了我的共鸣。因为这让我想起了，我和家人在吃饭的时候……"她突然说不下去了，眼泪已经流了下来，但她稍微顿了一下，还是带着哭腔继续说："爸爸，爸爸，总是把，把……最好的菜往我碗里夹……"

她又说不下去了，只是抽泣，看着她那流泪的脸庞，全场的人都感动了，掌声响了起来！

她平息了一下情绪，接着说："还有'我们都喜欢这种白水豆腐；一上桌就眼巴巴望着那锅，等着那热气，等着热气里从父亲筷子上掉下来的豆腐'这一句，也逼真地写出了孩子急切盼望的心理。另外，还有一句我很感动。就是第三段的那一句：'似乎台州空空的，只有我们四人；天地空空的，也只有我们四人。'还有'楼下厨房的大方窗开着，并排地挨着她们母子三个；三张脸都带着天真微笑地向着我'。读到这里，我想起了每当我放学回家打开门的时候，爸爸妈妈总是微笑着看着我。”

她的发言让我也很感动：“非常好！我觉得这位同学不只是一个善于阅读的人，她首先是一位非常孝顺的孩子，是一位非常善于感受爱的孩子！想一想，她由朱自清的文章想到自己爸爸给自己夹菜。可是我们有的同学也许就不是这样想的，面对饭桌上爸爸妈妈给自己夹菜，他们不能理解父母，甚至可能会埋怨父母：‘烦不烦呀？’我经常给我的学生讲，什么叫孝心？每天按时回家，不要让爸爸妈妈在阳台上张望自己，就是最大的孝心！而这位同学就是一位非常有孝心的孩子！”我突然提高了声音：“让我们向她表示敬意！”

如雷的掌声再次响起……

我继续引导：“同学们看，上面几位同学就叫‘读进去了’！他们所说的，都不是我分析出来的，也不需要我分析。同学们只需要用自己的心尽可能贴近作者的心就行了！把自己摆进去，就会发现文章中很多地方都能引起共鸣的。——还有没有同学要说呀？好，请这位男同学发表看法。”

一男生：“我读了全文，最后一段，也就是最后一句最能打动我：‘无论怎么冷，大风大雪，想到这些，我心上总是温暖的。’因为我由这一句想到了我的班级生活，也是充满温暖的；我还想到过去初中的同学，虽然现在我已经上高一了，但常常想念初中的班级生活，想起来就感到温暖。”

“好，这位同学由文中的语句想到了班级生活，这也叫‘读出了自己’。”我刚评论完，就看到又有许多手举了起来，我说：“是呀，这篇文章可圈可点的地方实在太多！举手想发言的同学还有很多。由于时间关系，我们不能听更多的同学谈他们的感受，但仅以上同学所提到的文中精彩之处，就足以让我们获得一种美的享受！同学们体会到的更多的美，大家还可以在课后继续交流。”

刚才举手的学生带着遗憾的表情把手放了下去。于是我说：“除了欣赏之外，我们还要进行研究，同学们同样可以发表看法的。哪些同学有什么问题呢？甚至不喜欢这篇文章的同学也可以大胆地提出自己的质疑。我们这是一个自由论坛，不喜欢这篇文章的同学，也可以说说自己不喜欢的理由。或者有同学感到文中有不太懂的地方，也可以提出来。总之，什么问题都可以提！好，有同学举手了。请！”

一位男生说：“第二自然段中有这样一句：‘我渐渐地快睡着了。’我觉得这‘渐渐’和‘快’叠在一起有些不太通顺。”

“嗯，‘我渐渐地快睡着了。’你觉得不太通顺。那么其他同学同不同意他的观点呢？”我没有急于解答这位学生的问题，而是先把目光投向全体学生，“呵呵，同学们提出问题，不要都等着我来解答，你们也可以动脑筋，你们也可以解答的。嗯，没有不同意见，那说明大家都同意这位同学的质疑。那我说说我的看法吧！我认为，这句话按现代汉语的标准来看，‘渐渐’与‘快’放在一起，是不太规范。但是大家要注意，这篇文章写于新文化运动开始不久，白话文还不是很成熟的时候。类似的语言现象，我们在读鲁迅的文章时，读冰心早期的作品时，都可以发现。因此，我认为，似乎不必苛求。好，还有啥问题呀？”

又一位男生站了起来：“我发现这篇文章通篇并没有写到冬天，好像有些文不对题。这是为什么？”

“嗯，这位同学认为本文通篇都没有写冬天，文不对题。我认为，这位同学提出的这个问题非常具有科研价值！”我笑着这样评价他的提问。

全场大笑，这位男生也有点不好意思地笑了。

我认真地说：“那我们就来研究这个问题吧！请大家都发表自己的看法。”

一女生说：“我不同意他的说法。因为他没有读进去，没有‘读出自己’。”

全场又大笑。

她继续说：“朱自清主要是着力写感情，而不是写景。同时这种感情的表达是很含蓄的，而不是张扬的，因此，他的文章不是水样的文章，而是酒样的文章！”

我说：“好，这是你的看法。还有没有同学有其他理由呢？”

另外一女生举手发言说：“《冬天》在这里不只是为了单纯写冬天，我觉得朱自清写冬天是为了写出对过去往事的怀念，对友情亲情的怀念。而这些体现友情亲情的事都发生在冬天。所以用《冬天》这个题目。”

“好，我认为她说得非常好！就是说，这几件事情都是发生在冬天。”我一边评价她的发言，一边看了看刚才提问的那个男生，他摇了摇头，“哦，好像刚才提问的那位同学还是不同意，好，你说吧！”

他反驳道：“刚才第一位同学说得好像有点不太对吧！所谓含蓄并不等于不表达清楚自己的观点呀！比如你到珠宝行去，一个劲地说这戒指非常漂亮非常漂亮，可别人仍然不知道你是想买还是不想买呀！”

我问他：“那么刚才第二位同学说这几件事都发生在冬天，所以以‘冬天’为题，你同不同意这个观点？不要紧的，你实话实说，我非常欣赏你坚持自己观点的精神。这不叫固执，没有想通就是没有想通嘛！”

“还是不同意。”他说。

我问："为什么？"

"因为即使这些事都发生在冬天，但既然以冬天为题，还是应该有一些写冬天的句子才好。"

"哦，你认为还是应该直接写冬天，就像《济南的冬天》一样，是吧？那么，这篇文章究竟写冬天没有呢？"

多数学生纷纷说："写了。"而且不少学生举起了手。

"你看，又有不少同学要反驳你了。好，那位穿红衣服的同学说。"

被叫的女生发言说："我想说，这篇文章所写的都是生活中非常平淡的小事，而且熔铸的感情也不是什么惊天动地生离死别之类的，而是一种非常平凡而朴素的情感，但这种情感在严冬的衬托下，特别温暖。"

我又抽一位举手的学生发表看法，她说："我想补充的是，作者以'冬天'为题，是因为这几件事不但都发生在冬天，而且这几件事都给作者以温暖的感觉。"

我追问："为什么会给作者以温暖？"

"因为这些亲情友情令作者怀念，特别是在寒冷的冬天，作者想起来就特别温暖。这种心中的温暖与自然界的冬天形成反差，是一种衬托。"

我点头道："嗯，她又说出一个理由：以'冬天'为题不仅仅是因为所写的事情都发生在冬天，而且更因为以冬天为背景，更能反衬出这些小事的温馨。"

我转身问那位提出问题的同学："请问这位同学，你同不同意她的观点：以冬天的寒冷，反衬出家庭和友情的温馨？"

他点头说："嗯，我基本同意作者以冬天来衬托家庭和友情的温暖。"

"好，他基本接受了那几位同学的观点。这种勇于服从真理的精神更加可贵！"我忍不住拍了拍他的肩膀。

大家都笑了起来，并报以热烈的掌声。

"语文课应该充满思想的碰撞，这种碰撞不仅仅是老师和同学之间的碰撞，同学之间也可以碰撞。我还想补充一点：刚才这位同学说文章没有写到冬天，其实，文章是写了冬天的，只是很少像《济南的冬天》那样直接描写冬天的景物，但文章通篇不时都在提到冬天：'说起冬天'，'又是冬天'，'在台州过了一个冬天'，特别是最后一句：'无论怎么冷，大风大雪，想到这些，我心上总是温暖的。'你们看，这几天有大风大雪吗？呵呵，没有。所以，这篇文章是写到了冬天的，只不过是把冬天作为背景来写的。"

我继续问："还有其他什么问题吗？好，这位男同学请说。"

一男生说：“作者这样写：‘妻也惯了那寂寞，只和我们爷儿们守着。’这话是什么意思？”

“好，请问有没有同学能够帮他解答？无人解答？”我忍不住开了个玩笑，“嗯，关键是同学们现在还没有这个体会啊！”

学生们开怀地大笑起来。

一女生举手发言说：“我理解，朱自清是刚搬到这里的，他这里是想说明他们在这里人生地不熟，正因为这样，一家人才显得很温馨。”

我问：“你的意思是说，朱自清这里写寂寞都是为了铺垫，正是在这寂寞中，一家人的心贴得更紧了。是吗？”

“是的。”她点点头坐下了。

又一女生站了起来：“对这句话，我的理解是，那时候，他们不像我们现在有许多消遣，他们没有电视看，没有电脑玩——那时的社会背景就是那样，所以他们一家人只能团坐在火炉旁，心贴得更紧了，彼此互相温暖着。”

“嗯，很好！我完全同意你们的理解。看，我想说的话都被你们说完了。”

一男生举手问：“第二自然段说：‘殿上灯烛辉煌，满是佛婆念佛的声音，好像醒了一场梦。’我想问，他们醒的是哪一场梦？”

“好呀，我们来研究一下：‘好像醒了一场梦。’是怎么回事呢？谁能回答？”

沉默。学生们都在思考。

一位女生举手了：“前面写的环境一直非常安静，作者和朋友在一起心境恬静，冬天的西湖游人也很少，后面到了寺里面，就很嘈杂，还有佛婆念佛的声音也很大，所以就像一场梦醒了。”

我补充道：“是的，刚才作者和他的朋友在湖面上已经陶醉了，快睡着了。现在一下来到这喧嚣的地方，好像梦被吵醒了。这里是个对比。是吗？好，请坐。”

又一位男生提问：“‘回来的时候，楼下厨房的大方窗开着，并排地挨着她们母子三个；三张脸都带着天真微笑地向着我。’我不明白，‘她们母子三个’为什么要对着‘我’笑。”

“是呀，为什么要对他笑呀？呵呵呵呵……”我忍不住笑了起来。

学生们也笑了起来。

我首先表扬这位提问的学生：“我很赞赏这位同学，他有问就提，他不因为这个问题可能比较简单就不提。谁能够回答这个问题呀？”

一女生说：“我觉得这是一个很平常的亲情，因为每次我回到家里，爸爸妈妈都会对我笑：‘回来了？’”

“是呀！”我对那位提问的男生说，“你回家的时候，你爸爸妈妈没有对你笑？笑不笑呀？”

众笑。那位提问的男生点头，小声说：“也笑的。”

“这就对了！你爸爸妈妈对你的笑和朱自清这里写到的笑是一样的——看到自己的亲人回来了，笑容就会情不自禁地洋溢在脸上。”

学生们大笑。

“好，那位举手的男同学还要提什么问题？”

“第一段的第二行：‘仿佛反穿的白狐大衣’，我觉得这里用‘白狐大衣’的比喻不太恰当。还有这一段最后一句：‘等着热气里从父亲筷子上掉下来的豆腐’，这里的‘掉’字，我感觉也不太恰当。”

我说：“白狐大衣这个比喻是否恰当，当然是可以讨论的。我理解，这里是取其白而滑。白狐大衣外面是光滑的。当然我也没有穿过白狐大衣。（众笑）这只是我的想象。另外，关于这个‘掉’字，应该说这里写的是一种很自然的状态，从‘筷子上掉下来’，当然是不是还有比掉更好的字，大家还可以研究。大家还有没有其他问题呀？”

举手的人越来越多。

“哟！想提问的人越来越多了！呵呵，但是我不问了，（众笑）因为快下课了。不过，我看到你们那么多的人举手想提问，我就感觉我这堂课上得特别成功。呵呵！（众笑）为什么呢？你们‘读进去’了嘛！尽管问题越来越多，但我的任务并不是把你们所有的问题都解决，我也不可能都解决，刚才同学们提的许多问题都不是我解答的。我的任务是开启你们思想的闸门，点燃你们思想的火炬！让你们真正‘读进去’。其实，你们问我的问题我并非都能解答的，比如刚才有同学私下问我：‘李老师，阿弥陀佛的生日是哪一天呀？’（众笑）我真还没有想过这个问题，我的确不知道阿弥陀佛的生日。但我可以下来查有关资料，下次如果我再讲这篇文章就可以告诉我的学生了。不过，我这里想顺便问问，在座有没有同学知道阿弥陀佛的生日是哪一天，或者哪位听课的老师知道，帮助我解答一下？”

没有人举手，我正想结束教学，突然一位男生举手了。

“好，请这位男同学回答。”

他站起来大声说：“是阴历十一月十六日！”

我正想问他的依据何在，却看到他刚才是在读文中的一句话，我恍然大悟：“嗯？啊，对了，文章中前面有一句话：‘记得是阴历十一月十六晚上。

跟S君P君在西湖里坐小划子'，这不就是答案吗？”

全场鼓掌！

“哎呀，你这个回答提醒了李老师：我读得是多么粗心啊！在这一点上，你超过李老师了！同学们，陶行知有一句话：先生之最大的成功，是培养出值得自己崇拜的学生。现在我就崇拜他！”

全场大笑，掌声如雷。

“最后还有几分钟——啊，其实没有几分钟了——我简单谈谈我的体会。同学们应该注意这篇文章中的细节，要善于关注细节！吃豆腐，‘眼巴巴望着那锅’是细节；划船，‘我们都不大说话，只有均匀的桨声。我渐渐地快睡着了’是细节；还有‘P君“喂”了一下，才抬起眼皮，看见他在微笑’也是细节，打动人的总是细节！还有刚才同学们提到的‘并排地挨着她们母子三个；三张脸都带着天真微笑地向着我’，这是细节……本来我还准备了另外两篇文章，一篇是写‘我’和‘我’学生的故事，主要写‘我’和‘我’学生之间的互相思念；还有一篇是写‘我’童年的一件往事，是‘我’五六岁时一次迷路后怎样被一群红领巾送回家的，‘我’的感受也是通过许多细节来表现的。因为时间关系，我不给大家讲了，但同学们可以在课外认真读读。当然，关注细节，绝不仅仅是写文章，作文和做人是统一的，刚才那位女同学提到父亲给自己夹菜时忍不住流泪了，她想起自己回家时爸爸妈妈对自己的爱便很感动，这些都是通过细节来感受的。所以，无论做人还是作文，请从关注细节做起！——下课！同学们再见！”

“老师再见！”

全场再次爆发出雷鸣般的掌声……

温馨的回忆
——一次作文评讲

时间：2004年9月16日

地点：成都市盐道街中学外语学校

学生：成都市盐道街中学外语学校高一三班学生

2004 年 9 月 16 日，我在我所任教的高一三班（同时也是这个班的班主任）上了一堂作文评讲课。这也是学生们进入高中后的第一次作文评讲课。上课的前一天我问同学们是否喜欢上作文评讲课，他们有的说不喜欢，有的说一般。我说："李老师的作文评讲课要用两节课，不过你们一定喜欢！"他们问为什么，我说："明天你们就知道了。"

这次的作文是配合语文教材上的《感悟与表达》而布置的，要求学生以《温馨的记忆》为题作文，注意细节描写。在学生作文的同时，我也写了一篇同题作文。

第一课时

上课伊始，我说："昨天我和同学们说今天要作文讲评，同学们不知道我为什么要用两节课。李老师的作文评讲课可能和你们以前上过的作文课不太一样——第一，我会尽可能多地让同学参与作文评讲；第二，不仅仅是评讲同学们的作文，也评讲李老师的作文；第三，我们的作文课是分板块进行，有十多个板块，不过今天我只能推出六个板块。这六个板块是——"

我一边说一边用多媒体课件将六个板块的名称打了出来："榜上有名、佳作亮相、片段欣赏、出谋划策、恕我直言、老师试笔。"

看着同学们兴奋而有些迷惑不解的表情，我说："这些板块的含义大家可能还不知道，不要紧，李老师先给你们悬念，随着作文课的进行，你们就会豁然明白的。好了，先看第一个板块：榜上有名！"

我朗声说道："在这次作文中，写得很好或比较好的同学有裴丹、王光贤、康婕、马雯婕、金薇、何思静……"我一边念这些学生的名字，一边将被表扬的名字用多媒体演示出来。在全班 37 个学生中，有 21 个同学榜上有名。

同学们以热烈的掌声祝贺这些榜上有名的同学。

我说："自然还有同学这次榜上无名，有些失落，不要紧，下次评讲作文可能你的名字就排在第一位，呵呵！我们预祝这些同学下次榜上有名！"

掌声再次响起。

"在这些写得好和比较好的作文中，哪篇作文写得最好呢？好，下面我们就进入今天作文评讲课的第二板块：佳作亮相！"我说，"别忙，同学们能不能猜一猜，哪个同学的作文将成为亮相的佳作？或者说，哪个同学将获得我们作文的‘奥斯卡奖’？呵呵！”

学生小声议论猜测着，但没有一个同学猜中。

我兴奋地说：“现在，有请本次作文的优胜者裴丹同学登台亮相，朗读自己的作文！”

大家鼓掌。

裴丹同学似乎有些意外，因为在此之前我并没有给她透露一点信息，但在同学们的掌声中，她还是走上了讲台，从我手中接过她的作文朗读了起来——

温馨的回忆

从小到大，我的回忆几乎都很美好，有那么几个不愉快的回忆也被覆盖了，要说温馨的回忆，大多都是父母留给我的。

我不知道父母是怎样认识的，我只知道从他们相爱的那一天起一直到今天，他们过得都很甜蜜，他们两个看起来永远都那么恩爱。现在的他们早已经没有了年轻时的浪漫，但是从一些小小的细节里，我都可以看得出他们当年恋爱的影子。

有一次，母亲因公事出差去山东，当时是冬天，母亲的衣服有些单薄了，所以父亲决定带母亲去买衣服，买的衣服的确不少，而且每件都是父亲亲自挑的，然而令我感动温馨的还不是这些，在走进和走出商店的时候，他们一直都是牵着手的，而我只是静静地跟着他们，感受着这样一种特别的温馨，就连身边的事物都因为父母的恩爱而变成暖色调了。

在上飞机前，父亲和我都去送母亲了，在去候机厅的路上，父亲很自然地接过母亲手中的旅行箱，而母亲也下意识地牵起了父亲的手，两人的动作很自然也很迅速，但是仍然给我留下了温馨的回忆。时间过得很快，已经到了上飞机的时间了，临走前父亲理了理母亲的头发，说：“小心点，别感冒了，多穿点衣服。”“我会的，你放心吧，我走了。”几句简单不过的话却洋溢着春天般的温暖，听起来歌谣般的柔和。

父母的恩爱，造就了一个温暖的家，为我留下了温馨的回忆，我想这也是我为何会感到幸福的原因吧。

裴丹的朗读刚一结束，同学们的掌声便又响起来了。

我说："我注意到刚才裴丹同学朗读的时候，同学们听得非常专注，显然被打动了。你们可能也想到了自己的爸爸妈妈吧？现在，我有三个问题想请裴丹同学简单谈谈：第一，你怎么构思的？也就是说，你拿到这个作文题目的时候，是怎么想到写这个内容的？"

裴丹不假思索地说："当时李老师布置这个题目的时候，我首先就想到父母给我的回忆才是最温馨的。"

"可是，"我继续追问，"父母可写的事情很多，你为什么会单单想到这些不起眼的小事呢？"

裴丹说："我觉得感动我的常常就是一些小事，一些细节。"

我点头表示同意："我觉得这些细节的确很感人，平凡的事情才最温馨，只有平常的才是最感人的！把这些最平常最感人的细节写出来了，就是好文章！好，还有第二个问题：现在看这篇文章，你最满意的是什么？"

裴丹说："其实我觉得我在一些细节上的描写比较好，比如像我说母亲和父亲去商店买衣服的时候牵手。虽然只是带过，我还是觉得很温馨。还有，我在第二段不知道父母是怎么认识的，那一段，我说他们早已经过了浪漫，但可以看到爱情的影子，这一段我也比较满意。"

我问同学们："大家觉得呢？你们觉得哪一部分最打动自己？"

大家议论纷纷，不少同学都说去商店买东西最感人。

"是的，我也觉得去商店买东西写得很感人。"我说，"其中有两句话我觉得特别好：'在走进和走出商店的时候，他们一直都是牵着手的，而我只是静静地跟着他们，感受着这样一种特别的温馨，就连身边的事物都因为父母的恩爱而变成暖色调了。'还有，裴丹写在上飞机之前：'几句简单不过的话却洋溢着春天般的温暖，听起来歌谣般的柔和。'读到这些句子，我的心里也暖融融的。"

我继续问第三个问题："这篇文章你还有哪些地方不太满意，或者说如果你重新写的话，会做哪些改动？"

裴丹似乎对这个问题没有什么思想准备，她略想了一下说："我想这篇作文中还有不少地方还可以写得更细腻一些。还有……就这些吧！"

我说："非常好！谢谢裴丹同学给我们带来了一缕温馨！我们这次作文的佳作可不止一篇呀，除了裴丹的作文，还有同学的作文也很感人。接下来，请王光贤同学读自己的文章！我相信，他的作文也一定能引起同学们的共鸣！"

在同学们的掌声中，王光贤开始朗读——

温馨的回忆

在我成长的岁月中，回忆是极少的，因为我不善于同人们交往。要不是因为我成绩较好，可能连老师也不会和我成为朋友，所以关心我最多的当非父母莫属，父母关心子女当是理所当然，但是我的父母却付出了比一般父母双倍的爱。我感谢父母，把我送进这样一个好学校，遇到这样的好老师。

听母亲讲在我才出生几个月我父亲就去世了，是母亲将我和两个哥哥抚养大。

在我很小的时候，每天早上，母亲还没等我醒来时，她便用那根已很旧的背带慢慢地把我背上了她那弯曲的脊背，我在梦中被惊醒，梦中的母亲也正背着我去劳动，我高兴极了，却不知母亲在咬牙。到了，我又再次入睡了，她没叫醒我，便把我放下去劳动。当我醒后，虽没母亲在，可我没有哭。大概是生存在那种家庭的缘故吧！我无助地在地面上爬着，忽然一种希望的“音乐”出现在我的耳旁，我伴随着这美丽的音乐向音乐的发源地爬去。果然母亲正在劳动，她看见我，便立刻将手中的工具甩在地上，在我的视线里，工具好像砸到了她的脚，可她依然向我奔来，用她那粗糙的大手慢慢地抱起我凝视我的手和双膝。也不知什么时候，我感觉下雨了。我睁开眼，原来是母亲望着我的眼睛在哭。

在我成长时，我渐渐地长大了，可对母亲来说我永远都不会长大，晚上我很爱踢被子，她在晚上出来巡视看见后，用她那已麻木的双手拿着被角给我盖好，有时也会用手抚摸一下我的小脸，在她的脸上就会露出笑容。我一惊她便很快地缩回手。她迟迟地，慢慢地走了，还不停地回头看我，当我望着她最后一刹那间的背影时，我哭了，在这以后，她的这种巡视已经成为她的一个习惯，有一晚我起床去厕所，我没有拉亮电灯，我怕吵到旁屋的母亲，可我回来时灯却神奇地亮了，母亲焦急地走出来，看见了我脸上又露出了笑容。

已到了我读书的时候了，因为我家在山区，最近的学校也在几里外的城镇才有，我走时，母亲对我说：“记得一定要好好照顾自己。”“你晚上会踢被子。”“你身体素质不好，一定要注意。”“你……”“你……”我打断了母亲的话，说：“妈，你放心，你要说的一切我都明白。”每周放假时，在我回家的路上，远远便看见山头好像有一个人，走近才发现是母亲，看见了我，她那憔悴的面孔又浮出笑容。我甩掉书包，猛地扑到她的怀里，她又拿起那双创造了世间奇迹的手抚摸着我的脸庞，虽然会有些……可我觉得这是一种幸福，一个作为孩子得到的最大的幸福。星期天，我起床后却发现母亲不在家里，我发现在不远的山头上坐着一个人，我走近后才发现是母亲。“母亲你在这儿干什么？”我问道。“我……我……”“你是不是又在等我？”她沉默了。她竟然每天都在这里等我，我没有再问下去，我明白这一切，下午，她又一个人坐在那个山头……

现在的母亲一定在想我，我为有这样的母亲而幸福，而骄傲，而自豪。

王光贤的性格比较内向，平时不太爱说话，读这篇文章的时候，声音也很小声，但全班同学都非常安静，因此，他真诚的声音读出来的作文依然能够听得很清楚。这篇作文比较长，但全班同学听得非常专注，我注意到，不少同学听着听着便开始擦眼泪，后排听课的许多老师也在不停地擦眼泪……

作文读完了，没有掌声。所有人都被打动了，大家都沉浸在一种说不出的感动之中。

沉默了片刻，我打破了教室的寂静：“我在想，王光贤同学呀，此刻远在几百里之外的母亲一定听得见你面对全班同学向她表达着你的情感，一定能够听见的！同学们，这篇作文是我批改的最后一篇作文，我实在没有料到，最后看到的一篇作文是这样令我感动——当时，读完之后我鼻子发酸！我为你的母亲而感动，我相信你一定不会让你的母亲失望的！王光贤同学的生活环境不是很好，但是今天你能站在这里，就足以令母亲自豪！”

同学们的掌声终于雷鸣般地响起了……

我对表情有些羞涩的王光贤说：“李老师仍然有三个问题要问你——和裴丹的问题是一样的。第一，谈谈你的构思过程，好吗？”

王光贤说：“李老师布置作文题目时，我想了许多，我的朋友，我的老师，但是因为我父亲去世得早，我就想到我的母亲。平时我很少与人来往，和我接触最多的，就是我母亲，我最感激的，也是我母亲。于是，我就写我的母亲。”

我说：“也就是说，你写的是你最感激的人。嗯，很好。最熟悉而又最感激的人，最容易写好。王光贤同学，你看下面有这么多双眼睛看着你，对你充满敬意，来到了新的集体，你要扩大自己的交际面，我们班每一个同学都可以成为你的朋友！是吗，同学们？”

同学们用掌声回答我，也回答王光贤。

“第二个问题是，这篇作文中你最满意的是什么？或者说你觉得哪一段写得比较好？”我问。

王光贤回答道：“我觉得比较好的是那一段，就是写母亲在我上学时对我的那种爱，以及在山上等我时的情景。”

“嗯，妈妈在山上等儿子这种情况对其他同学来说是没有经历过的，但放学后该回家却没按时回家，让母亲在阳台上焦急地等待，却可能是每个同学都经历过的。苏联教育家苏霍姆林斯基曾经办过一所学校，在那所学校的门口他写了六个大字：‘要爱你的妈妈！’一个人最基本的出发点就是爱自己的父母，只有先爱自己的父母，才可能去爱国家，从这点讲，我说王光贤也是一个伟大的爱国者！”

我问最后一个问题：“现在看来，这篇作文有没有遗憾？”

王光贤说：“有些地方写得不是很仔细，可以写得更细致一些。比如写少年时代的生活，还可以写细一些。”

我说：“当然还可以写得更好。不过总的说来，王光贤这篇文章的确写得好。我印象比较深的，一个是母亲背他。‘在我很小的时候，每天早上，母亲还没等我醒来时，她便用那根已很旧的背带慢慢地把我背上了她那弯曲的脊背，我在梦中被惊醒，梦中的母亲也正背着我去劳动，我高兴极了，却不知母亲在咬牙。’有的同学可能会直接写‘母亲用背带把我背上她的脊背’，而王光贤同学却分别在背带和脊背之前用了‘那根已很旧的’和‘那弯曲的’的定语加强了语气与感情。还有晚上拉灯、母亲在山头等他那一段细节描写也比较好。我看这篇文章比好多矫情的文章要好很多。我多次说过，作文就是做人，作文就是记录真实的生活和真实的情感。也许王光贤同学不一定每篇作文都写得好，但这篇相当出色！我们再次祝贺他！”

掌声之后，我开始进入第三个板块：“除了佳作，还有同学的作文也有可圈可点之处。虽然也许从整体上看，有的作文不是特别好，但某一段或者某几句乃至某一个词或字特别精彩。好，现在我们进入下一个板块——‘片段欣赏’！”

我一边说，一边用多媒体演示——

捕捉细节

生动描写（语言、动作、场面）

修辞运用

前后照应

作文片段优秀的同学一一被我请到台上朗读其作文片段。

张黎丹朗读：“我伸手过去准备拿过来，可母亲却没有马上递过来的意思。我以为她还没削完，不然按道理她只要轻轻往前一伸，我的手就可以接到，没想到母亲却很自然地把拿在左手的水果放在一边，腾出手来，然后拿起右手上的水果刀尖，再递给我。这时，刀把对着我，刀尖对着她。”

我提醒同学们：“这个细节大家听到了没有，我想同样的动作，在其他同学的生活可能也遇到过，你妈妈也许也是这样细心，可是你没有感觉到，没有把它写出来。还是那句老话，感悟生活的细节！”

何思静朗读：“刘老师先上了三轮车，我后上车，车歪歪倒倒的，刘老师一手搂住我的腰，一边说：‘坐好，坐好！’风吹着全身，只有舒适的感觉，真爽！”

我评论道：“又是一个细节！刘老师轻轻地搂着自己的腰。我认为，对细节的感觉不仅仅是一种写作能力，而且也是你对生活是否敏锐，这是一种积极的生活态度。”

金薇写的是寝室生活：“听了鬼故事后，我们回到寝室后余惊未了，都吓得不敢合眼，总觉得合上眼就会有一个东西把自己干掉。大家都不约而同地挤在一个人的床上，彼此相依着，同盖一床棉被，就开始了小小讨论会。各自都把今晚看到想到的东西讲出来，这时我们靠得更紧了，我觉得有一股寒气爬上了我的脊梁骨，手里一把冷汗。不知怎么的，有个人突然问了一个问题：‘要是鬼来我们寝室抓人，谁上？’这个愚蠢至极的问题对吓得神志不清的我们却是一个值得商榷的严肃问题。‘当然是她上，她最壮！’一个声音说道。‘什么？我上？’另一个声音反问道，‘你不是那么喜欢看鬼片，鬼对你来说简直是小菜一碟。’‘不对，应该是她先上！’这种你争我辩的声音持续了好一会儿，就是没争出一个结果来，最后一个响亮的声音说：‘要上咱们一起上，我们和它拼了！’‘对！拼了！’七个声音一同回响道。‘我们八个人谁也别逃，大家住在一个寝室就是一家人！’问题终于有了一个结果——一家人！……大概都两三点钟了吧！大家都犯困了。就这样用同一条棉被盖着八个互相蜷缩在一起的身子甜甜地进入了梦乡……”

我点评说：“写作文，过去强调要写有意义的事，就把同学难住了：哪有那么多有意义的事情写？其实，同学们不但可以写有意义的事，更可以写有意思的事情。这篇文章有意思！当然也未必没有意义。你们想想，八个人在一个被子里蜷缩着进入了甜甜的梦乡，很生动，很温馨，也很有意义。另外，这个片段的对话描写很细，你一言我一语，虽然是黑暗中，但我们仿佛能感到一个个生动的人物形象，那么可爱！有的同学只习惯于叙述，而不善于描写。叙述只是一种简单的交代，而描写是生动的刻画。‘太阳升起了’，这是叙述；‘一轮红日在东方冉冉升起’，这是描写。关于描写，你们初中应该学过，描写可以分为语言描写、动作描写、心理描写等。这一次有些同学做得不错。比如刚才金薇也可以这样写，‘同学们商量了一下，决定一起上’，这不过记叙而已，但她用了对话描写，文章便生动起来了。”

舒阳的作文不是太好，但和他过去的作文相比，这次作文中有一句写得比较生动细腻，我便请他上来读：“睡梦中的室友被我闹醒，听见我痛苦的撕裂心肺的声音都穿上衣服，然后把我从床上背起来，把我的衣服给我披上，其中还有个同学自己忍着刺骨的风把他的军大衣给我披上……”

我解释道：“舒阳的作文前面说他有一天晚上突然病了。本来他可以这样写，我把同学惊醒了，同学们都很关心地把我送进了医院。但他没有，他写道：‘痛苦的撕裂心肺的声音’，‘把我从床上背起来’，‘把我的衣服给我披上’，‘刺骨的风’……就这么简单，但很生动。有同学也许不以为然，这么简单的几句还值得念？可我要说，这既有动作也有环境，你就没有这么写啊！”

同学们都笑了。

马雯婕写的是生活老师对她的一次关心：“（有一天早晨）‘哎呀，你怎么穿这么少？’生活老师从门前惊呼着向我走来。‘我……我的长裤上的扣子掉了……系不上了。’我带着抱怨的口气，气呼呼地说。‘让我看看你的裤子。’生活老师不假思索地拿着裤子看了看，她又急忙向值班室跑去，我跟随她来到值班室，她已经开始翻箱倒柜地帮我找大小合适的扣子。结果却仍然让我失望而归。寝室里我独自靠在窗边，窗外豆粒大的雨点打在玻璃窗上，密密地斜织着，偶尔几朵乌云飘过……”

我评论道：“这段描写，有对话描写，有动作描写，还有环境描写，景物描写。‘豆粒大的雨点打在玻璃窗上，密密地斜织着，偶尔几朵乌云飘过……’这几句实际上是在写作者的心理，用景物来烘托，这就是描写。”

王楠楠读：“哎，教室怎么没灯呢？同学们都上哪儿去了？我有些着急，不经意间把门一推，那一瞬间我呆住了——教室的桌椅都移向了两边，中间留出一小块空地，同学们坐在座位中每人手捧着一支红色的蜡烛，那跳动着的火焰是无数精灵。”

我说：“这段文字看似没有什么奇特之处，但有对比，有描写，短短的几句，我读了以后印象很深。”

雷雨龙写的是他有一次放学回家却进不了门，邻居的一个老婆婆照顾他：“门里出来一个老婆婆，她白花花的头发在灯光的照耀下是那么醒目。她吃惊地看着我，脸上本来已经明显的皱纹更加明显了，她二话没说，立即将我扶进她的屋内，一股温暖的感情涌上我的心头。我开始变得清醒，我坐在沙发上四处打量着这间屋子，这是一个很普通的家庭；简单的装修，简单的布局，但我感觉到这十分的温暖。这时，老婆婆蹒跚地从厨房里走出来，手里拿着两碗热气腾腾的东西。她走到我面前，在那苍老的脸上露出一丝淡淡的笑容，她和蔼地对我说：‘小家伙，还没吃饭吧？来，快点趁热吃了，如果不够我再给你煮碗面条。’”

我对大家说：“大家听出来没有？这就叫描写！”

张帆同学写他离开西藏时候和朋友分别的情景，有这样一段：“格多紧紧拉住我的手，我顿时感觉到他手心散发出的无限能量，突然他放开手，严肃地说：‘我送件东西给你做纪念。’说完便向他的帐篷奔去……车一辆一辆地从青藏公路上驶过，东边隐隐约约的雷声已经传来，锋利的风从我发间吹过又吹过求珍太多那枯黄而灰黑的瘦脸，显得十分苍老。她怔怔地说道：‘小伙子，好好努力，将来再来这岗瓦村，如果我没死成，就来找我。’朴素的语言含着无限的真情，我顿时泪水涌上眼眶。”

我说：“我不多评论了，同学们听见了，细节总是很感人。我提倡同学们从细节处感受。当然，也不是说整个文章都必须用细节描写，有许多同学觉得要写的内容太多，要一一展开细节显然不行，怎么办？用排比句！这是一种技巧。这次作文中，不少同学正是这样写的。他们虽然其他部分不一定写得好，但排比的运用却不错，我请他们上来读读。”

于是，几个同学依次上来读他们有关排比运用的片段。

魏铭江：“记忆是宝贵的，温馨的，有妈妈背我去地里干活，有爸爸和我一起玩儿，有爷爷给我讲故事，也有同学对我的细心关怀……其中印象最深的是……”

我说：“整个文章很一般，但这一段写得不错，排比的运用，这也是一种技巧。你们学过《从百草园到三味书屋》，作者写‘不必说……不必说……也不必说……单说……’这些技巧你们都可以学的。”

王晓菲：“每个人的每一天其实都很普通，但是，在普通的日子里，却会有不寻常的事发生。哪怕是一次微笑，一个眼神，一声问候，都会成为温馨的记忆。”

我说：“我就喜欢‘一次……一个……一声……’这样的句子！”

汪洋：“在初三二班中发生的故事犹如牛背上的毛多得叫人数不清，而其中也不乏许多温馨的回忆：同学们共同创办的一台别开生面的主题班会，运动会上同学们的相互激励，外出郊游时大伙的尽情欢笑……这些都构成了世上最温馨的回忆。”

我鼓励道：“好！三个句子分别罗列出三件事，营造出一种温馨的班级氛围。”

康婕读的是她作文中的首尾两段：“这周周末我又回到家了，看着桌上那张熟悉的毕业集体照，一幕温馨而熟悉的情景又浮在眼前……看着照片上一张张熟悉的脸庞，我只想问一句：‘我最亲爱的同学们，你们现在还好吗？’”

我说：“我最欣赏康婕同学前后照应这种写法。最后一句让我怦然心动：‘我最亲爱的同学们，你们现在还好吗？’这就是描写，心理描写，而且整篇文章前后照应。”

……

第一堂课，无论是“佳作亮相”还是“片段欣赏”，共有一大半的同学上台读了自己的作文或作文片段。

第一堂课的下课铃响了，我说：“现在大家休息一下，课间的时候我发一篇文章给大家，大家可以看一看怎么修改。然后下堂课我们进入新的板块。”

课间休息时，我给同学们发了一篇这次作文比较典型的缺陷文章，该作文的主要问题是缺乏描写，只有干巴巴的记叙。